Für Josh

Inhalt

VORWORT

Eine Pferdespritze

Ein erstaunlicher wie rätselhafter Fall von Beeinflussung

Sie und ich haben etwas gemeinsam. Vielleicht haben Sie sich nie die Zeit genommen, darüber nachzudenken, vielleicht denken Sie auch an nichts anderes. Sie tun es als Partner, Elternteil oder Freund. Ob Sie Arzt, Lehrer, Vermögensberater, Journalist oder Manager sind, oder ob Sie irgendeinen anderen Beruf ausüben.

Wir haben gemeinsam, dass wir ständig Einfluss auf andere Menschen nehmen. Wir lehren unsere Kinder, nehmen unsere Patienten an die Hand, beraten unsere Kunden, helfen unseren Freunden und halten im Internet unsere Follower auf dem Laufenden. Wir tun das, weil jeder von uns über ganz eigene Erfahrungen, Kenntnisse und Fertigkeiten verfügt, die andere möglicherweise nicht haben. Aber wie gut beherrschen wir dieses Tun wirklich?

Mir scheint, dass die Menschen, die am meisten zu sagen hätten, oder die den besten Rat geben können, nicht notwendigerweise den größten Einfluss haben. Die jüngere Geschichte ist voll rätselhafter Begebenheiten: vom Unternehmer, der Investoren dazu bringt, Milliarden in ein windiges Biotechnologieunternehmen zu stecken, bis zum Politiker, der seine Bürger nicht dazu bringen kann, sich für die Zukunft des Planeten einzusetzen. Was also entscheidet, ob Sie das Denken anderer beeinflussen oder ob Sie überhört werden? Und was entscheidet, ob andere

Einfluss auf Ihr Verhalten nehmen und darauf, woran Sie glauben?

Diesem Buch liegt die Annahme zugrunde, dass Ihr Gehirn Sie zu dem macht, der Sie sind. Jeder Gedanke, der Ihnen jemals durch den Kopf gegangen ist, jedes Gefühl, dass Sie je gespürt, jede Entscheidung, die Sie getroffen haben, wurde von aktiven Neuronen in Ihrem ureigenen Gehirn geschaffen. Trotzdem gehört Ihr Gehirn, das da hoch oben auf Ihrer Wirbelsäule sitzt, Ihnen nicht ganz allein. Es ist das Ergebnis eines Codes, der seit Jahrmillionen ab-, um- und neu geschrieben wurde. Wenn wir diesen Code und seine Beschaffenheit verstehen, werden wir die Reaktionen anderer Menschen besser vorhersehen können und begreifen, warum manche herkömmlichen Ansätze, andere Menschen zu beeinflussen, scheitern, während andere erfolgreich sind.

Während der letzten zwanzig Jahre habe ich in meinem Labor menschliches Verhalten untersucht. Meine Kollegen und ich haben Dutzende Experimente durchgeführt, um herauszufinden, was Menschen dazu bringt, Entscheidungen zu revidieren, Überzeugungen zu wechseln und ihre Erinnerungen umzuschreiben. Wir haben Anreize, Gefühle, Kontexte und soziale Umgebungen systematisch manipuliert und dann unseren Probanden ins Gehirn geschaut, ihre körperlichen Reaktionen aufgezeichnet und ihr Verhalten dokumentiert. Es hat sich gezeigt, dass so manche Strategie, von der die meisten glauben, dass sie andere dazu bringt, ihr Denken und Handeln zu verändern, nicht funktioniert. Mein Anliegen mit diesem Buch ist es, die systematischen Fehler aufzuzeigen, die wir machen, wenn wir versuchen, Menschen zum Umdenken zu bewegen, und zu klären, was in jenen Fällen passiert, in denen es uns gelingt.

Ich kehre hierfür zunächst vor meiner eigenen Tür und berichte, wie ich um ein Haar dazu gebracht worden wäre, meine jahrelange wissenschaftliche Ausbildung über Bord zu werfen – und zwar durch einen Mann, dessen unerwartet großer Einfluss gerade viele Menschen aus der Fassung gebracht hat.

Am Abend des 16. September 2015 saß ich ab etwa acht Uhr in meinem Wohnzimmer auf dem Sofa und verfolgte auf CNN das zweite Fernsehduell zu den Vorwahlen der Republikaner für das Rennen um das Präsidentenamt 2016. Der Wahlkampf gehörte schon jetzt zu den interessantesten der Geschichte und war voll unerwarteter Wendungen und Überraschungen. Außerdem erwies er sich als fesselnde Studie über das Wesen des Menschen. In der Ronald Reagan Presidential Library im kalifornischen Simi Valley trafen elf republikanische Bewerber aufeinander, darunter zwei der führenden Kandidaten der Partei, der Kinderneurochirurg Ben Carson und der Immobilien-Tycoon Donald Trump. Irgendwann im Laufe der Diskussionen um Steuern und Einwanderungsgesetze kam das Gespräch auf Autismus.

»Dr. Carson«, begann der Moderator, »Donald Trump hat öffentlich mehrfach einen Zusammenhang zwischen Impfstoffen – Impfstoffen gegen Kinderkrankheiten – und der Entstehung von Autismus hergestellt, wogegen die medizinische Welt vehement zu Felde zieht, wie Sie wissen. Sie sind Kinderneurochirurg. Sollte Mr. Trump nicht aufhören, so etwas zu behaupten?«

»Nun, lassen Sie es mich so sagen«, antwortete Dr. Carson, »es gab zahlreiche Studien dazu, und keine einzige hat gezeigt, dass zwischen Impfungen und Autismus irgendein Zusammenhang besteht.«

»Sollte er aufhören zu behaupten, dass Impfstoffe Autismus hervorrufen?«, fragte der Moderator.

»Ich habe es ihm gerade erklärt. Er kann es nachlesen, wenn er möchte. Ich glaube, er ist ein intelligenter Mensch und wird die richtige Entscheidung treffen, wenn er sich mit den harten Fakten vertraut gemacht hat«, sagte Dr. Carson.

Auch wenn ich mit Dr. Carson nicht immer einer Meinung bin, so musste ich ihm in diesem Punkt recht geben. Zufällig kannte ich die einschlägige Literatur – nicht nur als Neurowissenschaftlerin, sondern auch als Mutter zweier Kleinkinder, damals zweieinhalb Jahre und sieben Wochen alt. Ich war deshalb vollkommen erstaunt über meine Reaktion auf das, was Trump als nächstes sagte.

»Ich möchte darauf antworten«, erklärte Trump. »Autismus ist zu einer Seuche geworden ... Er ist komplett außer Kontrolle geraten ... Sie nehmen dieses wunderbare kleine Baby und verpassen ihm eine Spritze – ich meine, sie sieht aus, als sei sie für ein Pferd gemacht und nicht für ein Kind. Und wir hatten so viele Fälle ... Leute, die für mich arbeiten. Neulich erst, da wurde ein zwei, vielleicht zweieinhalb Jahre altes süßes Kind zum Impfen gebracht ... und eine Woche später bekam es irre hohes Fieber, wurde sehr, sehr krank und jetzt ist es Autist.«[1]

Meine Reaktion darauf kam prompt und direkt aus meinem Bauch. In meinem Kopf entstand das Bild einer Krankenschwester, die mit einer Pferdespritze auf mein kleines Kind losgeht, und das Bild ließ mich nicht los. Dass ich sehr genau wusste, dass die Spritze, die zum Impfen verwendet wird, viel, viel kleiner ist, spielte keine Rolle – ich geriet in Panik.

»O nein«, dachte ich. »Was, wenn mein Kind krank wird?« Dass mir diese Gedanken durch den Kopf gingen, schockierte mich. Dennoch regierte mit einem Schlag die Angst, ein Gefühl, das allen Eltern nur allzu vertraut ist.

»Aber wissen Sie«, erklärte Dr. Carson, »Tatsache ist, dass wir extrem gut dokumentierte Belege dafür haben, dass Autismus nichts mit Impfungen zu tun hat.«

Egal. Belege, von mir aus. Dr. Carson hätte hundert Studien anführen können, und es hätte den Sturm in meinem Kopf nicht gebremst. Ich war ganz und gar eingenommen von dem Monstrum von Nadel, das mein Kind ganz sicher krank machen würde.

Das alles entbehrte jeglicher Logik. An einem Pult stand ein Neurochirurg und Kinderarzt, der mit von Experten begutachteten medizinischen Studien und jahrzehntelanger klinischer Praxis ausgestattet war; am anderen ein Geschäftsmann, dessen Argumente sich auf eine einzige Beobachtung und sein Bauchgefühl reduzierten. Und trotzdem überzeugte mich ungeachtet meiner vielen Jahre an medizinischer Ausbildung Letzterer. Warum?

Ich wusste sehr wohl, warum. Und eben diese Erkenntnis brachte mich zurück auf den Boden der Realität.

Während Carson an den »zerebralen« Teil meines Selbst appellierte, zielte Trump auf den Rest. Und er tat das nach allen Regeln der Kunst – der Kunst, um die es in diesem Buch geht.

Trump machte sich mein Bedürfnis nach Kontrolle zunutze und meine Furcht davor, diese zu verlieren. Er präsentierte mir den Fehler eines anderen und schürte Emotionen, die es schafften, das Aktivitätsmuster meines Gehirns mit seinem zu synchronisieren, und in mir die Bereitschaft weckten, seinen Standpunkt zu teilen. Und schließlich warnte er vor den schlimmen Folgen, die es haben würde, wenn man sich seinem Rat verschlösse. Wie ich in diesem Buch ausführen werde, ist das Erzeugen von Angst oftmals kein sonderlich geeignetes Mittel, jemanden auf seine Seite zu ziehen; tatsächlich ist es in den meisten Fällen weit wirksamer, Hoffnungen zu wecken. Unter zwei Bedingungen wirken Ängste allerdings sehr gut: wenn das, was Sie zu erreichen versuchen, *Un*tätigkeit ist und wenn derjenige, den Sie vor sich haben, bereits von Angst ergriffen ist. In diesem Fall waren beide Kriterien erfüllt, da Trump sich *gegen* das Impfen stark machte und sein Zielpublikum – frischgebackene Eltern – geradezu klassische Nervenbündel sind.

Dass ich wusste, wie Trump mein Denken beeinflusste, ermöglichte mir, innezuhalten und die Situation neu zu bewerten. Ich würde meine Meinung nicht ändern – mein kleiner Sohn würde seine Impfungen erhalten, genau wie seine Schwester vor ihm. Aber ich fragte mich, wie viele junge Eltern sich durch seine Argumente wohl überzeugen ließen. Ich dachte auch darüber nach, was geschehen wäre, wenn Dr. Carson es besser verstanden hätte, die Nöte, Sehnsüchte und Emotionen der Menschen anzusprechen – statt davon auszugehen, dass sie schon die richtige Entscheidung treffen würden, wenn sie die Fakten erst einmal kannten.[2] Dr. Carson sprach zu Millionen und verpasste eine einmalige Gelegenheit, etwas zu bewirken. Wir alle kennen solche Gelegenheiten; Sie sprechen meist vielleicht nicht zu Millionen, aber tagtäglich zu anderen Menschen: zu Hause, bei der Arbeit, online, offline.

Tatsächlich haben Menschen ein Faible dafür, Informationen zu verbreiten und ihre Meinung kundzutun. Sie können das täglich online beobachten: An jedem einzelnen Tag werden vier Millionen neue Blogeinträge geschrieben, 80 Millionen Fotos auf Instagram hochgeladen und 616 Millionen Tweets ins Netz gestellt – das sind 7130 Tweets pro Sekunde! Hinter jedem Tweet, Post und hochgeladenen Foto steht ein Mensch wie du und ich. Warum verbringen Millionen Menschen tagtäglich Millionen kostbarer Augenblicke damit, Informationen zu teilen?

Es scheint, als sei bereits die Gelegenheit, andere am eigenen Wissen teilhaben zu lassen, Lohn genug. Eine Untersuchung der Harvard University kam zu dem Schluss, dass Menschen sogar bereit sind, auf Geld zu verzichten, um anderen ihre Meinung zu übermitteln.[3] Nun reden wir hier nicht über wohlformulierte Einsichten: Es geht um die Meinung einzelner Menschen zu trivialen Fragen wie der, ob Barack Obama Wintersport mag oder ob Kaffee gesünder ist als Tee. Eine Untersuchung mit bildgebenden Verfahren zeigte, dass das Belohnungszentrum im Gehirn stark aktiviert wird, sobald Menschen Gelegenheit bekommen, die Perlen ihrer Weisheit mit anderen zu teilen. Wir werden von einer Welle des Wohlbehagens erfasst, wenn wir unsere Gedanken teilen, und das bringt uns dazu zu kommunizieren. Es ist ein eleganter Schachzug des menschlichen Gehirns, denn es sorgt dafür, dass Wissen, Erfahrungen und Ideen nicht mit demjenigen zu Grabe getragen werden, der sie als Erster hatte, und dass wir als Gesellschaft von den geistigen Erzeugnissen vieler profitieren.

Damit es dazu kommt, reicht Teilen allein natürlich nicht: Wir müssen eine Reaktion provozieren, also das erzeugen, was Steve Jobs einmal als »Delle im Universum« bezeichnet hat. Jedes Mal, wenn wir unsere Meinungen und unser Wissen mit anderen teilen, geschieht das mit dem Vorsatz, den oder die Betreffenden zu beeinflussen. Die beabsichtigte Veränderung muss keineswegs groß sein. Vielleicht besteht unser Anliegen darin, Bewusstsein für ein soziales Thema zu schaffen, vielleicht wollen wir Verkaufszahlen erhöhen, die Art und Weise verändern wie Menschen Kunst oder Politik betrachten, die Ernährung unseres Kindes verbessern, die Wahrnehmung anderer in Bezug auf uns selbst steuern, Menschen darüber aufklären, wie die Welt sein könnte, die Produktivität unseres Teams steigern; vielleicht wollen wir aber auch nur unseren Partner dazu bringen, weniger zu arbeiten und mit uns in Urlaub in die Tropen zu fahren.

Hier beginnt das Problem: Wir gehen diese Aufgabe aus dem Inneren unseres eigenen Ichs heraus an. Wenn wir versuchen, Einfluss zu nehmen, haben wir zu allererst uns selbst im Blick. Wir bauen auf das, was wir einleuchtend finden: unseren geistigen Zustand, unsere Sehnsüchte und Ziele. Aber natürlich wollen wir das Verhalten und die Überzeugungen desjenigen beeinflussen, den wir vor uns haben. Dazu müssen wir verstehen, was in *seinem* Kopf vor sich geht, und uns an dem Funktionieren *seines* Gehirns orientieren.

Nehmen wir beispielsweise Dr. Carson. Ein ausgebildeter Arzt und Wissenschaftler wie er lässt sich von Daten überzeugen, die belegen, dass Impfungen nicht zu Autismus führen. Er ging deshalb davon aus, dass besagte Daten auch jedermann sonst überzeugen würden. Menschen sind aber nicht so gemacht, dass sie auf Informationen leidenschaftslos reagieren. Zahlen und Statistiken sind nötig und wunderbar, um der Wahrheit auf die Spur zu kommen, aber sie reichen nicht aus, um Überzeugungen zu ändern, und sind so gut wie nutzlos, wenn es darum geht, zum Handeln anzuspornen. Das gilt unabhängig davon, ob Sie eine einzelne Person oder viele zu überzeugen versuchen – einen ganzen Saal mit potenziellen Investoren oder nur Ihren Lebenspartner. Denken Sie an den Klimawandel; Berge von Daten deuten darauf hin, dass Menschen eine Rolle bei der Erderwärmung spielen, dennoch glauben fünfzig Prozent der Bevölkerung nicht daran.[4] Denken Sie an die amerikanische Politik: Keine Zahl wird einen eingefleischten Republikaner davon überzeugen, dass ein demokratischer Präsident die Nation vorangebracht hat, und umgekehrt. Wie steht es mit unserer Gesundheit? Hunderte Untersuchungen zeigen, dass Sport gut für uns ist und dass die Menschen das auch glauben; trotzdem bringt dieses Wissen wenig, wenn es darum geht, Leute aufs Laufband zu scheuchen.

Tatsächlich macht uns der Tsunami an Informationen, der täglich über uns hereinbricht, mitunter sogar weniger empfänglich für die Aussagekraft von Daten, denn wir haben uns längst daran gewöhnt, mit einem einzigen Mausklick Belege für wirklich alles zu bekommen, woran wir glauben möchten. Und so werden unsere Überzeugungen durch unsere Wünsche und Sehnsüchte geformt. Genau jene Beweggründe und Gefühle sind es, die wir ansprechen müssen, wenn wir etwas verändern wollen – sei es bei uns selbst oder bei anderen.

In diesem Buch beschreibe ich unsere natürlichen Reflexe, die unsere Versuche steuern, andere zu beeinflussen – jene Verhaltensweisen, in die wir automatisch verfallen, wenn wir die Überzeugungen und das Verhalten anderer zu verändern suchen. Viele dieser Automatismen – angefangen bei dem Versuch, Menschen durch Angstmacherei zum Handeln zu bewegen, über das sture Beharren darauf, dass der andere unrecht hat, bis hin zu dem Versuch, die Kontrolle an sich zu reißen – vertragen sich nicht damit, wie unser Verstand arbeitet. Die Hauptaussage dieses Buches lautet, dass jeder Versuch, die Meinung von anderen zu beeinflussen, nur dann erfolgreich sein wird, wenn er sich mit den Elementen verträgt, die unser Denken maßgeblich steuern. Jedes Kapitel wird sich auf einen von sieben entscheidenden Faktoren konzentrieren – unser vorhandenes Grundrepertoire an Überzeugungen (der sogenannte Überzeugungs-Bias),[5] unsere Emotionen, Anreize, die uns zum Handeln veranlassen, unsere vorhandene oder nicht vorhandene Handlungsmacht, unsere Neugier, unsere Gemütslage und »die anderen« – und erläutern, wie der betreffende Faktor dem Versuch, Einfluss zu nehmen, hinderlich oder förderlich sein kann.

Machen wir uns mit diesen Faktoren vertraut, sind wir, anders als jemand, der das nicht tut, imstande, unser Verhalten kritisch zu beurteilen – unabhängig davon, ob wir beeinflusst werden oder selbst Einfluss auf andere nehmen wollen. Die meiste Zeit über werde ich die Position desjenigen vertreten, der Einfluss zu nehmen versucht, aber auch die Beziehung von der anderen Seite betrachten und die Perspektive desjenigen schildern, auf den Einfluss ausgeübt wird. Was geht in seinem Kopf vor, wenn er die Meinung eines anderen Menschen hört? Denn natürlich werden Sie, wenn Sie die eine Seite der Medaille verstanden haben, die andere ebenfalls besser verstehen.

Wir haben noch eine Menge Forschung zu leisten, bis wir die Faktoren, die unser Denken beeinflussen, voll und ganz durchschauen, aber das Teilwissen, über das wir bereits verfügen, ist schon jetzt von unschätzbarem Wert. Weiß man beispielsweise, wie der Bewegungsapparat mit dem Belohnungssystem gekoppelt ist, erkennt man unschwer, wann Menschen eher durch Zuckerbrot und wann durch die Peitsche zu motivieren sind. Wenn man weiß, wie Stress auf das Gehirn wirkt, liegt es auf der Hand, warum

Menschen auf negative Nachrichten nach einem Terroranschlag so immens überreagieren.

Im gesamten Buch schalten wir unablässig zwischen den Korridoren Ihres Gehirns, in dem Neuronen miteinander kommunizieren, und den Korridoren meines Labors hin und her, in dem ich die Reaktionen von Körper und Geist meiner Probanden untersuche. Wir machen darüber hinaus Ausflüge in die Ferne, besuchen ein Krankenhaus an der Ostküste der Vereinigten Staaten, das es binnen eines Tages geschafft hat, seine Belegschaft von totaler Gleichgültigkeit in Bezug auf das Sterilisieren der Hände bei der Arbeit auf knapp neunzig Prozent Einhaltung der Regeln zu bekommen, außerdem ein Altenheim in Connecticut, in dem sich die Gesundheit der Bewohner dadurch beträchtlich verbesserte, dass man ihnen das Gefühl gab, einen Teil ihres Lebens kontrollieren zu können, lernen ein Mädchen im Teenageralter kennen, das unwissentlich bei vielen Tausend Leuten psychosomatische Reaktionen hervorrief, und etliches mehr. Meine Frage lautet jedes Mal: *warum*? Warum zeigte die eine Strategie Wirkung, eine andere hingegen nicht? Warum reagieren wir auf John, aber nicht auf Jake? Wenn Sie wissen, was Menschen dazu bringt, so zu reagieren, wie sie es tun, sind Sie in der Lage, den jeweiligen Herausforderungen zu begegnen, die sich Ihnen tagtäglich stellen.

KAPITEL 1

Können Beweise an Überzeugungen rütteln?

Über die Macht der Bestätigung und die Ohnmacht von Zahlen

Thelma und Jeremiah sind glücklich verheiratet. Bei den meisten Themen sind sie ein Herz und eine Seele: Sie sind sich einig, wie sie ihre Kinder erziehen und was sie mit ihrem Geld anstellen wollen. Sie teilen dieselben politischen und religiösen Überzeugungen, haben denselben Humor und dieselben kulturellen Vorlieben, ja sogar denselben Beruf – beide sind Anwälte. Das ist keine Überraschung: Wissenschaftliche Untersuchungen haben gezeigt, dass der beste Garant für eine langlebige Ehe weder Leidenschaft noch Freundschaft sind, sondern Ähnlichkeiten. Entgegen jener landläufigen Redensart ziehen sich Gegensätze nämlich keineswegs an – beziehungsweise hören irgendwann auf, es zu tun.[1]

Bei einem Thema aber sind Thelma und Jeremiah uneins. Auch das verwundert nicht. Die meisten Paare, so einig sie sich im Großen und Ganzen auch sein mögen, haben über Jahre hinweg irgendein strittiges Thema. Vielleicht die Frage, ob sie Kinder wollen, und wenn ja, wie viele, wie das Verhältnis von Arbeit und Freizeit auszusehen hat, ob man sich als Haustier eine Echse oder lieber ein Meerschweinchen zulegen soll.

Bei Thelma und Jeremiah geht es um die Frage, wo sie sich als Familie niederlassen wollen. Thelma ist in Frankreich geboren und aufgewachsen, Jeremiah in den USA.

Beide halten jeweils ihr Land für den besten Ort, um Kinder großzuziehen.

Thelma und Jeremiah stehen damit nicht allein. In Umfragen nennen die meisten Menschen auf die Frage, welches für sie der ideale Ort sei, um zu leben, arbeiten, Kinder großzuziehen und sich zur Ruhe zu setzen, ihr Heimatland. Nur dreizehn Prozent der Erwachsenen weltweit sind dazu bereit, ihr Land auf Dauer zu verlassen. Das Gras, so scheint es, ist genau dort am grünsten, wo sie selbst sind. Wenn Menschen umsiedeln müssen, neigen sie dazu, nach nebenan zu ziehen: die Franzosen nach Großbritannien, die Österreicher in die Schweiz.[2]

Unglücklicherweise lässt sich ein Problem wie das von Thelma und Jeremiah nicht dadurch lösen, dass man dem anderen auf halber Strecke entgegenkommt. So wie ein halbes Kind keine Lösung für Paare ist, die sich nicht einigen können, ob sie ihrer Zweisamkeit Zuwachs bescheren wollen, können Thelma und Jeremiah ihre Zelte nicht auf halber Strecke zwischen Europa und Nordamerika im Atlantik aufschlagen. Die einzige Lösung für die beiden besteht daher darin, den anderen davon zu überzeugen, dass der eigene Standpunkt der richtige ist.

Man sollte annehmen, dass gerade sie für diese Aufgabe prädestiniert sind. Wie bereits erwähnt, sind beide Anwälte. Ihre tägliche Arbeit besteht darin, Geschworene oder den Richter dazu zu bringen, sich auf ihre Seite zu schlagen. Folglich gehen beide ihre Eheprobleme auf dieselbe Weise an wie einen juristischen Streitfall. Sie liefern der anderen Seite Fakten und Zahlen, die ihre Position stärken und die Gegenseite abschmettern sollten. Jeremiah legt Thelma Daten vor, denen zufolge die Lebenskosten in den Vereinigten Staaten geringer sind als in Frankreich, während Thelma

Jeremiah mit Zahlen füttert, denen zufolge Anwälte in Frankreich besser verdienen. Jeremiah mailt Thelma einen Artikel, in dem es heißt, dass das amerikanische Bildungssystem besser sei, wohingegen Thelma einen anderen auftreibt, der klar belegt, dass Kinder in Frankreich glücklicher sind. Beide erachten die »Beweise« des jeweils anderen als nicht sehr belastbar und lassen sich nicht umstimmen. Mit den Jahren verfestigt sich ihre jeweilige Überzeugung immer mehr.

So wie Thelma und Jeremiah würden viel von uns handeln. Wir spüren einen inneren Drang, in einem Streitfall oder einer Diskussion Munition zu liefern, die klar macht, warum wir recht haben und die andere Seite nicht. Wir präsentieren wortgewandt unsere logischen Argumente und untermauern sie mit Fakten, die für uns höchst überzeugend klingen. Aber denken Sie an das letzte Mal, als Sie mit Ihrem Partner gestritten oder an einem Abendessen teilgenommen haben, das sich zu einer politischen Late-Night-Debatte ausgewachsen hat. Haben Sie es geschafft, die Überzeugungen der anderen ins Wanken zu bringen? Haben die anderen sich Ihre gut durchdachten Argumente und sorgsam überprüften Zahlen zu Herzen genommen? Wenn Ihre Erinnerung Sie nicht täuscht, sind Sie vermutlich zu der Erkenntnis gelangt, dass Fakten und Logik leider Gottes nicht die wirksamsten Mittel sind, wenn es darum geht, an Meinungen zu rütteln. Im Streitfall liegen unsere Instinkte daneben.

Ihr Gehirn ist wie das der meisten anderen Menschen darauf programmiert, an Informationen Vergnügen zu finden. Das macht unser gegenwärtiges digitales Zeitalter zu einem permanenten Freudenfest für Ihren Geist. Das Zeitalter des Ackerbaus hat unsere Ernährung revolutioniert und das industrielle Zeitalter unsere Lebensqualität dramatisch verbessert, aber keine andere Epoche hat unseren Kopf mit so viel Stimulation versorgt wie das Informationszeitalter. Es scheint, als habe es das menschliche Gehirn letztlich fertiggebracht, sich seinen eigenen Vergnügungspark zu schaffen, vollgestopft mit Fahrgeschäften, maßgeschneidert für ... sich selbst.

Betrachten Sie einmal die Zahlen: Weltweit gibt es drei Milliarden Internetnutzer, täglich produzieren wir schätzungsweise 2,5 Millionen Gigabytes an Daten, starten vier Milliarden Suchanfragen bei Google und schauen zehn Milliarden YouTube-Videos. In der kurzen Zeit, die Sie gebraucht haben, um den letzten Satz zu lesen, wurden rund um den Erdball 530 243 Google-Anfragen eingegeben und 1 184 390 YouTube-Videos aufgerufen.[3]

Man könnte annehmen, die digitale Revolution habe ideale Voraussetzungen dafür geschaffen, Einfluss auf die Überzeugungen anderer Menschen zu nehmen. Wenn Menschen ein Faible für Informationen haben – welch bessere Möglichkeit kann es geben, ihr Denken und Handeln zu beeinflussen, als ihnen Daten vorzusetzen? Mit endlosen Datenmengen in Reichweite unserer Fingerkuppen und leistungsstarken Computern zu unserer ständigen Verfügung können wir uns nach Belieben kundig machen, um unser Wissen zu erweitern, und die frisch gewonnenen Zahlen und Erkenntnisse mit anderen teilen. Dies liegt auf der Hand, oder?

Das heißt, so lange, bis Sie versuchen, Ihre sorgfältig zusammengetragenen Daten und sorgsam durchdachten Schlussfolgerungen demjenigen vorzusetzen, den Sie zu beeinflussen trachten. In dem Augenblick geht Ihnen sehr schnell auf, dass Daten oftmals ganz und gar nicht der Königsweg sind, wenn es darum geht, Ihren Standpunkt rüberzubringen und eine Einstellung zu verändern.

Diese Erkenntnis war für die Wissenschaftlerin in mir ein herber Schlag. Als Kognitionsforscherin arbeite ich an der Schnittstelle zwischen Psychologie und Neurowissenschaften. Wie die meisten Wissenschaftler habe ich für Daten eine Menge übrig. Manche Leute sammeln kostbare Steine, andere Erstausgaben von Büchern, wieder andere Briefmarken, Schuhe, Oldtimer oder Porzellanpuppen. Meine Rechner enthalten Hunderte Ordner mit mehreren Tausend Dateien, jede davon besteht aus Zahlen und nochmals Zahlen. Jede Zahl steht für eine Beobachtung: die Reaktion eines Menschen auf ein Entscheidungsproblem oder seine Reaktion auf einen anderen Menschen. Andere Daten sagen etwas über die Aktivität im Gehirn eines Menschen oder über Dichte und Anzahl seiner Nervenfasern. Nun sind Zahlen für sich genommen nutzlos. Dass ich Daten so mag, liegt daran, dass sich all die vielen Zahlenreihen zu etwas Wunderbarem verwandeln lassen: zu aussagekräftigen Grafiken, die uns hier und da eine aufregende neue Erkenntnis darüber vermitteln, was Sie und mich, *Homo sapiens*, so ticken lässt, wie wir es tun.

Sie können sich demnach meine Bestürzung vorstellen, als mir klar wurde, dass all diese Zahlen aus den vielen Experimenten und Beobachtungen darauf hindeuteten, dass Menschen in Wirklichkeit weder durch Tatsachen noch durch Zahlen oder Daten zu motivieren sind. Menschen sind nun weder dumm noch von lächerlicher Sturheit. Vielmehr ist die Verfügbarkeit großer Datenmengen, analytischer Werkzeuge und leistungsstarker Computer eine Erscheinung der letzten Jahrzehnte, während die Gehirne, die wir zu beeinflussen versuchen, das Produkt von Jahrmillionen sind. Obwohl wir also Daten ungemein schätzen, ist die Währung, in der unser Gehirn besagte Daten bewertet und auf deren Grundlage es Entscheidungen trifft, eine ganz andere als die Währung, von der viele von uns gerne hätten, dass unser Gehirn sie verwendet. Problematisch an diesem Ansatz, der primär auf Information und Logik setzt, ist der Umstand, dass er genau das ignoriert, was Sie und mich menschlich macht: unsere Beweggründe, unsere Ängste, unsere Hoffnungen und Wünsche. Wie wir sehen werden, stellt dies eine große Hürde dar: Es bedeutet, dass Daten nur sehr beschränkt in der Lage sind, die Meinung der anderen zu verändern. Fest verwurzelte Ansichten können Veränderungen gegenüber extrem resistent sein – selbst wenn wissenschaftliche Beweise die besagten Überzeugungen widerlegen.

Die Macht der Bestätigung

Die drei Wissenschaftler Charles Lord, Lee Ross und Mark Lepper rekrutierten 48 amerikanische Studenten, von denen sich die eine Hälfte vehement für die Todesstrafe aussprach, während die andere ebenso vehement dagegen war. Sie legten den Probanden zwei wissenschaftliche Untersuchungen vor: die eine lieferte Belege für die präventive

Wirkung der Todesstrafe, die andere Daten, die ihr diesbezüglich Unwirksamkeit bescheinigten. Beide Studien waren erfunden. Lord, Ross und Lepper hatten sie sich ausgedacht, aber die Studenten wussten das natürlich nicht. Fanden die Probanden die Studien überzeugend? Waren sie der Ansicht, die Daten lieferten ausreichend Beweise, um jemanden dazu zu bringen, seine Meinung zu ändern? Aber ja!

Aber nur, wenn die Studie ihrer jeweiligen Position entsprach. Diejenigen Studenten, die voller Eifer für die Todesstrafe plädierten, empfanden die Studie, die deren Effizienz belegte, als sehr gut gemacht. Zugleich fanden sie, dass die Studie der Gegenseite schlampig durchgeführt war und nicht überzeugte. Diejenigen, die von vornherein gegen die Todesstrafe gewesen waren, beurteilten die Untersuchungen genau anders herum. Demzufolge verließen die Befürworter der Todesstrafe das Labor mit mehr Feuer denn je für ihre Sache und diejenigen, die dagegen gewesen waren, standen der Todesstrafe hernach noch ablehnender gegenüber. Statt die Probanden zu befähigen, beide Seiten der Medaille zu sehen, hatte das Ganze alle Beteiligten nur noch stärker polarisiert.[4]

Auf allen möglichen Gebieten – bei Themen wie Abtreibung und Homosexualität ebenso wie bei der Frage der Ermordung John F. Kennedys – kann ein Mehr an Information Polarisierung fördern.[5] Mein Kollege Cass Sunstein (der unter der Regierung Obama das Office of Information and Regulatory Affairs des Weißen Hauses leitete und gegenwärtig Professor an der Harvard University ist) und ich wollten wissen, ob das auch auf die Einstellung zum Klimawandel zutrifft.[6] Wir befragten zunächst eine Gruppe freiwilliger Versuchsteilnehmer über ihre Ansichten zum Klimawandel, beispielsweise ob sie glaubten, dass wir es mit einem von Menschen gemachten Phänomen zu tun haben, oder ob sie das Pariser Abkommen zur Reduzierung der Treibhausgasemissionen befürworteten. Auf der Basis ihrer Antworten teilten wir sie in zwei Gruppen ein: solche, die fest vom menschlichen Einfluss auf den Klimawandel überzeugt waren, und solche, die davon nichts wissen wollten. Dann erklärten wir allen Probanden, dass Klimaforscher mit einer Erhöhung der globalen Durchschnittstemperatur um etwa 3,3 Grad Celsius bis zum Jahr 2100 rechneten, und baten sie um ihre eigene Einschätzung zum Temperaturanstieg bis 2100.

Dann kam der eigentliche Test. Der einen Hälfte der Versuchspersonen wurde mitgeteilt, dass prominente Wissenschaftler in den zurückliegenden Wochen die Daten neu bewertet hätten und zu dem Schluss gekommen seien, dass die Situation weit weniger dramatisch sei als gedacht und einen Temperaturanstieg von lediglich 0,5 bis 2,7 Grad erwarten lasse. Der anderen Hälfte wurde gesagt, dass renommierte Wissenschaftler die Daten neu bewertet und festgestellt hätten, dass die Situation sehr viel dramatischer sei als zuvor gedacht und einen Temperaturanstieg von 3,8 bis 6,1 Grad wahrscheinlich mache. Dann wurden alle Teilnehmer um eine neue persönliche Einschätzung gebeten.

Änderten die Probanden im Licht des Expertenurteils ihre Einschätzungen? Wieder stellten wir fest, dass die Probanden ihre Meinung nur dann änderten, wenn die erhaltene Information mit ihrer ursprünglichen Weltsicht übereinstimmte. Diejenigen, die vom menschlichen Einfluss auf den Klimawandel nicht überzeugt waren, ließen sich durch die tröstliche Nachricht, die Situation sei weniger schlimm als befürchtet, beeinflussen (ihre Schätzung fiel um etwa ein halbes Grad), während die alarmierenden schlechten Nachrichten für ihre neue persönliche Einschätzung komplett folgenlos blieben. Diejenigen, die vom Gegenteil überzeugt waren, zeigten genau das umgekehrte Muster – sie ließen sich durch die Nachricht mitziehen, dass die Wissenschaft die Situation noch schlechter als bis dahin gedacht einschätze, aber weit weniger von der Mitteilung, dass Wissenschaftler die Situation nunmehr für doch nicht so dramatisch hielten.

Wenn Sie jemanden mit neuen Daten versorgen, wird er alle Belege bereitwillig übernehmen, die seine vorgefasste Meinung bestätigen, Gegenbeweise hingegen kritisch beäugen (man bezeichnet das als Überzeugungs-Bias). Da wir sehr häufig widersprüchlichen Informationen und Meinungen ausgesetzt sind, führt diese Tendenz zu einer Polarisierung, die mit der Zeit immer stärker wird, je mehr Informationen wir erhalten.[7]

Indem man Menschen mit Informationen konfrontiert, die ihrer Meinung widersprechen, kann man sie sogar dazu veranlassen, sich völlig neue Gegenargumente zurechtzulegen, um ihre ursprüngliche Haltung zusätzlich zu bestärken – in der Psychologie wird das als »Bumerang-Effekt« bezeichnet. Thelma beispielsweise fand an dem Artikel von Jeremiah, in dem es hieß, das amerikanische Bildungssystem sei dem französischen überlegen, jede Menge auszusetzen. »Der Artikel ist von einem Amerikaner geschrieben«, dachte sie bei sich, »was wissen die überhaupt von Bildung? Die Amerikaner lehren ›moderne Literatur‹ und ›neuere‹ Geschichte, ignorieren aber die alten Schriften und den Überlieferungsschatz der Alten Welt.«

Ist Ihnen aufgefallen, was Thelma getan hat? Sie wischte nicht nur unliebsame Belege vom Tisch, sondern führte plötzlich neue Begründungen dafür auf, dass das französische Bildungssystem besser sein müsse – fuhr Argumente auf, die sie zuvor nie in Betracht gezogen hatte. Das führte natürlich dazu, dass sie noch fester an ihrer ursprünglichen Überzeugung festhielt. Mit Belegen konfrontiert zu werden, die ihren fest verwurzelten Ansichten offensichtlich widersprachen, verursachte ihr Unbehagen, und dieses ungute Gefühl vertrieb sie, indem sie die gegensätzliche Meinung wegargumentierte und ihre eigene bestärkte. Schuld daran ist der Umstand, dass sich Thelma durch die Heirat mit Jeremiah sogar noch stärker Frankreich zugehörig fühlte. Hätte sie François, ihren Liebsten vom Lycée geheiratet, wäre ihr Blick auf ihr Heimatland weniger idealisierend ausgefallen, nehme ich an.

Google ist (immer) auf meiner Seite

Die eine Wahrheit, auf die wir uns alle einigen können, gibt es nicht. 1789 schrieb Benjamin Franklin in einem Brief an Jean-Baptiste Le Roy die berühmt gewordenen Worte: »Nichts in dieser Welt ist sicher, außer dem Tod und den Steuern.« Franklin hatte diesen Satz von dem englischen Schriftsteller Daniel Defoe, der in seinem Buch *Die politische Geschichte des Teufels* 1726 geschrieben hatte: »Dinge, so sicher wie Tod und Steuern, lassen sich mit mehr Überzeugung glauben.«[8] Zwar wird die Floskel »Tod und Steuern« häufig bemüht, doch ist keines von beiden eine Wahrheit, zu der wir uns alle einmütig bekennen würden. Manche Menschen glauben, der Tod ließe sich überwinden – vielleicht durch Kryonik oder eine andere Ingenieurskunst. Selbst wenn wir es als gegeben nehmen, dass das Leben endlich ist, gibt es viele verschiedene Ansichten darüber, was uns danach erwartet. Und ganz sicher gibt es eine stattliche Zahl an Steuerhinterziehern und »Steuergegnern«, die nichts von der Vorstellung halten, dass Steuern notwendig sind. Wenn wir uns schon nicht darauf einigen können, dass Tod und Steuern sicher sind, dann können Sie sich vorstellen, dass wir uns im Hinblick auf eine Menge anderer »Wahrheiten« erst recht uneins sein werden.

Ob ein Leben in Frankreich besser ist als ein Leben in den Vereinigten Staaten, ist Ansichtssache. Ob die Todesstrafe als Gesetz moralisch richtig ist oder nicht, ist ebenfalls eine subjektive Einschätzung. Was aber passiert, wenn es bei der Uneinigkeit um harte Fakten geht? Betrachten wir beispielsweise die Frage nach Barack Obamas Geburtsort. Die Kontroverse darüber, wo der ehemalige amerikanische Präsident geboren wurde, begann 2008 mit anonymen E-Mails, in denen angezweifelt wurde, dass Barack Obama wirklich von Geburt amerikanischer Staatsbürger sei.[9] Wäre Obama nicht in den Vereinigten Staaten zur Welt gekommen, hätte er nicht für das Präsidentenamt kandidieren können. Bald darauf tauchten im Internet »Beweise« auf, die diesen Vorwurf angeblich belegten. Das Thema entfachte einen derartigen Medienrummel, dass Obama beschloss, den Stier bei den Hörnern zu packen und seine Geburtsurkunde vorzulegen. Aber selbst ein beglaubigtes Dokument aus den Händen eines US-Präsidenten reichte nicht hin, die Meinung der Menschen zu ändern. Umfragen zeigten, dass ein ansehnlicher Prozentsatz amerikanischer Bürger noch immer nicht überzeugt war, dass der Präsident das Recht gehabt hatte, das Amt zu bekleiden.[10]

»Es gibt da eine Maschinerie, ein Netz aus Desinformationen, die in einem Zeitalter der Neuen Medien unablässig frisch gestreut werden können«, sagte Obama im Jahr 2010.[11] Es war seine Reaktion auf das Bekanntwerden der Tatsache, dass auch zwei Jahre nach den Präsidentschaftswahlen zwanzig Prozent der Amerikaner (genau ein Fünftel!) noch immer nicht glaubten, dass er in den USA geboren wurde. Mit »Maschinerie« und »Netz« meinte Obama höchstwahrscheinlich jene Technologie, die der Verbreitung von Falschinformationen den Boden bereitete.

Die Mühelosigkeit, mit der wir in unserer heutigen Welt an »Daten« und »Beweise« kommen, mit der wir jede beliebige Meinung in Misskredit bringen können – nur um zur selben Zeit neue Informationen aufzutun, die unsere eigene stützen –, hat nie gekannte Ausmaße angenommen. In weniger als einer Sekunde erscheinen Artikel, die behaupten, dass Erdbeeren ungesund seien (weil ihre dünne Schale angeblich leicht von unliebsamen chemischen Substanzen durchdrungen wird) und Butter im Kaffee gut für Sie ist. Letzteres firmiert unter dem Namen »Bulletproof Coffee«. Glaubt man seinem Erfinder, wirkt sich der solchermaßen aufbereitete Kaffee »massiv auf Ihre kognitiven Fähigkeiten« aus, »hält Ihr Energieniveau über sechs Stunden hoch ... und programmiert Ihren Körper darauf, den ganzen Tag Fett zu verbrennen.«[12] Es dauert nur eine weitere Sekunde, um genauso viele Artikel zu finden, die besagen, dass der Verzehr von Erdbeeren ihrer vielen Nährstoffe wegen sehr gesund und Butter im Kaffee keine gute Idee ist. Wohl weiß man inzwischen, dass gesättigte Fette gesund sind, aber die Evolution hat den Menschen nicht dazu gemacht, große Mengen davon zu sich zu nehmen. Es hat bereits Berichte über dramatisch erhöhte Cholesterinwerte infolge des Konsums von »kugelsicherem Kaffee« gegeben.[13]

Paradoxerweise macht uns die Fülle an verfügbarer Information weniger bereit, unsere Meinung zu ändern, weil es so leicht ist, an Daten zu kommen, die die eigene Weltsicht stützen. Das gilt sogar für extreme Positionen, beispielsweise für die Ansicht, dass die eigene Ethnie anderen genetisch überlegen sei. Wir lesen sorgfältig Blogs und Artikel, die unsere Meinung unterstützen, und hüten uns, womöglich auf Links zu klicken, die einen anderen Blickwinkel verheißen.

Das ist aber nur die eine Hälfte des Problems. Wir merken nämlich nicht, dass ohne unser Wissen unablässig Rosinenpickerei betrieben wird in Bezug auf die Informationen, die wir zu Gesicht bekommen. Wir haben meist keine Ahnung, dass uns sehr häufig gefilterte Informationen vorgesetzt werden, die unseren vorgefassten Ansichten entsprechen. Und so funktioniert das: Wenn Sie bei Google und anderen Suchmaschinen einen Suchbegriff eingeben, erhalten Sie Ergebnisse, die auf der Basis Ihrer Internetgewohnheiten und Ihrer zurückliegenden Anfragen für Sie maßgeschneidert sind.[14] Mit anderen Worten: Wenn Sie in den Vereinigten Staaten der demokratischen Partei zuneigen und nach den jüngsten Umfrageergebnissen der Präsidentschaftskampagne suchen, wird Ihre Suche höchstwahrscheinlich Artikel und Blogs von anderen Demokraten ausspucken, die der Ansicht sind, dass der eigene Kandidat oder die eigene Kandidatin sich hervorragend geschlagen hat. Unter den Links werden Sie Nachrichtenwebsites und Meinungsblogs finden, die Sie bereits in der Vergangenheit angeklickt haben, sowie andere, die mit diesen verknüpft sind. In Anbetracht dessen, dass die ersten zwanzig Ergebnisse, die auf Ihrem Bildschirm erscheinen, allesamt das Abschneiden des demokratischen Kandidaten feiern, erwächst Ihnen der Eindruck, dass er wirklich einen herausragenden Auftritt hingelegt hat. Jeder denkt das. Ihre Twitter- und Facebookfeeds versorgen Sie mit zusätzlichen Bekundungen der Überlegenheit Ihres Kandidaten und stärken Ihr Vertrauen in das zu erwartende Ergebnis der anstehenden Wahl.

Aber das ist noch nicht alles – wenn Sie Republikaner sind, werden Ihre Feeds und Informationen ganz anders aussehen. Und zwar deshalb, weil Ihre Facebook- und Twitterkonten mit höherer Wahrscheinlichkeit mit den Konten anderer Republikaner verbunden sind. Ihre Google-Suche wird Ihnen daher ganz andere Ergebnisse liefern. Das hat nicht nur damit zu tun, dass Google ausgeklügelte Algorithmen verwendet, um etwas über Ihre speziellen Interessen und Vorlieben zu lernen, sondern auch damit, dass Suchanfragen den geografischen Ort, an dem Sie sich befinden, miteinbezieht.[15] Google müht sich redlich, Ihnen genau das zu liefern, wonach Sie suchen. Das System geht davon aus, dass das, wonach Sie suchen, dem ähnelt, wonach Ihre Nachbarin Riana sucht, und weniger dem, was Pinto auf der anderen Seite des Globus in Uganda gerade braucht. Diese Annahme ist vernünftig. Sie werden also am Ende mit Verweisen auf Internetseiten dastehen, die vor allem von Nutzern in Ihrer Region angeschaut werden. Da Republikaner verstärkt in bestimmten Bundesstaaten zu Hause sind, Demokraten hingegen in anderen, spuckt Ihre Suche zum Stichwort »Präsidentschaftsdebatte« Verweise auf Websites aus, die Ihren Kandidaten unterstützen (so Sie in einem Staat leben, in dem die Mehrheit der Bewohner der von Ihnen bevorzugten politischen Partei anhängt). Da dieser Prozess von Ihnen unbemerkt vonstattengeht, werden Sie in Ihren politischen Ansichten mehr und mehr bestärkt, dasselbe gilt für Ihre kulturellen Vorlieben und wissenschaftlichen Überzeugungen.

Diese Automatismen können unser Denken verarmen lassen. Wie können wir vernünftig entscheiden, was wahr und richtig ist, wenn uns andere Gedankengänge komplett vorenthalten bleiben? Sie können etwas tun, um diesen technisch bedingten Bestätigungsfehler (so der Fachjargon für diese Form der Wahrnehmungsverzerrung) zu verringern. Ein Tipp: Wenn Sie Suchergebnisse verhindern wollen, die auf Ihre Überzeugungen maßgeschneidert sind, wahren Sie im Internet Ihre Anonymität, löschen Sie Informationen, die Ihr Browser über Sie zusammenträgt und schalten Sie die Suchhistorie aus. Vielleicht entschließen Sie sich auch, die Listen derer zu überdenken, denen Sie in den sozialen Netzwerken folgen, und Personen einzuschließen, die Sie respektieren, aber mit deren Positionen Sie nicht übereinstimmen. Vielleicht folgen die Betreffenden dann auch irgendwann Ihnen.

Es gibt noch einen weiteren Mechanismus, unsere Überzeugungen künstlich zu verfestigen, ohne dass wir dessen gewahr werden: die »soziale Rückkopplungsschleife«. Angenommen, Sie stoßen auf ein wunderbares neues Produkt und wollen Ihre aufregende Entdeckung mit all Ihren Freunden teilen, damit auch sie in den Genuss kommen. Nehmen wir an, das Produkt ist ein neues kabelloses Stück Kommunikationstechnik namens »Super-Router«. Er ermöglicht schnelle Internetverbindungen über große Entfernungen. Sie erzählen Ihren Freunden und Verwandten davon, beschreiben ihn auf Pinterest, Instagram und in anderen sozialen Netzwerken. Im Verlauf der nächsten paar Monate passiert etwas Verblüffendes. Unaufhörlich werden sie online, aber auch von Angesicht zu Angesicht von Ihren

Bekannten auf den »Super-Router« angesprochen. »Hast du schon von diesem tollen neuen kabellosen Router gehört?«, werden Sie gefragt. »Es heißt, er verändere die Art und Weise, wie du im Internet surfst.« Das sind keineswegs Leute aus Ihrem engen Kreis – allem Anschein nach weiß jeder über den »Super-Router« Bescheid. Was Sie aber womöglich unterschätzen, ist der Beitrag, den Sie selbst zu diesem ganzen Tratsch geleistet haben. Wenn wir eine Idee, Empfehlung oder Meinung mit ein paar Menschen teilen, werden manche von ihnen diese Information mit anderen teilen, diese wiederum mit wieder anderen. Da die sozialen Netzwerke so unentwirrbar miteinander verflochten sind, werden diese Einschätzungen irgendwann zu Ihnen zurückgeschwappt kommen – nur, dass Ihnen womöglich entgeht, dass Sie selbst die Quelle waren. Und so werden Sie zu dem Schluss kommen, dass viele andere Leute eine Meinung vertreten, der Sie selbst auch anhängen, und das bestärkt Sie in Ihrer Überzeugung natürlich umso mehr.

Intelligenz und Informationsverzerrung

Nach Daten zu suchen und diese auf eine Weise zu interpretieren, die die eigene vorgefasste Meinung festigt, wird in der Psychologie als »Bestätigungsfehler« bezeichnet.[16] Er gehört zu den stärksten Befangenheiten des Menschen. Da Sie sich nun dieses Umstands bewusst sind, werden Ihnen vermutlich tagtäglich Menschen ins Auge springen, die genauso denken und handeln: Argumente beiseite wischen, die ihnen nicht gefallen, und sich solche zu eigen machen, die ihnen zupass kommen. Ihnen wird aber auch auffallen, dass diese Neigung sehr unterschiedlich ausgeprägt ist:

Manche Menschen sind viel stärker damit behaftet als andere. Was lässt manche Menschen Informationen unvoreingenommen aufnehmen und andere Belege verwerfen, die nicht zu ihrer vorgefassten Meinung passen?

Wenn Sie sich selbst als hochanalytisches Wesen betrachten – als jemanden mit einer außerordentlich gut entwickelten Fähigkeit im Umgang mit Zahlen, der logisch zu argumentieren vermag –, dann gratulieren Sie sich. Menschen mit höher entwickeltem analytischen Denken verdrehen Daten mit größerer Wahrscheinlichkeit als Menschen, die im logischen Schlussfolgern weniger geübt sind.[17] Bei einer Untersuchung beteiligten sich 1111 Amerikaner aus dem ganzen Land an einer Online-Befragung. Zuerst hatten sie einige Standardtests zu absolvieren, mit denen ihre Fähigkeiten im Umgang mit Zahlen und systematischer Logik gemessen wurden. Dann bekamen die Probanden zwei verschiedene Datensätze. Man ließ sie glauben, dass der erste aus einer Studie stammte, in der eine neue Behandlung gegen Hautausschlag untersucht wurde. Die Teilnehmer wurden gebeten aus dem Zahlenmaterial herauszulesen, ob die Therapie die Beschwerden der Patienten besserte oder verschlimmerte. Um das Problem zu lösen, brauchten sie ihr quantitativ analytisches Denken. Es verwundert nicht, dass Menschen, die in den mathematischen Vortests besser abgeschnitten hatten, auch mit der Auswertung der Zahlen zum Erfolg der Behandlung besser zurechtkamen.

Der zweite Datensatz betraf die Kriminalstatistik verschiedener Städte. Den Probanden wurde mitgeteilt, dass »die Verwaltung einer Stadt zu entscheiden versucht, ob es sinnvoll ist, ein Gesetz zu erlassen, welches Privatleuten verbietet, in der Öffentlichkeit verdeckt eine Waffe bei sich zu tragen. Die Vertreter der Stadt sind sich unsicher, ob das

Gesetz die Kriminalitätsrate senken wird, weil es die Zahl derjenigen verringert, die eine Waffe tragen, oder aber erhöht, weil gesetzestreue Bürger sich nicht mehr gegen Gewalttäter verteidigen können. Um dieser Frage nachzugehen haben Wissenschaftler die Städte in zwei Gruppen unterteilt: eine aus Städten, die kürzlich ein Verbot für versteckt getragene Waffen erlassen haben, die andere aus solchen, in denen es kein Verbot gab.« Die Versuchsteilnehmer sollten die Daten auswerten und schlussfolgern, ob das neue Gesetz zu mehr oder weniger Verbrechen führen würde.

Pikanterweise waren die Datensätze der Untersuchung zur Behandlung von Hautausschlag und zum Waffenverbot identisch. Den Probanden wurden zweimal genau dieselben Zahlen vorgelegt. Trotzdem lagen sie bei der Lösung des Problems weit näher an der Wahrheit, wenn die Zahlen als Material aus der Studie zur Behandlung von Hautausschlag daherkamen, als bei der Studie zur Kontrolle von Schusswaffen. Warum?

Den Probanden war es egal, ob die Ausschlagbehandlung wirkte oder nicht, also gingen sie die Aufgabe rational an und bedienten sich ihrer mathematischen Fertigkeiten im Dienste einer sorgfältigen Analyse der Daten. Was jedoch die Kontrolle des Waffenbesitzes anging, hatten die meisten Teilnehmer eine sehr leidenschaftlich vertretene Position, und diese Leidenschaft kollidierte mit ihrer Fähigkeit zur objektiven Auswertung von Daten. So weit nichts Neues – wir wissen inzwischen, dass unsere Beweggründe unsere Fähigkeit zum vernünftigen Argumentieren trüben können. Aber jetzt kommt das Faszinierende: Diejenigen, die besonders gut mit Zahlen umgehen konnten – die »analytisch Begabten« –, lagen bei der Beurteilung der Frage, ob eine verschärfte Waffenkontrolle die Verbrechenshäufigkeit verringern würde, am weitesten daneben.

Diese Beobachtungen entlarven die Vorstellung, dass voreingenommenes Schlussfolgern nur Menschen eigen ist, die über keine übermäßig hohe Intelligenz verfügen. Im Gegenteil: Je umfangreicher Ihre kognitiven Fähigkeiten, desto größer ist Ihre Fähigkeit, Informationen nach Belieben auszulegen, zu begründen und Daten so zu drehen, dass sie Ihren Ansichten entsprechen. Es entbehrt nicht der Ironie, dass Menschen ihre Intelligenz nicht dazu nutzen, genauere Schlussfolgerungen zu ziehen, sondern dazu, Unzulänglichkeiten an Daten zu entdecken, die ihnen nicht passen. Und eben deshalb ist unser Drang, Zahlen und Fakten zu bemühen, die unsere Sicht der Dinge untermauern und die der anderen erschüttern, unter Umständen nicht der optimale Ansatz, wenn wir uns mit anderen auseinandersetzen. Selbst wenn Ihr Gegenüber hochintelligent ist, werden Sie womöglich Schwierigkeiten haben, seine Überzeugung mit Gegenbeweisen ins Wanken zu bringen.

Warum wir so sind, wie wir sind

Damit stellt sich die Frage, warum uns die Evolution mit einem Gehirn ausgestattet hat, das völlig zutreffende Informationen verwirft, sobald diese nicht mit unserer gegenwärtigen Weltsicht harmonieren. Das sieht nach einer Fehlentwicklung aus und birgt das Potenzial für jede Menge Fehlurteile. Warum also wurde dieser Defekt im Laufe der Evolution des Menschen nicht korrigiert? Könnte es eine vernünftige Erklärung für unsere scheinbare Torheit geben? Möglicherweise sogar einen Nutzen?

Manche Wissenschaftler vertreten die Ansicht, dass das menschliche Gehirn im Verlauf seiner Evolution die Fähigkeit zur logischen Argumentation nicht dazu entwickelte, die Wahrheit aufzudecken, sondern dazu, andere davon überzeugen zu können, dass wir richtig liegen.[18] Sie glauben, dass wir das, was wir vor Augen haben, grundsätzlich auf eine Weise bewerten, die uns hilft, die eigenen Ansichten wirksamer zu vertreten. Wenn wir unsere Sache besser vertreten, so die Überlegung, werden wir mit größerer Wahrscheinlichkeit unseren Willen bekommen. Diese Theorie vermag sowohl den Bestätigungsfehler als auch den Bumerangeffekt zu erklären. Mich überzeugt sie dennoch nicht. Die Vorstellung, dass das menschliche Gehirn die Fähigkeit, logisch zu argumentieren, allein deshalb entwickelt hat, damit es im Streitfalle den Sieg davonträgt, scheint mir vordergründig. Hinzukommt, dass keiner von uns den anderen je wird überzeugen können, wenn die meisten von uns ohnehin mit einem Bestätigungsfehler geschlagen sind. In der Realität sind die überzeugendsten Personen in vielen Fällen diejenigen, die am aufgeschlossensten sind.

Lassen Sie uns eine andere Möglichkeit in Betracht ziehen – die Überlegung nämlich, dass es sehr häufig das einzig Richtige ist, Informationen im Lichte dessen zu interpretieren, was wir bereits glauben. *Im Großen und Ganzen* betrachtet ist es nämlich so, dass, wenn Ihnen eine Information unterkommt, die dem, was Sie über die Welt wissen, komplett widerspricht, dieses Stück Information tatsächlich falsch ist. Wenn beispielsweise jemand behauptet, er habe am Himmel einen gelben Elefanten fliegen oder einen lilafarbenen Fisch zu Fuß an Land spazieren sehen, ist es vernünftig anzunehmen, dass der Betreffende lügt oder spinnt. Wir sollten allgemein gesprochen Informationen im Lichte dessen bewerten, was wir bereits wissen.

Vier Faktoren kommen ins Spiel, wenn wir zu einer neuen Überzeugung gelangen: unser vorhandenes Repertoire an Überzeugungen (technisch gesprochen unser Überzeugungs-Bias), unser Vertrauen in diese alte Überzeugung, die neue Beweislage und unser Vertrauen in diese neuen Beweise. Stellen Sie sich beispielsweise einen Erwachsenen vor, dem sein dreijähriges Kind erzählt, es habe soeben einen Elefanten am Himmel fliegen sehen. Der Erwachsene ist einigermaßen fest davon überzeugt, dass Elefanten nicht fliegen können. Außerdem ist sein Vertrauen in die Glaubwürdigkeit des Kindes in diesem Punkt nicht sehr entwickelt, er wird also zu dem Schluss kommen, dass das Kind unrecht hat. Stellen Sie sich jetzt die umgekehrte Situation vor: Einem kleinen Kind wird von seinem Vater oder seiner Mutter erzählt, er oder sie habe soeben einen Elefanten am Himmel fliegen sehen. Das Kind verfügt noch nicht über allzu viele unverrückbare Überzeugungen über das Wesen der Welt, ist also unsicher, ob Elefanten nicht vielleicht doch fliegen können. Außerdem schätzt es die Meinung seiner Eltern über alle Maßen, also kommt es zu dem Schluss, dass Elefanten fliegen können.

So gesehen ist ein solches Herangehen an neue Überzeugungen im Großen und Ganzen vernünftig. In vielen Fällen sollten wir in der Tat an dem festhalten, was wir wissen. Die Nebenwirkung des Ganzen ist allerdings, dass festgefügten Ansichten schwer beizukommen ist – auch dann, wenn sie falsch sind.

Was kostet uns das?

Wir haben bereits gesehen, dass der Hang des Menschen, Beweise zu ignorieren, die nicht zu seiner Sicht der Dinge passen, persönliche Beziehungen belasten kann. Dies gilt auch für die Politik, was schon alarmierend genug ist. Aber wie sieht es in Finanzdingen aus? Neigen Menschen, wenn es um finanzielle Entscheidungen geht, auch zur selektiven Interpretation von Informationen? Zusammen mit meinen Kollegen Andreas Kappes und Read Montague habe ich ein Experiment unternommen, um das herauszufinden.[19]

Millie war eine der vielen Teilnehmerinnen unserer Studie. Sie war zwanzig Jahre alt und studierte am University College London Biologie im Hauptfach. Sie trug ihr glattes braunes Haar zum Pferdeschwanz gebunden, und ihre große Siebzigerjahre-Brille umrahmte zwei hellwache Augen. Wie die meisten Studenten konnte auch Millie ein bisschen zusätzliches Geld für die Miete gebrauchen, daher war sie, als sie unseren Aushang für eine bezahlte Studie am Psychologischen Institut sah, rasch dabei und meldete sich bei uns. Als sie im Labor eintraf, wurde sie mit ihrem Kompagnon Ewan bekannt gemacht, der ebenfalls an unserer Studie teilnehmen sollte. Ewan und sie waren sich nie zuvor begegnet. Aus einer kurzen Vorstellung erfuhr Millie, dass Ewan Psychologiestudent und soeben von einem Auslandssemester in Japan zurückgekehrt war.

Unser Versuchsleiter Andreas erläuterte Millie und Ewan, dass sie ein Spiel zu spielen hätten, bei dem es um die Bewertung von Immobilien ginge. Je besser sie abschnitten, desto mehr Geld würde am Ende für sie herausspringen. Beider Wissen über das Immobilienwesen beschränkte sich auf das Mieten eines Zimmers in einer Londoner Wohngemeinschaft. Dennoch waren sie entschlossen, die Aufgabe nach bestem Wissen und Gewissen zu lösen.

Andreas sagte Millie und Ewan, dass man sie in getrennte Zimmer bringen werde, jeder würde einen Computer zum Arbeiten und ein paar Hundert Exposés vorgelegt bekommen. Für jede Immobilie wurden ihnen Informationen an die Hand gegeben – ähnlich denen, die Sie auf entsprechenden Homepages finden: ein Foto des Anwesens, Angaben zu Lage, Größe und dergleichen mehr. Dann sollten sie entscheiden, ob das Anwesen ihrer Ansicht nach mehr oder weniger als eine Million Dollar wert sei, und sagen, wie viel sie darauf wetten würden, dass sie richtig lagen.

Etwa eine Villa mit drei Schlafzimmern im Westen von Hollywood etwa, 370 Quadratmeter mit Pool – steht sie mit mehr oder weniger als einer Million Dollar zum Verkauf? Millie glaubt, es müsse mehr sein, und ist bereit, zwei Pfund darauf zu setzten, dass sie richtig liegt. Wenn sie recht hat, gewinnt sie die zwei Pfund, wenn nicht, verliert sie diese. Nachdem Millie ihre Einschätzung abgegeben hat, bekommt sie Gelegenheit, Ewans Urteil anzuschauen. Es stellt sich in diesem Fall heraus, dass Ewan anderer Ansicht ist: Er glaubt, das Haus sei weniger als eine Million wert, und ist bereit, drei Pfund darauf zu setzen.

Laut Spielregeln darf Millie ihr Urteil zwar nicht verwerfen, kann jedoch den zugehörigen Geldbetrag ändern. Wenn sie glaubt, dass Ewan recht hat, kann sie ihren Einsatz zurücknehmen, sodass sie weder verliert noch gewinnt, sie kann ihn auf ein Pfund oder weniger reduzieren oder auch erhöhen, wenn sie das möchte.

Wie die meisten unserer Teilnehmer tut Millie nichts dergleichen. Wenn Ewan anderer Ansicht ist, ignoriert sie ihn. Oberflächlich betrachtet scheint das vernünftig. Warum auch sollte sie auf Ewan hören? Er ist Psychologiestudent und kein Makler. Höchstwahrscheinlich weiß er nicht mehr als sie. Millies Entscheidung scheint plausibel. Mit einer Ausnahme: Wenn Ewan mit ihr *übereinstimmt*, erhöht sie ihren Einsatz. Mit anderen Worten: Wenn Ewan dieselbe Einschätzung abgibt wie Millie, wird sein Urteil als hinreichend zuverlässig erachtet, um eine höhere Investition zu wagen. Wenn er aber eine andere Ansicht hat, ist seine Meinung bedeutungslos.

Millie ist kein Einzelfall. Im Durchschnitt erhöhten die Teilnehmer an unserer Studie ihren Einsatz deutlich, wenn sie erfahren hatten, dass ihr Partner mit ihrem Urteil übereinstimmte, unternahmen in den meisten Fällen jedoch nichts, wenn genau derselbe Partner mit genau denselben Qualifikationen mit seiner Einschätzung anders lag als sie. Unser Verstand scheint äußerst gerne Dinge zu übernehmen, die seinen liebgewordenen Ansichten entgegenkommen.

Die Studie verdeutlicht einen wichtigen Punkt. Auf der einen Seite ist wohlbekannt, dass Menschen in extremer Weise sozialen Einflüssen ausgesetzt sind: Wir unterwerfen uns Trends und ahmen andere nach – und das oftmals unbewusst (später gehe ich auch auf unseren starken Trieb zum sozialen Lernen ein). Auf der anderen Seite zeigt sich, dass es sehr schwer ist, Menschen dazu zu bringen, eine neue Entscheidung oder Meinung zu übernehmen, wenn sie sich einmal auf eine festgelegt haben. Angesichts vorgefasster Überzeugungen und Meinungen kann es passieren, dass soziale Einflüsse ins Leere laufen.

Andreas' Beobachtungen scheinen auch in krassem Widerspruch zu einer klassischen Annahme der Ökonomie zu stehen: dass nämlich Investoren imstande sind, neue Informationen (wie die Meinungen anderer) unabhängig von zurückliegenden finanziellen Entscheidungen zur Kenntnis zu nehmen und zu bewerten. Wir wissen heute, dass diese Annahme falsch ist. Menschen messen Informationen, die ihre zurückliegenden Entscheidungen stützen, mehr Gewicht bei als solchen, die diese untergraben.

Da wären zum Beispiel Untersuchungen von Camelia Kuhnen, einer Neuroökonomin von der University of North Carolina, und ihren Kollegen.[20] Kuhnen bat etwa fünfzig Personen, einhundert Investmententscheidungen zwischen riskanten Wertpapieren und festverzinslichen sicheren Anleihen zu treffen. Nach jeder Entscheidung wurde die aktuelle Dividende verkündet und dann das nächste Angebot vorgestellt. Kuhnen stellte fest, dass die Leute, wenn sie bei einer Anlage eine hohe Dividende in Aussicht gestellt bekamen, der Ansicht waren, dass die Anlage gut war. Hatten sie sich jedoch für ein Papier entschieden, das zu ihrer Enttäuschung eine geringe Dividende zeitigte, dann ignorierten sie die Zahlen, statt davon auszugehen, dass die Anlage schlecht sein könnte.

Genau wie Millie bei ihren Immobilienentscheidungen nicht auf Ewan hörte, wenn er anderer Meinung war als sie, werden Anleger durch zurückliegende Investmententscheidungen daran gehindert, ihre finanziellen Erwartungen zu ändern, wenn die neuen Zahlen nicht mit ihren vergangenen Entscheidungen zusammenpassen. Quer durch alle Lebensbereiche verwerfen Menschen Informationen, die vorangegangenen Entscheidungen zuwiderlaufen – sogar wenn es teuer wird.

Kuhnen und ihre Kollegen beobachteten jedoch nicht nur das Verhalten ihrer Versuchsteilnehmer, sondern zeichneten auch deren Gehirnaktivität auf, um ein Bild davon zu bekommen, was in ihren Köpfen vor sich ging. Sie stellten fest, dass das Gehirn der Teilnehmer bei Informationen, die sich nicht mit zuvor getroffenen Entscheidungen vereinbaren ließen, – metaphorisch gesprochen – »abschaltet«.[21] Wenn der Teilnehmer sich beispielsweise für ein Wertpapier entschieden hatte und später feststellte, dass es ihm eine geringe Dividende einbrachte, wurden die Verarbeitungsprozesse des Gehirns heruntergefahren. Bestätigten hingegen die präsentierten Zahlen die zurückliegende Entscheidung, ließ sich in einem ausgedehnten Netz von Regionen eine gesteigerte Aktivität beobachten. Andreas und ich beobachteten in unserer Studie ein ähnliches Muster: Das Gehirn eines Menschen ist ausgesprochen empfänglich für Informationen, die auf die Erkenntnis folgen, dass jemand anders eine ähnliche Entscheidung getroffen hat. Bei Informationen hingegen, denen die Erkenntnis vorangegangen war, dass jemand anders entschieden hatte, zeigte sich ein deutlich herabgesetztes Verarbeitungsmuster.

Diese Ergebnisse mögen zunächst verwundern, weil man in vielen Fällen eine heftige Reaktion beobachtet – im Jargon »Fehlersignal« genannt –, wenn Menschen entdecken, dass sie sich geirrt haben könnten. Diese Studie jedoch zeigt uns, dass wir in Fällen, in denen wir uns bereits einer Überzeugung angeschlossen oder eine Handlung begangen haben, Beweise ignorieren, die uns ahnen lassen, dass wir falschliegen könnten. Wir interpretieren die entsprechenden Daten einfach als unzuverlässig. Und wenn wir die neue Beweislage als ungültig erachten, machen wir uns unter Umständen nicht einmal die Mühe, sie genauer in Augenschein zu nehmen.

Was also – wenn überhaupt irgendetwas – können wir tun, um Überzeugungen zu verändern? Ansichten sind ja nicht in Stein gemeißelt – sie ändern sich ständig. Wie also können wir Veränderungen anstoßen?

Das Alte verändern oder etwas Neues bauen?

Stellen Sie sich folgendes Szenario vor: Sie sind Kinderarzt in einer Klinik, es ist mitten am Tag. Ihr Zwei-Uhr-Termin betritt mit einem Kleinkind das Sprechzimmer zur Vorsorgeuntersuchung. Nach dem körperlichen Check-up und dem obligaten Gespräch zur Überprüfung der motorischen, sprachlichen und sozialen Entwicklung des Kindes geht es um die Impfung. Der Vater des Kleinen hat jedoch massive Bedenken gegen den Masern-Mumps-Röteln-Impfstoff. Er hat gehört, dass dieser das Autismusrisiko erhöhe.

Die Zahl der Eltern, die es ablehnt, ihre Kinder impfen zu lassen, ist seit jener berüchtigten Studie von 1998, in der ein Zusammenhang zwischen dem Impfstoff und Autismus hergestellt wurde, stetig gestiegen. Die Untersuchung wurde veröffentlicht von einem Team um Dr. Andrew Wakefield, damals ehrenamtlicher ärztlicher Berater an der Royal Free Hospital School of Medicine in London.[22] Wakefields Hauptaussage lautete in erster Linie, dass die Impfstoffe gegen Masern, Mumps und Röteln (kurz: MMR) das Immunsystem des Kindes in besonderer Weise veränderten, wenn man sie zur selben Zeit verabreiche. Das Masernvirus würde dann bestimmte Proteine aus dem Darm freisetzen, die das Gehirn erreichen könnten, wo sie möglicherweise Neuronen schädigen und zur Entstehung von Autismus führen würden.[23] Obwohl dieser Artikel in der renommierten Zeitschrift *The Lancet* erschien, geriet er später in Misskredit. Man stellte fest, dass die Studie in betrügerischer Absicht verfasst worden war, und in den Folgejahren durchgeführte Forschungen kamen zu dem Schluss, dass zwischen dem MMR-Impfstoff und Autismus keinerlei Zusammenhang besteht.[24]

Dennoch hört das durch Wakefields Forschung entzündete Feuer nicht auf zu schwelen. Trotz einer Fülle gegenteiliger wissenschaftlicher Belege fürchten noch immer viele das Risiko der dem Impfstoff nachgesagten Nebenwirkungen und lehnen es ab, ihre Kinder impfen zu lassen. Die Folge davon ist, dass Masern erneut auf dem Vormarsch sind. Im Jahr 2014 wurden in den Vereinigten Staaten 644 Fälle registriert, das entspricht einem Anstieg im Vergleich zum Vorjahr um das Dreifache.

Zurück in der Klinik stehen Sie, der Arzt, vor der schwierigen Aufgabe, den Vater vor Ihnen dazu zu bringen, sein Kind impfen zu lassen. Wie sollen Sie das anstellen? Ihrem Gefühl nach tendieren die meisten Menschen dazu, dem Vater wissenschaftliche Beweise vorzulegen, die besagen, dass der MMR-Impfstoff nicht zu Autismus führt. Der Feldzug gegen Impfmythen ist auch der Ansatz, den die Centers for Disease Control and Prevention wählen. Es scheint eine vernünftige Strategie. Dennoch zeigen verschiedene Untersuchungen, dass sie nicht funktioniert. Der Grund dafür ist, dass Information stets in Relation zu vorgefassten Überzeugungen ausgewertet wird. Und je weiter weg die neuen Daten von den bereits vorhandenen Ansichten sind, desto geringer ist die Chance, dass sie als stichhaltig wahrgenommen werden. Sie laufen, wenn Sie die Mythen um den MMR-Impfstoff zitieren, nur um sie zu widerlegen, tatsächlich Gefahr, dass sich die Zuhörer eher an den Mythos als an die ihn widerlegenden Beweise erinnern.

Um dieses Problem zu lösen, kamen Psychologen der University of California in Los Angeles (kurz: UCLA) und der University of Illinois at Urbana-Champaign auf eine neue Idee. Statt zu versuchen, eine fest verwurzelte Überzeugung ins Wanken zu bringen, verlegten sie sich darauf, eine ganz neue in den Köpfen ihrer Probanden zu verankern.[25] Die Entscheidung von Eltern, ihr Kind impfen zu lassen, wird, so sagen sie, von zwei Faktoren bestimmt: den negativen Nebenwirkungen des Impfstoffs und dem Bonus des Impfschutzes. Weigern Eltern sich, ihr Kind impfen zu lassen, liegt ihr Misstrauen in den möglichen Nebenwirkungen begründet, in diesem Fall in dem unterstellten Autismusrisiko. Der Versuch, diese Wahrnehmung zu ändern, erzeugt nur vermehrten Widerstand. Statt die Leute davon überzeugen zu wollen, dass der MMR-Impfstoff keinen Autismus hervorruft, betonten die Psychologen den Eltern gegenüber, dass der MMR-Impfstoff die Wahrscheinlichkeit senkt, dass sich ihr Kind eine potenziell tödliche Krankheit einfängt. Das ist der Weg des geringsten Widerstands. Menschen haben keinen Grund, daran zu zweifeln, dass der Impfstoff ihr Kind vor Masern, Mumps und Röteln schützt. Das Team setzte darauf, einen gemeinsamen Nenner zu finden – für beide, Eltern wie Ärzte, stand die Gesundheit des Kindes an allererster Stelle. Sich darauf zu konzentrieren, was beiden Lagern gemeinsam war, statt auf das, worüber Uneinigkeit herrschte, machte Veränderung möglich.

Diese Strategie erwies sich als erfolgreich. Das Bewusstmachen dessen, dass der MMR-Impfstoff das Kind vor schwerer Krankheit bewahren würde, veränderte die Einstellung der Betreffenden zu einer Impfung wirksamer als der Versuch, die Ängste vor seinen Nebenwirkungen zu zerstreuen. Wenn einer tief verwurzelten Überzeugung schwer beizukommen ist, kann das Säen einer neuen die Antwort bringen.

Lassen Sie uns zu Thelma und Jeremiah zurückkehren, die beiden miteinander verheirateten Anwälte, die sich nicht darauf einigen konnten, in welchem Winkel der Welt sie sich niederlassen sollten. Jeremiah versuchte, Thelma davon zu überzeugen, dass die Vereinigten Staaten Frankreich vorzuziehen seien, und Thelma stand auf dem Standpunkt: »Non! La France est mieux!« Sie versuchten, mit vernünftigen Argumenten zu belegen, warum das eine besser sei als das andere – Baguette gegen Toastbrot, Louvre gegen das Metropolitan Museum of Art –, aber das brachte nichts. Thelma tat Jeremiahs Argumente ab, und er ignorierte ihre. Das Problem war, dass beide um den Standpunkt des jeweils anderen zu verstehen, ihre eigenen Überzeugungen hätten aufgeben müssen.

Was aber würde geschehen, wenn Thelma Jeremiah mit einem Argument käme, das mit seinem bisherigen Standpunkt nicht kollidiert? Sie könnte beispielsweise sagen: »Die Vereinigten Staaten sind in der Tat ein tolles Land zum Leben und Kindergroßziehen, aber ich wäre glücklicher, wenn ich näher bei meinen Eltern wäre.« Oder sie könnte Jeremiah Fakten präsentieren, die ihm entgegenkämen – beispielsweise eine Studie, die besagt, dass die beiden Länder, die sich am besten eignen, um eine Familie zu gründen, Frankreich und die Vereinigten Staaten sind. Solche Zahlen würden sich mit Jeremiahs vorhandenen Überzeugungen vertragen, also würde er zuhören. Die neue Information könnte einen ersten Impuls in die von ihr gewünschte Richtung bringen. Wenn sie hingegen behauptete, die Vereinigten Staaten seien eines der schlimmsten Länder, um sich niederzulassen, würde Jeremiah sich einfach abwenden.

Ob es sich um eine Diskussion über die Kontrolle des Waffenbesitzes, um Football, Impfungen oder häusliche Uneinigkeit über ein Thema handelt – wenn wir Ansichten verändern wollen, müssen wir zuallererst in Betracht ziehen, was sich im Kopf des anderen abspielt. Was sind die Überzeugungen, mit denen er in die Diskussion geht? Worin bestehen seine Beweggründe? Wenn wir ein starkes Motiv haben, etwas für wahr zu halten, wird auch der handfesteste Beweis des Gegenteils bei uns auf taube Ohren stoßen. Thelma wollte nach Frankreich zurück und war daher hochmotiviert, jeden Artikel, jeden Blog und jede Zahl ausfindig zu machen, die die Überlegenheit ihres Landes belegten. Versuchspersonen, die die Todesstrafe befürworteten, waren motiviert, Zahlen zu glauben, die deren Wirksamkeit belegten, und Mängel an Statistiken zu finden, die das Gegenteil belegten. Leute, die gegen Obama waren, hatten ein starkes Motiv, daran zu glauben, dass er nicht in den USA geboren war.

Ansichten stehen nur selten für sich, meist sind sie in ein Netz aus anderen Überzeugungen und Beweggründen eingebettet. Die Ausgangsperspektive des anderen in Betracht zu ziehen, hilft, dass wir uns darüber klar werden, wie sich Argumente auf eine Weise präsentieren lassen, die sie für den *anderen* überzeugend machen, und nicht in erster Linie für *uns* selbst. Mögen wir auch vom Gefühl her versucht sein, uns mit einem ordentlichen Haufen an Beweisen, die belegen, dass wir recht haben und die andere Seite unrecht hat, in eine Auseinandersetzung zu stürzen, führt uns das doch möglicherweise in die Irre. Die in diesem Kapitel beschriebenen Studien lehren uns, dass unser Gegenüber mit großer Wahrscheinlichkeit komplett abschalten oder erbittert versuchen wird, Gegenargumente zu finden. Um erfolgreich Veränderungen anzustoßen, müssen wir uns daher bemühen, gemeinsame Motive zu finden. Und wie wir im folgenden Kapitel sehen werden, müssen wir dann, wenn wir diese gemeinsamen Ziele erkannt haben, auf unsere Gefühle bauen, um unser Anliegen rüberzubringen.

KAPITEL 2

Wie wir uns überreden ließen, nach den Sternen zu greifen

Die unglaubliche Kraft von Emotionen

An einem heißen Septembertag des Jahres 1962 stand Präsident John F. Kennedy im Football-Stadion der Rice University in Houston am Rednerpult. Er war nach Texas gekommen, um bei den 35 000 Stadionbesuchern und der restlichen Nation um Rückhalt für ein riskantes Projekt zu werben, das die Vereinigten Staaten schätzungsweise sechs Milliarden Dollar kosten und durchaus in einem kompletten Desaster enden konnte. Es ging um einen Mann auf dem Mond.[1] Im wahrsten Sinne des Wortes.

Wenn Sie nach dem 21. Juli 1969 geboren wurden, wird es Ihnen womöglich schwerfallen, sich eine Zeit vorzustellen, in der noch kein Neil Armstrong seinen Fuß auf den einzigen natürlichen Satelliten der Erde gesetzt hatte. Waren Sie aber Anfang der 1960er-Jahre schon auf der Welt, erinnern Sie sich vielleicht daran, dass die Entscheidung, einen Menschen lebend zum Mond und wieder zurück zu bringen, damals alles andere als nahelag.

Auch Kennedy selbst war nicht immer von der Notwendigkeit überzeugt gewesen, den Mond zu erobern. Im Jahr zuvor hatte er den Antrag der NASA auf einen Sonderetat für das erklärte Ziel, noch innerhalb des Jahrzehnts einen Mann dorthin zu bringen, abgelehnt. Seine Haltung änderte sich jedoch als offenbar wurde, dass die Sowjets im Raumfahrtmatch 2:0 vorne lagen. Sie waren nicht nur die

Ersten, die einen künstlichen Satelliten – Sputnik 1 – ins All gebracht, sondern auch die Ersten, die einen Menschen in den Weltraum geschickt hatten – Juri Gagarin. Die Amerikaner hatten einiges nachzuholen. Dem ersten amerikanischen Versuch, einen Satelliten zu starten, hing der Spitzname »Projekt Flopnik« an, weil dieser wenige Sekunden nach dem Start explodierte – natürlich live im Fernsehen. Das erste Unterfangen, einen Menschen ins All zu schicken, den Amerikaner Alan Shepard, verlief erfolgreicher. Allerdings erst drei Wochen nach Gagarins Flug, und im Unterschied zu Gagarin begab sich Shepard nicht auf eine Umlaufbahn um die Erde. All das wurde als nationale Schande empfunden und schürte die Angst vor einer sowjetischen Alleinherrschaft über den Weltraum.[2]

Der Präsident hielt es für unerlässlich, dass die nächste Runde an die Amerikaner ging, und so nahm die US-Regierung den Mond ins Visier. Dass weder die Amerikaner noch die Sowjets über die nötige Technologie verfügten, einen Mann auf den Mond zu bringen, entpuppte sich als strategischer Vorteil. Das würde den Amerikanern Zeit verschaffen, um möglicherweise mit der UdSSR gleichzuziehen.

Sein erster Schritt aber bestand darin, die Bürger von der dringenden Notwendigkeit zu überzeugen, zum Mond zu fliegen. Der Rückhalt in der Bevölkerung war nicht nur deshalb entscheidend, weil ein beträchtlicher Teil des Steueraufkommens in das Projekt fließen würde, sondern auch, weil es der Zusammenarbeit Tausender Wissenschaftler, Ingenieure, Techniker und anderer Fachkräfte im ganzen Land bedurfte, um dieses Ziel zu erreichen. Kennedy musste die Unterstützung der Öffentlichkeit gewinnen und war ins Football-Stadion der Rice University gekommen, um genau das zu tun. Er trat ans Rednerpult und erklärte dem amerikanischen Volk in den folgenden siebzehn Minuten und vierzig Sekunden, warum er es für richtig halte, dass etwa vier Prozent des Jahresetats in das »größte Abenteuer, das sich der Mensch je vorgenommen hat« fließen würden.[3]

Die Wirkung seines Appells war ungeheuerlich. Als er geendet hatte, konnte jeder Löwe, jede Giraffe und jeder Pinguin im nahe gelegenen Zoo von Houston den Beifall der Menge vernehmen. Die Rede sorgte im ganzen Land für Schlagzeilen und verbesserte das Image der NASA erheblich. Manche Leute mutmaßten, dass wir ohne sie und eine ähnliche, die der Präsident kurz zuvor im Kongress gehalten hatte, noch immer vergeblich die Hand nach dem Mond ausstrecken würden.

Wir betrachten es oftmals als selbstverständlich, dass ein einzelner Mensch einen so ungeheuren Einfluss auf so viele nehmen kann. Eine Idee kann, in Gestalt einer Rede, eines Songs oder einer Geschichte, Denken und Handeln von Millionen verändern. Aber wenn wir innehalten und darüber nachdenken, ist es doch eine ziemlich außerordentliche menschliche Fähigkeit, Ideen von einem Geist zum nächsten übermitteln zu können.

Im Kopf der Zuhörer

Denken Sie an das letzte Mal, als Sie vor einer Gruppe gesprochen haben. Vielleicht haben Sie einen Vortrag gehalten, Ihre Arbeit vorgestellt oder auf einer Hochzeit einen jener peinlichen Trinksprüche zum Besten geben müssen. Alle Augen waren auf Sie gerichtet. Haben Sie sich je gefragt, was in den Köpfen der anderen vor sich geht? Mich fasziniert es, den Gesichtsausdruck und das Verhalten meiner Zuhörer zu beobachten, während ich spreche. Von der Bühne aus sehen Sie alles. Der Typ da vorne an der Ecke twittert, eine Frau in der ersten Reihe hat den Mund offen stehen, andere schreiben fieberhaft mit. Aber hin und wieder wird aus der Menge eine Einheit – sie ringt gemeinsam nach Luft, lacht zusammen, applaudiert. Wenn Sie selbst Teil eines solchen Publikums sind, spüren Sie diese gemeinsame Reaktion am eigenen Körper.

Im März 2012 saß ich selbst in einer solchen Menge. Ich war ins Terrace Theater von Long Beach, Kalifornien, gekommen, um bei der jährlichen TED-Konferenz einen Vortrag zu halten – am letzten Tagungstag –, also verbrachte ich die Woche damit, den Vorträgen der anderen zuzuhören.

Susan Cain, Autorin des Buches *Still. Die Bedeutung von Introvertierten in einer lauten Welt* hatte die Bühne für sich.[4] Ihre Zuhörer hingen gebannt an ihren Lippen. In diesen Minuten in Long Beach zeichnete sich bereits ab, dass der Vortrag großen Einfluss haben würde. Tatsächlich ist, da ich dies schreibe, ihr Talk über sechzehn Millionen Mal online angeschaut worden, und ihre Botschaft über die Macht introvertierter Menschen hat sich um die ganze Welt verbreitet. Die Zuhörerschaft war sich dessen nicht bewusst, aber das Gefühl, das sich an jenem Nachmittag im Auditorium einstellte, hat mit einem faszinierenden psychologischen Phänomen zu tun, das Cains Erfolg vorbereitete.

Ich habe die Neuronenaktivität in den Köpfen der 1300 Menschen, die mit mir ihm Terrace Theater saßen und Cain lauschten, nicht aufgezeichnet, und auch nicht die der 35 000 Menschen im Rice-Stadion, die John F. Kennedy zuhörten. Es war seinerzeit nicht möglich und ist es auch heute nicht. Dennoch vermag ich eine wohlbegründete Vermutung darüber abzugeben, was wir gesehen hätten, wären wir dazu in der Lage gewesen.

An der Princeton University hat eine Gruppe von Wissenschaftlern mithilfe der funktionellen Magnetresonanztomografie (fMRT) die Gehirnaktivität von Versuchspersonen aufgezeichnet, während diese den Reden von Politikern lauschten.[5] Sie stellten fest, dass die Gehirne von Leuten, die mitreißenden Reden zuhörten, »gleich tickten«. Die Gehirnaktivität der Einzelpersonen nahm unisono zu und ab, schoss zur selben Zeit in denselben Regionen in die Höhe und flaute kurz darauf wieder ab, als wären die Gehirne synchronisiert worden.

Diese Beobachtung mag wenig verwunderlich erscheinen. Eine leidenschaftliche Rede fesselt per definitionem die Aufmerksamkeit ihrer Zuhörer. Hören diese allesamt dem Vortrag aufmerksam zu, ist zu erwarten, dass das Aktivitätsmuster ihrer Gehirne ähnlich aussieht. Ist hingegen eine Rede so langweilig, als schauten Sie Farbe beim Trocknen zu, wird jeder mit den Gedanken in sein eigenes Wunderland abdriften, und die Synchronisation ist dahin. Aber das ist noch nicht die ganze Geschichte.

Die Synchronisation von Gehirnaktivität wurde nicht nur in den Hirnregionen beobachtet, die für Sprache und Hören zuständig sind, sondern auch in solchen, die am Entstehen von Assoziationen beteiligt sind, an der Entwicklung und am Verarbeiten von Emotionen, und solchen, die uns befähigen, uns in andere hineinzuversetzen und Empathie zu empfinden. Mitreißende Reden können mehr als die Aufmerksamkeit der Zuhörer fesseln – eine für sich genommen bereits verdienstvolle Eigenschaft. Sie provozieren darüber hinaus bei allen Zuhörern ähnliche Reaktionen – ungeachtet der Persönlichkeit und des Erfahrungsschatzes der Betreffenden. Mit anderen Worten: Ob es sich um das Gehirn einer 24-jährigen freigeistigen Frau mit ausgeprägter Vorliebe für Shakespeare und Zitronencrêpes handelt oder um das eines konservativen 37-jährigen Mannes, der gern am Strand Gewichte stemmt – die neuronale Aktivität dieser beiden so unterschiedlichen Gehirne wird von solchen Reden derart umfassend beeinflusst, dass sie für diesen Augenblick im MRT funktionell gleich aussehen.

Sowohl John F. Kennedy als auch Susan Cain brachten Millionen Menschen nicht nur dazu, dem, was sie sagten, zuzuhören, sondern auch dazu, dasselbe zu fühlen wie sie und ihre Perspektive zu übernehmen, und konnten so die Menge der Zuhörer dazu animieren, ihr Anliegen zu unterstützen. Aber welche Elemente ihrer jeweiligen Ansprachen machten eine derart umfassende Synchronisation möglich?

Emotionen als Dirigenten

Der erste Versuch zu untersuchen, wie und wodurch Gehirnaktivität synchronisiert wird, fand 2004 unter der Leitung der Neurowissenschaftler Uri Hasson und Rafi Malach im israelischen Weizmann Institute of Science statt, und es ging dabei um einen Italo-Western.[6] Die Teilnehmer an dieser Studie wurden gebeten, in einem Kernspintomografen liegend den Westernklassiker »Zwei glorreiche Halunken« anzuschauen. Während sie das Treiben von Clint Eastwood (dem Guten), Lee Van Cleef (dem Bösen) und Eli Wallach (dem Hässlichen) verfolgten, wurde ihre Gehirnaktivität aufgezeichnet.

Als die Forscher die Gehirnaktivität der einzelnen Teilnehmer ansahen, stellten sie fest, dass deren geistige Tätigkeit sich die ganze Zeit über mehr oder weniger synchron ausnahm. An manchen Stellen im Film aber folgte ihre neuronale Aktivität quer durch alle Gehirne in besonders auffallender Weise derselben Choreografie. In diesen Augenblicken befanden sich sage und schreibe dreißig Prozent des Gehirns der einzelnen Teilnehmer mit dem der anderen Versuchspersonen »im Gleichschritt«, sodass sich die einzelnen Reaktionen kaum mehr auseinanderhalten ließen. Hasson und Malach notierten sich die genauen Zeiten, an denen das passierte, und sahen sich den Film dann noch einmal daraufhin an, was in eben diesen Augenblicken geschah.

Sie stellten fest, dass die erste Situation im Film, in der alle Gehirne sozusagen »gleichgeschaltet« waren, eine überraschende Wendung in der Filmhandlung war. Bei der zweiten Reaktion handelte es sich um eine große Explosion, bei der dritten und vierten um einen Schuss. Dann wieder ein Schuss und eine weitere Explosion. Vor ihren Augen begann sich ein Muster abzuzeichnen: Die Augenblicke, in denen die Gehirne ihrer Probanden eine besonders starke Tendenz zur Vereinheitlichung zeigten, waren emotional aufgeladene Szenen. Bei Ereignissen, die Spannung, Überraschung und Euphorie hervorrufen, sieht das Gehirn eines Menschen ziemlich genauso aus wie das eines anderen. Emotionen »kapern« einen großen Teil des menschlichen Gehirns und tun das auf sehr gleichförmige Weise.

Wenn Sie einmal darüber nachdenken, erscheint das sehr logisch. Eine emotionale Reaktion ist wie ein Weckruf des Körpers: »Hallo, hier passiert etwas wirklich Wichtiges«, und es ist entscheidend, dass Sie das entsprechend zur Kenntnis nehmen. So entscheidend, dass ein Großteil Ihres Gehirns beansprucht wird, damit Sie das Ereignis, das diese Emotion hervorgerufen hat, verarbeiten und darauf reagieren können. Wenn etwas hoch Emotionales passiert, wird eine für die Signalgebung Ihres Gehirns wichtige Region, die Amygdala, aktiviert. Die Amygdala, ihrer Form wegen auch Mandelkern genannt, sendet dann an das übrige Gehirn eine Art »Wachsamkeitssignal«, das jede gerade laufende Aktivität mit einem Schlag verändert. Es spielt keine Rolle, ob Sie eine zierliche Dame aus Dänemark oder ein hochgewachsener Jugendlicher aus Serbien sind – alle Gehirne sind »vorprogrammiert«, auf emotionsauslösende Reize in *mehr oder weniger* ähnlicher Weise zu reagieren.

Betritt zum Beispiel ein Fremder genau jetzt mit einem großen Messer Ihr Zimmer, löst dies sofort eine Reaktion Ihrer Amygdala aus. Diese sendet Signale an den Hypothalamus und verstärkt dadurch die Intensität Ihrer Erfahrung und Ihrer Erinnerung an das Ereignis. Sie verändert auch die Aktivität gewisser Regionen Ihrer Großhirnrinde und veranlasst Sie so, sich automatisch auf Kosten aller anderen Dinge nur auf das Messer zu konzentrieren. Auch die Aktivität Ihres Hypothalamus, des hormonellen Steuerungszentrums in Ihrem Gehirn, ändert sich, ebenso die Ihres Hirnstamms, der Region, die die lebenswichtigen Körperfunktionen wie beispielsweise das Atmen reguliert, und Sie beginnen zu schwitzen.

Wenn Sie aber in einem Kino sitzen und »der Böse« sein Gewehr auf »den Guten« richtet, gibt es für Sie eigentlich keinen Grund zu reagieren. Sie sitzen sicher im Dunkeln, und das Gewehr stellt weder für Sie noch für irgendjemand anderen eine reale Gefahr dar. Das »Emotionszentrum« Ihres Gehirns aber ist darauf programmiert, rasch zu reagieren, also reagiert es, bevor die Situation ganz verarbeitet ist. Und da Emotionen so grundlegend sind und sich auf so basaler Ebene abspielen, passiert bei denjenigen, die rechts und links von Ihnen sitzen, etwas ganz Ähnliches. Sowohl bei Ihnen als auch bei Ihren Nachbarn ist das Gehirn komplett von dem emotional aufwühlenden Ereignis auf der Leinwand eingenommen. Da Sie alle einen ähnlichen physiologischen Zustand erleben, verarbeiten Sie das Gesehene vermutlich auch auf ganz ähnliche Art und Weise. Emotionen fördern die Synchronisierung von Gehirnaktivität, indem sie jedermanns Aufmerksamkeit automatisch in dieselbe Richtung lenken und einen ähnlichen psychologischen Zustand hervorrufen, der Menschen dazu veranlasst, die Welt auf ähnliche Art und Weise zu sehen und entsprechend zu reagieren.[7]

Damals in Texas hätte Kennedy schlicht seinen Plan umreißen können, den Mond erreichbar zu machen. Susan Cain hätte auf der TED-Konferenz einfach Zahlen anführen können, die belegten, dass introvertierte Menschen für den Fortschritt einer Gesellschaft von ausschlaggebender Bedeutung sind. Stattdessen aber sprach Kennedy von den neuen Gefahren und Chancen der Weltraumforschung, und Cain berichtete mit viel Humor von ihrer Kindheitserfahrung als Bücherwurm inmitten eines cheerleading-verrückten Sommerlagers. Beide lösten bei ihrem Publikum Emotionen aus. In Reaktion darauf verstärkte sich die neuronale Synchronisation unter den Zuhörern und machte deren Erfahrung und Wahrnehmung einander ähnlicher. Beide Reden hatten darüber hinaus eine weitere wichtige Wirkung – sie versetzten den Geist der Zuhörer in die Lage, sich mit dem von Kennedy beziehungsweise Cain zu »koppeln«.

Es gibt eine Frage, die die meisten Menschen nur allzu gerne beantworten. Egal, wie oft man sie ihnen schon gestellt hat, die meisten sind begeistert bei der Sache.

Die Frage lautet: »Wie haben Sie Ihren Partner kennengelernt?« Vorausgesetzt der oder die Betreffende steckt nicht inmitten einer schmutzigen Scheidungsangelegenheit, wird er Ihnen die Einzelheiten dieses schicksalsträchtigen Augenblicks nur zu gerne in epischer Breite erzählen. Wenn Sie genau hinhören, werden Sie die Leute Dinge sagen hören wie »wir haben sofort eine tiefe Verbundenheit gespürt«, »wir haben die Sätze des anderen beendet« oder »wir hatten das Gefühl, uns schon einmal begegnet zu sein«. Die Menschen halten dieses Gefühl für etwas Magisches. Oder zumindest für einen höchst effizienten Algorithmus einer Online-Partnervermittlung. Hasson schreibt dieses Phänomen jedoch einer Kopplung der beiden Gehirne zu. Das Gefühl, mit einem anderen Menschen »gleichzuklingen«, entsteht, wenn sich zwischen zwei miteinander kommunizierenden Individuen umfassendes Verstehen ergibt, und das, so Hasson, ist Folge eines Synchronisierungsprozesses.[8] »Kopplung ist nicht das Ergebnis von Verstehen, sondern vielmehr die neuronale Grundlage dafür, dass wir einander verstehen«, erklärt er.[9]

Diese Art von Kopplung ist beileibe nicht allein Liebespaaren vorbehalten. Sie können sie sogar entwickeln, wenn Sie in Ihrer MRT-Röhre liegen und einem völlig Fremden zuhören. Bei einer Studie wurde die Gehirnaktivität von Studenten der Princeton University mittels Kernspintomografie verfolgt, während diese einer Bandaufnahme lauschten, auf der eine junge Frau, nennen wir sie Annabelle, von ihrem

Abschlussball auf der Highschool erzählte.[10] Auch Annabelles Gehirnaktivität war während ihres Berichts aufgezeichnet worden, damit sich ihr Aktivitätsmuster später mit dem ihrer Zuhörer vergleichen ließ.

Annabelles Bericht beginnt mit den Worten: »Ich weiß, jeder hat ein paar verrückte Abschlussball-Storys, aber wartet nur ab. Ich war im ersten Jahr auf der Highschool und hatte noch keine Ahnung vom Freshman-Dasein. Ich hatte keine Ahnung vom Highschool-Dasein, sollte ich besser sagen. Es war fast Dezember, ich war also schon etwa drei Monate auf der Schule, und dieser Junge, Charles, fragt mich, ob ich mit ihm hingehen will. Er ist Brite, in der Elften und echt süß, aber ein bisschen schüchtern, aber, naja, das macht ja nichts, also sage ich ja.«

Mit viel Humor und einem guten Gefühl für Dramaturgie und Spannung fährt Annabelle fort, ihre Abenteuer zu Wasser und zu Lande zu berichten. Zu der Geschichte gehören junge Liebe, Zurückweisung, Blut, Alkohol und ein paar Polizisten – alle notwendigen Zutaten für einen Bestseller.

Ein Freiwilliger dieser Studie war ein junger Mann, den ich Ronald nenne. Schaute man sich Ronalds neuronale Aktivität an, war offenkundig, dass es bei ihm während des Zuhörens sehr rasch zu einer Synchronisation zwischen seinem Gehirn und dem von Annabelle gekommen war. Dieses übereinstimmende Aktivitätsmuster ließ sich nicht nur in den sprachverarbeitenden Regionen seines Gehirns beobachten, sondern hatte ein ausgedehntes Netz an Gehirnarealen erfasst. Dann passierte etwas Faszinierendes. Nach einer Weile fing Ronalds neuronale Aktivität an, die von Annabelle *vorwegzunehmen*. Das Gehirn des Zuhörers war nun dem Gehirn der Sprecherin voraus und prophezeite, was die Erzählern als Nächstes sagen würde. Ronalds

Gehirn nahm offensichtlich die nächste Wendung der Ereignisse vorweg, und das ließ ihn Annabelles Geschichte noch besser verstehen.

Wenn Sie Annabelles Geschichte gehört hätten, wüssten Sie, dass sie voller Emotionen war. Sie teilte ihre innere Gefühlswelt bereitwillig mit dem Zuhörer: ihre Aufregung, ihre Sorge, ihre Angst. Emotionen sind für den Prozess der Synchronisation keinesfalls nötig, verstärken ihn aber. Dass er Annabelles Gefühlszustände physisch teilte und demgemäß kontextualisierte, half Ronald, Annabelles Ziele und Verhalten zu verstehen. Indem er sich ihre Perspektive aneignete, konnte er ihre nächste Handlung vorhersagen. Lauri Nummenmaa, ein finnischer Neurowissenschaftler, der sich mit der Synchronisation von Gehirnaktivität befasst, schreibt, dass es möglicherweise eine der Aufgaben von Emotionen ist, im Rahmen der neuronalen Synchronisation soziale Interaktion und soziales Verstehen zu begünstigen und somit unsere Fähigkeit zu erhöhen, die Handlungen des anderen vorherzusehen.[11]

Politikern, Künstlern und jedem, der eine Botschaft zu übermitteln hat, wird häufig geraten, auf Emotionen zu setzen, um seine Zuhörerschaft in Bann zu ziehen. Man hält das für eine Methode, Interesse zu wecken – emotionale Geschichten oder Reden wirken packender und vermögen die Aufmerksamkeit besser zu fesseln. Wir wissen, dass Filme, Romane und Songs, die Emotionen auslösen, beliebter als andere sind. Aber Nummenmaas Arbeit lässt vermuten, dass da noch mehr ist. Emotionen gleichen den physischen Zustand des Zuhörers dem des Redners an, womit die Wahrscheinlichkeit zunimmt, dass der Zuhörer die ihm gebotene Information ähnlich wie der Sprecher verarbeitet. Deshalb kann Ihnen das Ansprechen von Emotionen helfen, Ihre Ideen zu kommunizieren und andere dazu bringen, Ihre Perspektive zu teilen, egal, ob Sie mit nur einer Person reden oder vor Tausenden. Mit anderen Worten: Wenn ich glücklich bin und Sie traurig sind, ist es unwahrscheinlich, dass Sie und ich dieselbe Geschichte auf dieselbe Weise interpretieren. Aber wenn ich Ihnen zuerst helfen kann, genauso glücklich zu sein wie ich, vielleicht indem ich Ihnen einen Witz erzähle, werden Sie meine Botschaft wahrscheinlich eher so deuten wie ich. Die gute Nachricht an dieser Erkenntnis ist die Tatsache, dass Emotionen extrem ansteckend sind.

Geteilte Freude

Ich schaue mir für mein Leben gern Olympische Spiele an. Ich muss allerdings gestehen, dass der Hauptgrund dafür nicht die unglaublichen Leistungen der Athleten sind. Es ist nicht die Gelegenheit, den schnellsten Mann der Welt zu sehen oder den weitesten Sprung, der je getan wurde. Dass mich die Spiele so anziehen, hat vor allem mit den Emotionen zu tun, die einem da ungefiltert entgegenschlagen. Das reine Glück in den Augen der Frau, die soeben als Erste ins Ziel gelaufen ist, die Freudentränen des Schwimmers auf dem Siegerpodest. Ihr Glück ist ansteckend. Man kann nicht anders, als lächeln, wenn man die Gesichter auf dem Bildschirm sieht. Selbst die Distanziertesten unter uns spüren, wie ihnen als Reaktion auf die Tränen von Gewinnern und Verlierern das Wasser in die Augen steigt.

Gefühle sind also eine der intensivsten Möglichkeiten, einander zu beeinflussen. Ideen miteinander zu teilen, erfordert meistens Zeit und Anstrengung. Emotionen hingegen lassen sich auf der Stelle und ohne Aufwand weitergeben. Wie Sie sich fühlen, beeinflusst rasch, automatisch und oftmals unbewusst, wie die Leute um Sie herum sich fühlen, und wie die anderen sich fühlen, wirkt auf Ihre eigenen Emotionen zurück.[12] Ihre Mitarbeiter, Ihre Familie, Freunde, ja sogar Fremde erfassen blitzschnell Ihren Gemütszustand, registrieren Veränderungen in Ihrem Gesichtsausdruck, Ihrer Stimmlage, Haltung und Sprache. Und auch wenn es den anderen vielleicht nicht bewusst wird, so steigt doch die Wahrscheinlichkeit, dass sie, wenn Sie fröhlich sind, ebenfalls fröhlich werden, und wenn Sie gestresst sind, übernehmen die anderen das ebenfalls.

Unsere Gehirne sind so angelegt, dass sie einander Emotionen rasch übermitteln können, denn Gefühle transportieren sehr häufig wichtige Informationen über unsere Umgebung. Registriere ich beispielsweise Ihre Angst, verspüre ich wahrscheinlich auch Angst und überprüfe folglich meine Umgebung auf Gefahren. Das kann meine Rettung sein, denn wenn Sie sich fürchten, besteht eine reelle Möglichkeit, dass es in unserer Nähe etwas gibt, vor dem ich mich ebenfalls fürchten sollte. Und wenn ich bei Ihnen Begeisterung wahrnehme, packt sie auch mich, was mich veranlasst, meine Umgebung nach Lohnendem abzusuchen. Das ist eine gute Strategie, denn wenn Sie begeistert sind, stehen die Chancen gut, dass es etwas gibt, das mich ebenfalls begeistern sollte. Das alles geschieht sehr rasch, bevor wir auch nur den Hauch einer Chance haben, darüber nachzudenken. Daher ist, wenngleich Michael Phelps' unmittelbare Umgebung und sein Gemütszustand auf dem Siegertreppchen mit meiner eigenen Umgebung daheim im Wohnzimmer nichts zu tun haben, mein Gehirn dennoch darauf programmiert, seine Freude zu spüren.

Offenbar ist die Fähigkeit angeboren, Freude, Schmerz und Stress anderer mitzufühlen. Sind Sie Vater oder Mutter, haben Sie wohl nicht schlecht gestaunt, als Sie bemerkten, in welchem Maße Ihre Kinder vom ersten Tag an Ihre seelischen Aufs und Abs widerspiegeln. Dies belegt auch eine Studie aus San Francisco, durchgeführt von Wendy Mendes und ihrem Team.[13] Mendes bat 69 Mütter mit ihren einjährigen Babys zu sich ins Labor. Ihre Absicht war, bei den Müttern Stress zu erzeugen und dann die Reaktion der Kinder zu beobachten. Lassen Sie uns zwei solcher Mutter-Kind-Duos genauer betrachten: Rachel und ihren kleinen Sohn Roni und Susan mit ihrer kleinen Tochter Sara.

Nach ihrer Ankunft im Labor wurden Rachel, Roni, Susan und Sara zunächst von einem Wissenschaftler aus Mendes' Arbeitsgruppe mit Sensoren versehen, die die Reaktionen ihres Herz-Kreislauf-Systems messen sollten. Aus solchen Aufzeichnungen lässt sich ablesen, wie gestresst Mütter und Kinder jeweils sind. An diesem Punkt waren alle noch fröhlich und entspannt. Die Babys wurden dann in ein Spielzimmer in die Obhut eines anderen Wissenschaftlers gebracht, die Mütter bekamen einen Auftrag: Sie wurden gebeten, einen Vortrag über ihre Stärken und Schwächen zu halten. Doch gab es zwischen Rachel und Susan einen wichtigen Unterschied: Während Rachel ihren Vortrag vor einer Reihe übellauniger Juroren halten musste, hielt Susan ihren vor … niemandem.

Hätten Sie Mäuschen spielen können, hätten Sie Susan fröhlich vor sich hin sprechen sehen, während Rachel vor einer Handvoll unzufriedener Gutachter referierte. Sie schienen irgendwie verärgert: schüttelten unablässig ihre Köpfe, brummelten und schnaubten unzufrieden. Es überrascht nicht, dass die Sensoren bei Rachel am Ende der

Tortur starkes Schwitzen und einen beschleunigten Herzschlag anzeigten, während Susans physiologische Parameter stabil geblieben waren.

Dann wurden die gestresste Rachel und die entspannte Susan mit ihren Babys wieder vereint. Würde sich die Herzfrequenz der Kinder in Reaktion auf die der Mütter ändern? Obwohl die Kinder nicht gesehen hatten, wie ihre Mütter jeweils vortrugen, änderten sich ihre physiologischen Parameter sofort so, als hätten sie selbst die Rede gehalten. Ronis Herzfrequenz erhöhte sich, nachdem er wieder mit seiner gestressten Mama zusammen war, um sechs Schläge pro Minute, während sich Saras in den Armen ihrer entspannten Mutter um vier Schläge pro Minute verringerte.[14] Obwohl die Kinder die Emotionen ihrer Mütter nicht bewusst wahrnahmen, spürten sie sie sofort am eigenen Körper. Ihre Physiologie passte sich der ihrer Betreuungspersonen an.

Dieser Emotionstransfer ließ Roni und Sara von ihren Müttern ein Gefühl dafür übernehmen, in was für einer Umgebung sie sich befanden: einer gefährlichen, die Vorsicht erfordert, oder einer freundlichen, die es zu erkunden gilt. Tatsächlich änderte sich bei einem erneuten Zusammenkommen nicht nur die Physiologie der Kinder, sondern auch ihr Verhalten. Sara wandte sich, sobald sie wieder bei ihrer Mutter war, (ebenso wie die anderen Babys stressfreier Mütter) fröhlich den Forschern im Team zu, während sich Roni (ebenso wie die anderen Babys von Müttern, die die beschriebene Stresssituation zu überstehen gehabt hatten) von diesen abwandte und jeden Augenkontakt mied. Roni hatte offenbar gelernt, dass er sich vor den anderen Personen im Labor hüten sollte, wohingegen Sara den Eindruck aufgenommen hatte, dass man den anderen trauen konnte.

Emotionen – im Prinzip nichts anderes als körperliche Reaktionen auf äußere Ereignisse oder eigene Gedanken – und mit ihnen wichtige Botschaften werden offensichtlich von einem Menschen auf den nächsten übertragen. In Mendes' Studie lag der Schwerpunkt auf Information, die von der Mutter an das Kind übermittelt wird, aber natürlich funktioniert das Ganze auch umgekehrt. Wenn ein Baby schreit, spüren Eltern umgehend dessen Schmerz und fühlen den Drang, dem Kleinen zu helfen.

Wie funktioniert diese Übertragung? Über welche Wege lässt Ihr Lächeln bei mir Freude aufkommen? Weshalb macht mich Ihr zorniges Gesicht selbst ärgerlich? Dafür gibt es zwei Hauptmechanismen. Der erste ist unbewusste Nachahmung. Sie haben vielleicht von Menschen gehört, die unablässig anderer Leute Gesten, Geräusche und Gesichtsausdrücke imitieren. Ein Stück weit tun wir das alle, und zwar automatisch – ziehen Sie Ihre Augenbrauen ein wenig hoch, tue ich höchstwahrscheinlich dasselbe. Sie schnauben verächtlich, schon steigt bei mir die Bereitschaft, Ähnliches zu tun. Wenn jemand körperlichen Stress erfährt, spannen wir uns mit erhöhter Wahrscheinlichkeit selbst an, weil unser Körper aufgrund dieser Nachahmung den Stress des anderen mitfühlt. Der zweite Mechanismus hat mit Nachahmung nichts zu tun, sondern ist schlicht eine Reaktion auf emotionale Reize. Die Überlegung dazu ist relativ einfach: Weil ein ängstlicher Gesichtsausdruck in vielen Fällen anzeigt, dass es etwas gibt, vor dem man sich fürchten muss, reagieren wir darauf mit Furcht – so wie wir reagieren würden, wenn sich jemand mit einer großen Axt rasch auf uns zubewegt.

Wie sich gezeigt hat, müssen wir anderen Menschen nicht einmal persönlich gegenüberstehen, damit sich ihre Emotionen auf uns übertragen. Dies schaffen auch Posts in den sozialen Medien. Betrachten wir dazu ein perfides Facebook-Experiment.[15] Im Januar 2012 manipulierte Facebook die Feeds von mehr als einer halben Million Nutzern so, dass manche eine hohe Zahl an positiven Nachrichten erhielten, andere hingegen viele negative. Die Wissenschaftler bei Facebook stellten fest, dass Nutzer, die mehr positive Posts erhalten hatten – etwa Bilder von Leuten, die einander umarmen –, ihrerseits mehr positive Beiträge verfassten. Diejenigen, die mehr negative Meldungen erhalten hatten – Klagen über den Service in einem Restaurant zum Beispiel – schrieben auf ihrer »virtuellen Pinnwand« mehr negative Beiträge. Natürlich wissen wir nicht, wie sich die Bewertenden fühlten, aber wir können sagen, dass sich positive oder negative Botschaften online rasend schnell übertragen. Das Experiment kam nicht gut an bei den Facebook-Nutzern, die sich darüber ärgerten, dass das Unternehmen ohne ihr Wissen Experimente an ihnen durchgeführt hatte.

Ein paar Jahre später beschloss eine andere Gruppe von Wissenschaftlern, diesen Punkt erneut zu untersuchen, dieses Mal bei Twitter.[16] Um den moralischen Bedenken aus dem Weg zu gehen, die das Facebook-Experiment aufgeworfen hatte, beobachtete man die Feeds der Nutzer nur und verzichtete darauf, sie zu manipulieren. Diese Anordnung erlaubt keine Rückschlüsse auf Ursache und Wirkung. Aber die Forscher stellten fest, dass bei jemandem, der eine erbauliche Mitteilung in die Welt setzte, die kurz zuvor in seinem Feed eingegangenen Nachrichten zu etwa vier Prozent mehr positive als negative Tweets enthalten hatten. Jemand, der eine depressive Mitteilung schrieb, hatte kurz zuvor etwa vier Prozent mehr negative als positive Tweets erhalten.

Wenn Sie ein passionierter Twitter-User sind, seien Sie also auf der Hut – Twittern gehört zu den emotional aufwühlendsten Dingen, die Sie an einem normalen Tag vermutlich tun. Vergessen Sie Sport: Studien belegen, dass Twittern Ihre Pupillen erweitert, Ihren Puls auf Trab und Sie zum Schwitzen bringt – allesamt Anzeichen für einen Zustand erhöhter Erregung.[17] Im Vergleich zum einfachen Surfen im Netz erhöht das Hin und Her von Twitter-Nachrichten die erregungsassoziierte Gehirnaktivität um 75 Prozent. Das einfache Lesen der eigenen Nachrichten erhöht die emotionale Erregung um 65 Prozent.[18] Ich hatte schon immer den Verdacht, dass Twitter so etwas wie die »Amygdala des Internets« ist. Der Dienst verfügt über sämtliche erforderlichen Zutaten für diese Rolle: Die Nachrichten sind kurz und werden sehr schnell sehr weit verbreitet. Diese instinktähnlichen Aspekte von Twitter bemühen unser emotionales System viele Male am Tag und umgehen dabei unsere ungemein wichtigen Filter (was Daniel Kahneman so treffend als unser »schnelles« und »langsames« Denken bezeichnet hat).[19] Während dieses Instrument sehr hilfreich sein kann, um wertvolle Informationen zu übermitteln, begünstigt es möglicherweise aber auch die weniger schätzenswerten Aspekte unseres Wesens.

Sie halten Emotionen vielleicht für einen Teil eines privaten Prozesses, der sich in Ihnen abspielt. Erinnern Sie sich jedoch daran, dass Ihre Gefühle durchsickern und von anderen Menschen nah und fern aufgenommen werden.

Die Folgen können beträchtlich sein. Sie beeinflussen nicht nur anderer Menschen Wohlbefinden, sondern auch deren Handlungen, denn Stimmung beeinflusst Verhalten. Wir haben bereits gesehen, dass die Emotionen einer Mutter das Verhalten ihres Babys beeinflussen, aber das kann auch zwischen zwei zueinander in keinerlei Beziehung stehenden Erwachsenen passieren.

Bei einer Studie wurden Studentengruppen aufgefordert, gemeinsam eine Aufgabe zu erledigen.[20] Ohne dass die Studenten es wussten, gab es in jeder Gruppe einen Komplizen der Versuchsleiter – einen Schauspielschüler, der so tun sollte, als sei er bester Stimmung oder niedergedrückt. Nach allem, was wir bisher gehört haben, verwundert es nicht, dass die Emotionen, die der Schauspielschüler an den Tag legte, sogleich die Stimmung der anderen veränderte. Aber das war noch nicht alles. Stimmung beeinflusst nicht nur Stimmung, sondern auch Verhalten. Die Gruppen, in denen der Schauspieler vorgab, glücklich zu sein, schnitten besser ab, kooperierten bereitwilliger und neigten weniger zu Konflikten. Gruppen, in denen sich der Schauspielschüler übellaunig gab, schnitten bei der gestellten Aufgabe weit schlechter ab.

Es ist also wichtig, daran zu denken, dass wir anderer Leute Emotionen allein dadurch verändern, dass wir selbst welche haben. Genauso können die Emotionen anderer Leute unseren Gemütszustand verändern – wir synchronisieren uns ständig miteinander und mit allen um uns herum.

Für eine Synchronisation ist es hilfreich, wenn Sie und Ihr Gegenüber einen ähnlichen Körper und ein ähnlich veranlagtes Gehirn haben. Ich nehme an, dass eineiige Zwillinge deshalb das Gefühl haben, über eine metaphysische Verbundenheit zu verfügen. Da sie genau die gleichen Gene und viele Lebenserfahrungen gemeinsam haben, stimmen Körper und Gehirn bei ihnen physiologisch in hohem Maße überein. Infolgedessen reagieren sie auf ihre Umwelt sehr ähnlich. Wenn sie denselben Film schauen oder jemandem zuhören, sind die Aktivitätsmuster ihrer Gehirne im Großen und Ganzen synchron. Somit ist es für den einen leicht vorherzusagen, wie der andere sich fühlt, was er denkt und was er als Nächstes sagen wird – ein Zwilling verlässt sich einfach auf seine eigenen Intentionen, Gefühle und Gedanken.

Sie müssen jedoch kein eineiiger Zwilling sein, um zu einem beträchtlichen Maß an neuronaler Synchronisation mit einem anderen Menschen zu kommen. Tatsächlich gibt es Hinweise darauf, dass sich Ihr Gehirn auch dem Ihrer recht entfernten Verwandten – dem von Affen – angleicht. Stellen Sie sich vor, Sie sitzen nach einem langen Arbeitstag bei einem kühlen Bier in Ihrem Wohnzimmer und schauen Ihren Lieblingsfilm aus Kindertagen, *Das Dschungelbuch*. Neben Ihnen auf dem Sofa sitzt Ihr Kumpel Lenny, daneben wiederum Ihr langschwänziger Makak George. Lenny und George erholen sich beide von einem anstrengenden Tag im Labor und sind froh, sich mit Ihnen zusammen bei einem Zeichentrickfilm entspannen zu können. Was glauben Sie, wie ähnlich das Aktivitätsmuster Ihrer Neuronen dem Ihres Kumpels Lenny ist, während Sie beide den Film betrachten? Und wie sehr ähnelt es dem Ihres behaarten Freundes George? Raten Sie: Wann wird die Synchronisation zwischen Ihnen dreien besonders ausgeprägt sein und wann wird sie aufhören?

Zwar hat man nicht genau diese Studie durchgeführt, aber eine recht ähnliche.[21] Man nahm die Augenbewegungen von Menschen und Affen beim Anschauen von Sequenzen ohne Ton aus drei Filmen auf: einer BBC-Dokumentation über das Leben von Säugetieren, Charlie Chaplins *Lichter der Großstadt* und dem *Dschungelbuch*. Das Muster der Augenbewegungen ist nicht dasselbe wie ein neuronales Aktivitätsmuster, aber es lässt Rückschlüsse zu, worauf sich der Betrachter zum jeweiligen Zeitpunkt konzentriert hat. Wie ähnlich sind sich also die Augenbewegungen von Mensch und Affe, wenn beide denselben Film anschauen?

Durchschnittlich deckt sich das Muster Ihrer Augenbewegungen zu 31 Prozent mit dem von Affen. Ungefähr ein Drittel der Zeit visieren Sie und Herr Makak denselben Punkt auf dem Bildschirm an.[22] Die Daten zeigten, dass die Synchronisation besonders ausgeprägt war, wenn es Menschen oder Tiere auf der Leinwand zu sehen gab. In vielen Fällen waren an diesen Stellen im Film Gesichter und Augen besonders klar zu erkennen – beide, Mensch und Affe, richteten ihre Aufmerksamkeit darauf. Wir wissen aus Gehirnuntersuchungen mit bildgebenden Verfahren, dass die Amygdala stark auf Gesichter und vor allem auf Augen anspricht.[23] Es handelt sich offenbar um besonders starke Reize, die sehr zuverlässig eine Erregungsreaktion provozieren, insbesondere wenn der Gesichtsausdruck Emotionen vermittelt. Vermutlich präsentieren Werbefachleute in ihren Anzeigen und auf ihren Websites deshalb oftmals

Gesichter – sie hoffen, damit (bei Menschen) Aufmerksamkeit zu erregen.

Wie steht es mit Ihrem Freund Lenny? Wenn Sie einen Film anschauen und Ihr Freund denselben Film sieht, deckt sich das Muster Ihrer beider Augenbewegungen zu 65 Prozent der Zeit. Und jetzt kommt's: Wenn Sie sich am Montag einen Film anschauen und genau denselben Film am Donnerstag noch einmal sehen, folgen Ihre Augenbewegungen beim Betrachten der Leinwand zu 70 Prozent demselben Muster. Mit anderen Worten: Der Grad an Überschneidung, der sich beobachten lässt, wenn Sie den Film bei zwei verschiedenen Gelegenheiten betrachten, ähnelt dem Unterschied zwischen Lenny und Ihnen beim Betrachten desselben Films. Diese Studie lässt demnach vermuten, dass die Gehirne von zwei verschiedenen Personen – und sogar die Gehirne von Mensch und Tier – auf relativ ähnliche Art und Weise reagieren, dies gilt insbesondere für Reaktionen auf Reize, die Emotionen oder Erregung auslösen, oder auf erzählte oder gespielte Handlungen.

Wenn wir in einem Auditorium sitzen und einem Vortrag lauschen, im Kino einen Film anschauen oder zu Hause ein Buch lesen, sind wir uns nicht bewusst, dass das neuronale Gewitter in unserem Kopf dem gleicht, das bei anderen Menschen tobt, die diesen Vortrag gehört, diesen Film gesehen oder dieses Buch gelesen haben. Das bedeutet nicht, dass es keine individuellen Unterschiede gibt – es wäre lächerlich, diese leugnen zu wollen. Es gibt bei uns allen unterschiedliche neuronale Fingerabdrücke. Dennoch lässt sich ein Großteil unseres Verhaltens durch Gemeinsamkeiten und nicht durch Unterschiede erklären. Bei meinen Experimenten im Labor staune ich oft darüber, wie ähnlich sich Menschen in ihren Antworten auf Fragen und beim

Durchführen von Aufgaben sind – vor allem wenn diese Aufgaben emotionale oder soziale Faktoren beinhalten. In vielen Fällen weichen achtzig Prozent der Reaktionen unserer Versuchspersonen nicht allzu weit vom Durchschnitt ab, nur zwanzig Prozent sind durch individuelle Unterschiede zu erklären. Der neuronale Hurrikan, der soeben in Ihrem Kopf tobt, ähnelt in bemerkenswerter Weise dem bei anderen Leuten, die genau diesen Satz lesen, sogar wenn dies in einer anderen Sprache geschieht.

Wir neigen dazu, uns das ganze Leben auf unsere Unterschiede zu konzentrieren, weil diese am meisten darüber aussagen, was Menschen einzigartig macht. Wir vergessen dabei, dass bei allen Menschen, auch wenn sie manchmal anders aussehen oder klingen als wir, das Gehirn sehr ähnlich organisiert ist und auf dieselbe Stimulation sehr ähnlich reagieren wird.

Die große Ähnlichkeit der Maschinerie in unseren Köpfen mag als Vorstellung nicht leicht zu akzeptieren sein, denn aus unserer Perspektive – aus dem Inneren unseres Schädels heraus – fühlt sich unsere mentale Welt einzigartig an. Es fällt schwer, sich vorzustellen, dass andere um uns herum ganz ähnliche neuronale Aktivitätsmuster haben wie wir – und daher ganz ähnliche Gemütszustände, Gedanken und Gefühle. Wie kann dieser andere da draußen mir so unerhört ähnlich sein? Nun, da die Grundarchitektur unseres Gehirns so bemerkenswert ähnlich ist, bringt dieses in Reaktion auf dieselben Ereignisse und Reize nun einmal ähnliche Reaktionen hervor.

Der große Vorteil an dieser Ähnlichkeit von Gehirnfunktion und -struktur ist, dass diese es uns erleichtert, Ideen zu kommunizieren, und das bedeutet, dass wir uns in der Welt nicht ganz allein zurechtfinden müssen. Eines der wirksamsten Mittel, Gedanken effizient zu teilen, führt über das Gefühl. Emotionen sind besonders ansteckend. Wenn wir unseren eigenen Gefühlen Ausdruck verleihen, formen wir den Gemütszustand anderer Menschen mit und machen es dadurch wahrscheinlicher, dass unser Gegenüber unseren Standpunkt übernimmt. Funktioniert das aber mit jeder Art von Emotion? Sollte man auf Gelächter oder Angst setzen, auf Hoffnung oder Furcht? Im nächsten Kapitel werden wir diese Fragen beantworten.

KAPITEL 3

Motiviert Angst zum Handeln?

Vergnügt voran oder vor Angst gelähmt?

»Angestellte müssen sich die Hände waschen!« Auf solche Schilder stoßen Sie in den Toiletten der meisten Bars und Restaurants. Haben Sie sich je gefragt, ob die Beschäftigten diesen Aufforderungen auch nachkommen? Das amerikanische Gesundheitsamt (die Centers for Disease Control and Prevention, kurz CDC) hat das getan. Und um der Sache auf den Grund zu gehen, besuchten Mitarbeiter der CDC Hunderte Gastronomietriebe in ganz Amerika und nahmen ganz offen, ohne jede Tarnung, die Hygienepraktiken unter den Arbeitnehmern zu Protokoll. (Ich schlage vor, Sie setzen sich, bevor Sie weiterlesen.) Sie stellten fest, dass sage und schreibe 62 Prozent der Angestellten sich nicht die Hände wuschen. Das ist ein ernstes Problem. Jedes Jahr müssen allein in den Vereinigten Staaten sechzigtausend Menschen nach einer Mahlzeit in einem Restaurant oder bei einem Imbiss wegen einer nahrungsmittelbedingten Erkrankung im Krankenhaus behandelt werden, die sich mit verbesserter Hygiene hätte verhindern lassen.[1]

Ich hätte Ihnen jetzt ja gerne erzählt, dass sich das leidige Thema nur auf Leute beschränkt, die in Küchen arbeiten; vielleicht hält der verführerische Duft von Lammragout das Personal dort vom Händewaschen ab. Aber leider ist das Problem sehr viel weiter verbreitet. Lassen Sie uns einen Blick auf Krankenhäuser werfen. Im medizinischen Umfeld ist Hygiene entscheidend, um die Ausbreitung von Krankheiten zu verhindern. Klinikpersonal wird immer wieder auf den Ernst der Situation aufmerksam gemacht, und neben jedem Spender mit Desinfektionsmittel hängen mahnende Schilder. Unglücklicherweise liegt die Zahl derer, die sich an die Vorschriften halten (die sogenannte Compliance-Rate), in Ihrem Ärztehaus im Viertel nicht wesentlich über der in Ihrem McDonald's um die Ecke. Durchschnittlich werden entsprechende Regeln in medizinischen Einrichtungen nur von 38,7 Prozent der Beschäftigten eingehalten, das liegt nur unwesentlich über der Rate, die man von Restaurants kennt.[2] Und nicht nur Küchenangestellte und medizinisches Personal verzichten gerne aufs Händewaschen. Laut einer Studie der Michigan State University waschen sich nur fünf Prozent der Bevölkerung nach dem Aufsuchen einer öffentlichen Toilette gründlich (das bedeutet für mindestens fünfzehn Sekunden) mit Wasser und Seife die Hände.[3]

Wie also bekommt man Leute dazu, ihr Verhalten zu ändern? Die Antwort auf diese Frage liefert überraschende Einsichten darüber, was Menschen motiviert, und hat eine Menge mit der strukturellen Organisation unseres Gehirns zu tun.

Super-Schicht!

Im Jahr 2008 machte sich eine Arbeitsgruppe der New York State University an ein ehrgeiziges Unterfangen.[4] Die Wissenschaftler bekamen 50 000 Dollar und 24 Monate Zeit, um die Handhygiene in Krankenhäusern deutlich zu verbessern. Eine Intensivstation im Nordosten der Vereinigten Staaten wurde als Studienobjekt ausgewählt. Die Abteilung war bereits mit gut zu bedienenden Spendern für medizinische Waschlotionen, Waschbecken in jedem Zimmer und Aushängen ausgerüstet, die allenthalben daran erinnerten, dass das Personal sich die Hände zu waschen habe. Dennoch wurde diese Aufforderung alarmierend selten befolgt.

Was konnte man dagegen tun? Das Team sammelte ein paar Wochen Ideen, dachte nach und zog dann los, um 21 Überwachungskameras zu kaufen. Die Kameras wurden auf der gesamten Intensivstation montiert, immer mit Blick auf Seifenspender und Waschbecken. Die Aufnahmen wurden direkt nach Indien übertragen, wo zwanzig Leute sich die Aufgabe teilten, an sieben Tagen der Woche 24 Stunden täglich das Tun der Angestellten auszuwerten. Ziel war es herauszufinden, zu wie viel Prozent den allgegenwärtigen Aufforderungen Folge geleistet wurde. Bewegungsmelder in den Türrahmen signalisierten den prüfenden Augen in Indien jedes Mal, wenn jemand vom Personal ein Patientenzimmer betrat oder verließ. Es war keine klammheimliche Überwachung, vielmehr war die Belegschaft sehr wohl darüber informiert, dass sie beobachtet wurde. Schockierenderweise hielt sich, obwohl jeder wusste, dass er gefilmt wurde, nur einer von zehn Beschäftigten an die Vorschriften für das Händewaschen. Offenbar war Überwachung allein nicht genug. Die Arbeitsgruppe musste sich etwas Besseres einfallen lassen. Zum Glück hatte sie eine gute Idee.

Mit ihrem nächsten Schachzug änderte sie das Verhalten des Personals sozusagen im Handumdrehen. Die Forscher versahen jedes Zimmer mit einer elektronischen

Tafel, die dem Beschäftigten unmittelbar Rückmeldung gab und ihn wissen ließ, wie gut oder schlecht er sich gerade geschlagen hatte. Jedes Mal, wenn ein Arzt, eine Schwester oder jemand anderes sich die Hände ordnungsgemäß wusch, schlug sich das auf der Tafel als Plus nieder, andernfalls gab es ein Minus. Die Zahlen zeigten an, wie gut die gerade Dienst habende Schicht abschnitt, welcher Prozentsatz an Mitarbeitern sich die Hände wusch und wie der Wochenwert aussah. Was daraufhin geschah? Die Erfüllungsquote schnellte auf fast neunzig Prozent.[5]

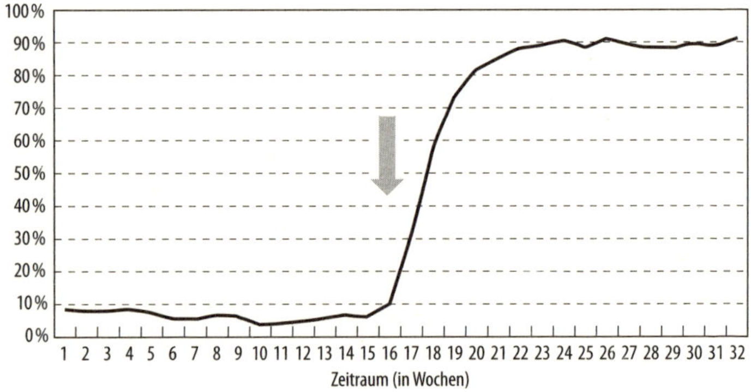

Abb. 1 Handhygiene auf einer Intensivstation: Motivation des medizinischen Fachpersonals durch positives Feedback statt durch Mahnungen
Die Erfüllungsquote lag anfänglich bei zehn Prozent und schnellte unmittelbar nach Einführung der elektronischen Feedbackanzeige auf fast neunzig Prozent.

Diese Ergebnisse verblüffen. Sie sind so unglaublich, dass die meisten Wissenschaftler sie mit Argwohn beäugen würden. Also machten sich die Forscher daran, ihre Studie in einer anderen Abteilung der Klinik zu wiederholen. Und natürlich beobachteten sie genau dasselbe. In der zweiten Abteilung desinfizierte sich vor der Installation der elektronischen Anzeigetafel einer von drei Angestellten die Hände, ein Wert, der um einiges näher am nationalen Durchschnitt lag. Dann wurde die Feedbacktafel installiert und – zack! – die Erfüllungsquote stieg wiederum auf über neunzig Prozent.

Warum funktioniert diese Maßnahme so gut? Um dies zu beantworten, müssen wir uns klarmachen, was an dem zweiten Ansatz des Teams neu war. Was haben die New Yorker Wissenschaftler auf dieser Intensivstation im Nordosten der Vereinigten Staaten anders gemacht als alle vor ihnen?

Die Vorwegnahme von Freud und Leid

Der große Universalgelehrte des 18. Jahrhunderts Jeremy Bentham beginnt sein einflussreichstes Werk mit den Worten: »Die Natur hat die Menschheit dem Regiment zweier oberster Gebieter unterstellt: *Leid* und *Freude*. Sie alleine legen uns nahe, *was wir tun sollen*, und sie alleine bestimmen, *was wir dann wirklich tun*. An ihrem Thron sind die Normen für Recht und Unrecht ebenso festgemacht wie die Kette von Ursachen und Wirkungen. Sie beherrschen in umfassender Weise unser Tun, unser Reden und Denken.«[6]

Ich nehme mir die Freiheit zu vermuten, dass Bentham die Begriffe *Freud* und *Leid* im weitesten Sinne benutzt hat, um gute und schlechte Gefühle zu beschreiben. Freude, eine positive Emotion, lässt sich durch zahlreiche Anreize und Ereignisse erzeugen: mit materieller Belohnung, Zuwendung, Anerkennung, Bewunderung, Hoffnung – nach diesen Erfahrungen verlangt es uns ständig aufs Neue. Hingegen versuchen wir, physischem und emotionalem Leid aus dem Weg zu gehen, Krankheit und Tyrannei zu entrinnen, wollen keinen unserer Liebsten verlieren und auch nichts von dem, was wir besitzen. Die Liste ließe sich beliebig verlängern.

Es verwundert daher nicht, dass wir, wenn wir andere zum Handeln bewegen möchten, gerne mit Belohnungen winken (Sie können sich das als materielles oder emotionales »Zuckerbrot« vorstellen) oder vor einem Verlust warnen (das wiederum können Sie sich als materielle oder emotionale »Peitsche« vorstellen). Einem Angestellten eine Beförderung in Aussicht zu stellen, wenn er länger arbeitet als er muss, wäre Zuckerbrot. Auch die Zusicherung an Ihren Partner, dass Sie ihn dafür lieben, dass er den Abwasch erledigt hat. Ihrem Kind Strafe anzudrohen, wenn es seine Hausaufgaben nicht ordentlich macht, wäre eine Peitsche – ebenso die brüske Mitteilung an einen Patienten, dass er seine Gesundheit aufs Spiel setzt, wenn er nicht endlich anfängt, Sport zu treiben.

Das Geniale an der elektronischen Anzeigetafel bestand darin, dass die Forscher statt einer sonst üblichen Drohung auf eine positive Strategie setzten. Dem Personal mit der Ausbreitung von Krankheiten zu drohen, ist die Standardmaßnahme aus der Sparte »Peitsche«. Die Wissenschaftler aber lockten mit Zuckerbrot – prompter Lohn in Form von positivem Feedback.[7] Jedes Mal, wenn einer der Belegschaft sich die Hände wusch, gab es ein Plus auf der Anzeige, während zugleich ein positiver individueller Kommentar erschien – »Sie machen das sehr gut!« Die Vorwegnahme des dumpf-wohligen Gefühls, das sich bei solchem unmittelbaren positiven Feedback einstellt, veranlasste die Angestellten, etwas zu tun, was sie sonst nicht getan hätten (sich die Hände zu desinfizieren), und nach einiger Zeit war es ihnen zur Gewohnheit geworden. Studien haben gezeigt, dass ein augenblickliches positives Feedback nicht für immer gegeben werden muss, damit die Menschen das gewünschte Verhalten fortführen. Auch wenn das Lob aufhört, halten die Leute in vielen Fällen eine beträchtliche Zeitspanne an der eingeführten Handlung fest, einfach weil sie sich inzwischen in ihr Verhaltensrepertoire eingegraben hat.

Das ist dennoch erstaunlich. Man sollte doch annehmen, dass die Gefahr, Krankheiten zu übertragen, sich selbst und andere zu infizieren, ein hinreichend starkes Motiv ist, jemanden zum Handeln zu bringen. Genau diese Logik veranlasst uns ja oft dazu, anderer Leute Verhalten durch Angstmachen beeinflussen zu wollen. Gleichwohl motiviert völlig folgenloses positives Feedback sehr viel stärker zum Handeln als Warnungen oder Drohungen. Das mag merkwürdig scheinen, passt aber sehr gut zu dem, was wir über das Gehirn wissen. Geht es darum, jemanden zum Handeln zu bewegen, ist unmittelbare Belohnung unter Umständen sehr viel effizienter als eine in Aussicht gestellte Bestrafung in ferner Zukunft. Wenn wir verstehen wollen, warum, müssen wir uns zuerst mit dem Gesetz von Annäherung und Vermeidung befassen.

Das Gesetz von Annäherung und Vermeidung

Stellen Sie sich vor, Sie wachen eines schönen Morgens auf und müssen feststellen, dass sich die physikalischen Regeln, die bis gestern Ihre Welt regierten, über Nacht geändert haben. Ohne vorherige Warnung. Ja, als Sie gestern

Abend ins Bett gegangen sind, gab es keinerlei Hinweise auf das, was sich ereignen würde. Sie überflogen wie immer kurz die Nachrichten, die Sie abonniert haben, legten Ihr Smartphone auf den Nachttisch und machten das Licht aus.

Als Sie acht Stunden später aufstanden und nach Ihrem Handy griffen, geschah etwas Verrücktes – etwas, das Ihnen noch nie widerfahren war. In dem Augenblick, als Sie Ihre Hand nach dem blinkenden Metallgehäuse ausstreckten, hüpfte dieses vom Tisch. Sie springen auf, versuchen, das flüchtige Stück Hardware aufzufangen, aber je schneller Sie rennen, desto rascher entzieht es sich Ihnen. Raus aus dem Schlafzimmer, läuft es den Flur entlang und dann in die Küche. »Hmmm ... Ob das einer dieser irren Hackertricks ist, von denen man überall hört? Vielleicht wurde mein Telefon gehackt, und jemand kontrolliert es jetzt mit einem großen Magneten aus der Ferne!«

Sie kommen zu dem Schluss, dass es besser sein wird, erstmal den Kopf klar zu bekommen, bevor Sie der Sache weiter nachgehen. Also marschieren Sie ins Bad, um sich das Gesicht zu waschen. Sie sind mit den Gedanken woanders und drehen aus Versehen das Wasser viel zu heiß auf. Als Sie jedoch rasch zurückweichen, um den kochend heißen Tropfen zu entgehen, bewegen sich diese auf Sie zu und landen auf Ihrem verdutzten Gesicht. Und als Sie zum Handtuch greifen, um sie wegzuwischen, weicht das große weiße Stück Stoff vor Ihnen zurück.

Es ist, als hätten Sie wie Alice hinter den Spiegeln ein anderes Universum betreten. Welche Gesetze haben sich geändert? Kommen Sie darauf? Und wenn ja, kann sich Ihr Gehirn an diese neuen Spielregeln seiner Umgebung anpassen, für die seine Evolution es nicht vorbereitet hat? Oder sind wir fest verkabelt und können nur mit der physikalischen Umgebung zurechtkommen, die unsere Vorfahren urbar gemacht haben?

Im Jahr 1986 führte der Psychologe Wayne Hershberger ein geniales Experiment durch, um genau dies zu untersuchen. Er baute eine Umgebung, in der ein fundamentales Gesetz, nach dem wir alle leben – das Gesetz von Annäherung und Vermeidung –, umgekehrt war.[8] Dieses Gesetz, von dem unser tägliches Verhalten geleitet wird, ist beinahe so grundlegend wie die Schwerkraft. Ja, es ist so elementar, dass es auszusprechen sich ungefähr so geistreich anfühlt wie der Satz: Die Sonne geht morgens auf und abends unter. Ich tue es trotzdem.

Das Gesetz von Annäherung und Vermeidung besagt, dass wir auf Menschen, Dinge und Ereignisse zugehen, von denen wir glauben, dass sie uns guttun, und solche meiden, die uns Schaden zufügen können. Mit anderen Worten: Wir tun Dinge, die uns einem Stück Kirschkuchen, einem Geliebten oder einer Beförderung näher bringen, und halten uns von Allergenen, einer unguten Beziehung oder einem zum Scheitern verdammten Projekt fern. Wir bewegen uns Richtung Freud und weg vom Leid.

Sie werden über diese elementare Verhaltensregel vermutlich noch nie nachgedacht haben – sollten Sie aber. Denn wie wir sehen werden, versuchen wir zwar nicht, den Sonnenuntergang um acht Uhr morgens und den Sonnenaufgang um acht Uhr abends zu betrachten, verstoßen aber mit schöner Regelmäßigkeit gegen das Gesetz von Annäherung und Vermeidung, wenn wir versuchen, andere zu beeinflussen. Und auch wenn die Verhaltensgesetze nicht ganz so deterministisch sind wie die der Physik, gereicht es uns doch gewaltig zum Nachteil, wenn wir bei dem Versuch, andere zum Handeln zu bewegen, gegen sie arbeiten. Aber ich greife voraus.

Kehren wir zu Hershbergers genialem Experiment zurück. Er wollte wissen, ob wir mit der Grundtendenz geboren werden, uns auf Gutes zu und vom Schlechten wegzuwenden. Ist das menschliche Gehirn wirklich so verkabelt, dass das Streben nach Freude mit zupackendem Handeln verknüpft ist? Und wenn dem so wäre, könnten wir diese Kopplung bei Bedarf aushebeln? Mit anderen Worten: Er wollte wissen, was geschieht, wenn man näher an eine Flamme herangehen müsste, um dem Feuer zu entgehen. Das ist keine rein akademische Frage. Es gibt Umstände, unter denen es nötig ist, sich von dem, was man haben will, weg zu bewegen. Denken Sie beispielsweise an einen flatterhaften Partner in einer Liebesbeziehung, bei dem es ratsam sein kann, sich zurückzuziehen, damit er in der Distanz zu Ihnen lernt, was er an Ihnen hat, und daraufhin zurückkehrt, oder an einen Feuerwehrmann, der zum Feuer rennt, um Leben zu retten.

Um das Gesetz von Annäherung und Vermeidung zu untersuchen, griff Hershberger auf Hühner zurück. Er testete vierzig frisch geschlüpfte hungrige Küken. Eines nach dem anderen wurde auf eine Art Laufband gesetzt, auf dem ein Napf mit Futter stand. Alle Küken fingen an, auf das Futter zuzulaufen, sobald sie es erblickten. Obwohl sie ganz frisch auf der Welt waren, wussten sie bereits, dass sie sich auf Futter zubewegen mussten, wenn sie es haben wollten. Und an diesem Punkt griff Hershberger zu einem kleinen Trick. Liefen die Hühnchen auf den Napf zu, ließ er das Futter mit doppelter Geschwindigkeit von ihnen wegrücken. Je schneller das Küken auf das Futter zustrebte, desto rascher »flüchtete« das Futter vor ihm. In dieser verkehrten neuen Welt war Annäherung keine Lösung, wenn es darum ging, etwas zu bekommen.

Wie würden sie also die Körner bekommen? Wenn sich die Küken vom Futter wegbewegten, schob Hershberger den Teller mit doppelter Geschwindigkeit auf die Tiere zu. Um also die köstlichen Körner zu ergattern, mussten die

Abb. 2 Annäherungsverhalten ist schwer zu verlernen
Küken auf einem Laufband, die sich einem Napf mit Körner näherten, wurde das Futter weggezogen. Die Küken lernten nicht, dass sie sich, um die Körner zu ergattern, vom Napf wegbewegen mussten.

Küken eine relativ einfache Regel lernen – beweg dich weg von dem, was du gerne hättest, und es kommt zu dir. Obwohl die Küken hungrig und daher durchaus motiviert waren, das Problem zu lösen, vermochten sie den Instinkt nicht zu überwinden, der sie trieb, sich auf die begehrte Leckerei zuzubewegen. Das Problem war, dass die neue Regel gegen die Welt verstieß, für die ihr Gehirn eingerichtet war. So viele Chancen Hershberger ihnen auch gab, sie waren nicht imstande, den starken inneren Trieb zu überwinden, der sie veranlasste, sich dem begehrten Schälchen zu nähern – wenngleich das bedeutete, dass sie hungrig blieben.

Diese Studie war eine der ersten, die vermuten ließen, dass Tiere mit einem eingebauten Verhaltensmuster von Annäherung und Vermeidung geboren werden. Aber was bedeutet das für uns Menschen?

Go, No-Go

Menschen sind ein bisschen wie Hühner. Wir haben ebenfalls die Tendenz, uns auf Dinge zuzubewegen, die uns Freude verheißen, und weg von solchen, die uns schlechte Erfahrungen bereiten würden, denn das ist meistens gut so. Dieser Hang ist tief in uns verwurzelt. Unsere Gehirne sind so gepolt, dass die Aussicht auf eine Belohnung nicht nur eine Annäherung anstößt, sondern auch jede beliebige andere Handlung wahrscheinlicher macht. Die Angst vor einem Verlust dagegen erhöht die Wahrscheinlichkeit zur Untätigkeit. Dies erklärt teilweise, warum positives Feedback das medizinische Personal erfolgreicher dazu bringen konnte, sich die Hände zu desinfizieren, als die Drohung mit Krankheiten. Wir sind biologisch so gestrickt, dass uns die Erwartung guter Aussichten zum Handeln treibt.

Betrachten Sie ein Experiment, das meine Mitarbeiter und ich vor einigen Jahren am Londoner University College durchführten.[9] Studienleiter war der Neurowissenschaftler und Psychiater Marc Guitart-Masip, der inzwischen am schwedischen Karolinska-Institut arbeitet. Einer der Teilnehmer an Marcs Experiment war Edvard, ein gebildeter, stets makellos gekleideter Norweger. Edvard wurde vor einen Computer gesetzt und musste seine Finger sachte auf die Leertaste legen. Die Aufgabe, die er zu erfüllen hatte, war relativ einfach: Ihm wurde auf dem Bildschirm abwechselnd eines von vier Bildern gezeigt – sagen wir je ein Gemälde von Klee, Picasso, Kandinsky und Matisse.[10] Immer wenn Edvard das Klee-Gemälde erblickte, musste er so rasch wie möglich die Leertaste drücken, das brachte ihm einen Dollar ein. Ich will diese Anordnung »Tu was, und du wirst belohnt« nennen. Es wird niemanden verwundern, dass Edvard flott dabei war, jedes Mal wenn das Klee-Bild erschien, die Taste zu drücken, um sich einen Dollar zu verdienen – so wie sich das medizinische Personal der Intensivstation beim Verlassen des Patientenzimmers die Hände wusch, um sich Prozentpunkte auf der Anzeigetafel zu sichern. Aber würde Edvard genauso gut abschneiden, wenn er die Taste drücken musste, um einen Verlust zu vermeiden?

Nun gab es neue Anweisungen: Sobald das Picasso-Gemälde auf dem Bildschirm erschien, sollte Edvard wiederum so rasch wie möglich eine Taste drücken. Dieses Mal brachte ihm der rasche Tastendruck jedoch keinen Dollar ein, sondern er vermied es, einen Dollar zu verlieren. Diese Anordnung möchte ich nennen »Tu was, um Schaden zu vermeiden«. Diese Situation ist vergleichbar mit der Aufforderung, sich die Hände zu waschen, um die Ansteckungsgefahr im Falle einer Infektion einzudämmen, oder der Nachhilfe für einen schlechten Schüler, die verhindern soll, dass er die Klasse wiederholen muss – ein »Go«-Ansatz, mit dem einem Verlust zuvorgekommen werden soll. Edvard gelang es, sich die Regel anzueignen, aber dreißig Prozent der Studienteilnehmer schafften es nicht. Das ist aber noch nicht alles: Wie die meisten anderen Teilnehmer wurde Edvard langsamer, wenn er eine Taste drücken musste, um dem Verlust von einem Dollar vorzubeugen, als wenn er eine Taste drücken musste, um einen Dollar zu bekommen. Außerdem versäumte er es häufiger, die Taste überhaupt zu drücken, ganz ähnlich dem Klinikpersonal, das sich die Hände gar nicht wusch. Warum ist das so?

Das menschliche Gehirn ist so gebaut, dass es aktives Handeln mit Belohnung assoziiert und nicht mit Schadensvermeidung, und Ersteres stellt sehr oft (aber nicht immer) eine sinnvolle Verknüpfung dar. Die Situation, in der Edvard steckte, kollidierte mit dem Gesetz von Annäherung und Vermeidung. Werden wir mit der Chance konfrontiert, etwas Gutes zu ergattern, löst unser Gehirn eine Reihe biologischer Prozesse aus, die es wahrscheinlicher machen, dass wir rasch zur Tat schreiten. Man nennt das im Fachjargon auch die »Go«-Reaktion des Gehirns, und sie basiert unter anderem auf Signalen aus einer Hirnregion im tiefsten Inneren des Mittelhirns. Diese Signale nehmen ihren Weg bis hinauf ins Striatum, ganz nahe am Zentrum des Gehirns, und von dort in den frontalen Bereich der Großhirnrinde, in dem die motorischen Reaktionen kontrolliert werden.

Rechnen wir hingegen mit etwas Schlimmem, lässt uns unser Instinkt einen Rückzieher machen. Das Gehirn löst eine »No-Go«-Reaktion aus. Auch diese »No-Go«-Signale haben ihren Ursprung weit unten in unserem Mittelhirn und nehmen den Weg ins Striatum und in die frontalen Bereiche der Großhirnrinde. Im Unterschied zu den »Go«-Signalen aber *hemmen* sie eine Reaktion. Die Folge ist, dass wir eher zum Handeln neigen, wenn wir etwas Gutes erwarten als wenn wir etwas Schlimmes befürchten müssen.[11]

Wenn Sie möchten, dass jemand rasch reagiert, ist es unter Umständen ein besserer Weg, eine Belohnung zu versprechen als eine Strafe anzudrohen, die den Betreffenden Ungutes antizipieren lässt. Ob Sie versuchen, Ihr Team dazu zu bringen, mehr zu arbeiten, oder Ihr Kind dazu, sein Zimmer aufzuräumen – denken Sie an die »Go«-Reaktion des Gehirns. Bei anderen eine positive Erwartung zu schaffen – vielleicht durch die wöchentliche Nennung des produktivsten Angestellten auf der Internetseite der Firma oder die Verheißung, ein heiß geliebtes, schmerzlich vermisstes Spielzeug womöglich unter dem Wäscheberg wiederzufinden –, vermag die Betreffenden möglicherweise effizienter zum Handeln zu motivieren als eine Gehaltskürzung oder einen Stubenarrest anzudrohen.

Ich denke in diesem Zusammenhang an eine Frau, die ich jüngst kennengelernt habe, nennen wir sie Cherry. Cherry kam nach einem Vortrag, den ich in ihrer Firma gehalten hatte, zu mir und berichtete von einer Erfahrung. Sie hatte lange versucht, ihren Mann dazu zu bringen, ins Fitnessstudio zu gehen. Im Gegensatz zu ihr hatte er nicht viel für Sport übrig. Bei dem Versuch, ihn umzustimmen, wies sie ihn dezent auf seinen wachsenden Bauch hin. Das brachte nichts. Sie warnte ihn vor dem erhöhten Risiko einer Herz-Kreislauf-Erkrankung bei Menschen, die keinen Sport treiben – vergebens. Als ihr Mann dann eines Abends von einem seiner mehr als seltenen Besuche im Fitnessraum nach Hause kam, machte sie ihm ein Kompliment über seine straffen Muskeln. Am nächsten Tag ging er wieder hin. Solange sie ihn seiner zunehmenden Attraktivität halber lobte, ging er brav regelmäßig ins Fitnessstudio. Eine minimale

Änderung in Cherrys Feedbackstrategie – weg von dem Aufzählen möglicherweise fataler Konsequenzen auf lange Sicht hin zur Betonung der unmittelbar sichtbaren positiven Folgen – hatte das Wunder vollbracht.

Bei einer anderen Gelegenheit kam ein Manager – ich will ihn Sam nennen – aus der Führungsetage eines sehr erfolgreichen Unternehmens zu mir und erzählte folgende Geschichte. Vor ein paar Jahren stand Sam vor einem Problem, das ihm Verluste in Millionenhöhe hätte einbringen können. Ein Kunde drohte, die Geschäftsbeziehungen abzubrechen, sollte Sam es nicht fertigbringen, die Kosten für das gemeinsame Projekt binnen eines Monats um zwanzig Prozent zu kürzen. Der Druck war beträchtlich, und Sam musste sein Team dazu bringen, mit aller Kraft an einer Lösung zu arbeiten. Er hätte mit seinen Leuten so reden können, wie es die meisten vermutlich getan hätten. Etwa: »Hört zu, wir haben ein ernsthaftes Problem. Unser Kunde droht, sich jemand anderen zu suchen und seine Millionen mitzunehmen, wenn wir nicht sehr schnell eine Möglichkeit finden, das Projektbudget um zwanzig Prozent zu kürzen. Lasst uns loslegen und alles geben, damit es nicht so weit kommt.« Er aber entschied sich für eine andere Herangehensweise: »Leute, wir haben eine Herausforderung zu meistern. Wir müssen Möglichkeiten finden, das Budget unseres Klienten um zwanzig Prozent zu kürzen, damit wir ihn halten und ordentlich Geld verdienen können. Ich habe unser Ziel in großen Buchstaben auf die Tafel im Aufenthaltsraum geschrieben. Wir schreiben ab jetzt jeden Tag daneben, wie weit wir gekommen sind. Los geht's.« Sam zufolge wirkte das wie ein Zauberspruch. Das Team sprühte vor Tatendrang. Es hielt seine Fortschritte auf der Tafel fest, freute sich schneeköniglich über jeden Fortschritt und schoss am Ende sogar über das Ziel hinaus.

Und noch ein Beispiel, eines, das in Zeiten der sozialen Medien immer wichtiger wird – Crowdfunding-Aufrufe. Auf Crowdfunding-Seiten im Internet werben Einzelpersonen um Mittel anderer Einzelpersonen zur Finanzierung eines Projekts. Meistens enthält der entsprechende Aufruf ein Foto und eine kurze Beschreibung des Unterfangens. Denken Sie sich zwei solcher Aufrufe. Der erste wirbt mit dem Foto einer fröhlichen jungen Frau im hellen Sonnenlicht. Die Frau ist schwer krank und benötigt teure medizinische Behandlung. Das Foto zum anderen Aufruf zeigt einen jungen Mann, der malade in einem Krankenhausbett liegt, Schläuche führen in seinen Körper, aus ihm heraus, und in seinen Augen spiegelt sich blanke Verzweiflung. Auch er ist schwer krank und benötigt teure medizinische Behandlung. Welcher Aufruf wird wohl mehr Mittel einwerben?

Alexander Genevsky und Brian Knutson von der Stanford University haben 13500 solcher Online-Aufrufe untersucht.[12] Sie stellten fest, dass Seiten, auf denen die Fotos positive Gefühle hervorriefen, vor allem solche, die lächelnde Personen abbildeten, mit größerer Wahrscheinlichkeit gefördert wurden als solche, die mit negativen Bildern arbeiteten. Das ist erstaunlich, wenn man bedenkt, wie häufig Spendenaufrufe mit erschütternden Bildern operieren. Das Foto des Mannes im Krankenhaus mag in der Tat Mitleid erregen, löst aber auch eine instinktive Distanzierungsreaktion unsererseits aus, die uns den Blick von dem Leid abwenden lässt. Auf positive Bilder hingegen reagieren Menschen mit dem instinktiven Drang zur »Annäherung« und sind bereit, sich einzubringen. Das Bild von einem gesunden und fröhlichen Menschen macht es leicht, sich vorzustellen, dass der Betreffende sich erholen wird, und das motiviert die Menschen zu helfen. Das Bild eines Kranken macht es uns schwer, sich ein glückliches Ende auszumalen, was nicht selten dazu führt, dass wir nichts tun.

Genevsky und Knutson wollten herausfinden, ob sie Erfolg oder Misserfolg der Crowdfunding-Aufrufe vorhersagen konnten. Sie trugen eine Menge Daten zusammen, unter anderem die erbetenen Geldbeträge und die Wortzahl der Anzeigen, dann baten sie die Versuchsteilnehmer zu benennen, welches Gefühl die jeweiligen Ersuchen in ihnen auslösten; bei 28 Teilnehmern wurde währenddessen die Gehirnaktivität aufgezeichnet. Die Forscher stellten fest, dass sich an der Reaktion des Nucleus accumbens am zuverlässigsten ablesen ließ, ob ein Online-Gesuch erfolgreich sein würde oder nicht. Der Nucleus accumbens ist der Teil des Gehirns, der maßgeblich an der Verarbeitung von Glücksgefühlen beteiligt ist, manchmal wird er auch als »Belohnungszentrum« des Gehirns bezeichnet. Immer wenn in dieser Region eine hohe Aktivität zu verzeichnen war, während die Versuchspersonen den Aufruf lasen, handelte es sich um eine Seite, die von vielen der Befragten gefördert wurde. Die Analyse der neuronalen Aktivität im Nucleus accumbens von ein paar Freiwilligen war also der beste Indikator für die Reaktionen der vielen Tausend, die die Seite online zu bewerten hatten – ein weit besserer als die Antwort auf die Frage, ob die Betreffenden bereit wären, besagte Aufrufe zu unterstützen, oder wie sie sich fühlten. Manchmal sagt uns eine Untersuchung des Gehirns sehr viel genauer, was im Kopf eines Menschen vorgeht, als dessen eigene Schilderung seiner Innenansicht.

Die Freeze-Reaktion: auf halber Strecke zur Salzsäule erstarrt

Der Manager Sam, die Ehefrau Cherry und die Arbeitsgruppe der Intensivstation, sie alle winkten mit materiellen und nicht materiellen Belohnungen anstatt mit Warnungen. In den drei beschriebenen Situationen war es für den Anstoß zur Veränderung elementar, die Handlungsaufforderung mit positiven Ergebnissen zu verknüpfen, statt mit Drohungen zu agieren. Was aber passiert, wenn Ihr Ziel darin besteht, Menschen vom Handeln abzuhalten?

Lassen Sie uns zu unserem Experiment zurückgehen, um das herauszufinden. Erschienen auf dem Bildschirm Gemälde von Kandinsky oder Matisse, sollte Edvard nichts tun. Wenn er nach dem Aufscheinen eines Kandinskys nichts tat, verdiente er wiederum einen Dollar. Ein bisschen so wie bei dem Lehrer, der einen Schüler fürs Stillsitzen im Unterricht lobt. Blieb Edvard jedoch nach einem Matisse untätig, sorgte er dafür, dass er kein Geld einbüßte. Diese Situation lässt sich mit der eines Schülers vergleichen, der im Unterricht still sitzt, damit ihn der Lehrer nicht bestraft. Wieder meisterte Edvard die Aufgaben bestens, aber er schnitt geringfügig besser ab, wenn es darum ging, nichts zu tun, um einen Verlust zu vermeiden, als stillzuhalten, um eine Belohnung zu ergattern. Das hat damit zu tun, dass, sobald wir uns mit einem möglichen Verlust auseinanderzusetzen haben, die »No-Go«-Reaktion in unserem Gehirn anspringt und unser Handeln hemmt.

Daraus ergibt sich, dass die Warnung vor unliebsamen Konsequenzen womöglich wirksamer ist als das Versprechen von Belohnungen, wenn Ihr Ziel darin besteht, jemanden dazu zu bringen, etwas nicht zu tun – ein Kind dazu, einen Keks nicht zu essen, oder einen Angestellten dazu, keine vertraulichen Informationen an Nichtberechtigte preiszugeben. Ja, eine unmittelbare Bedrohung kann uns dazu bringen, auf der Stelle zur Salzsäule zu erstarren.

Vielleicht kennen Sie die Situation, dass ein Reh vom Scheinwerferlicht erschreckt wie angewurzelt stehen bleibt. Doch auch wir erstarren, wenn wir uns heftig erschrecken. Neulich musste ich eine viel befahrene Straße in Boston überqueren. Da ich ständig zwischen dem Vereinigten Königreich und den Vereinigten Staaten, also zwischen Links- und Rechtverkehr hin und her pendele, schaue ich nur allzu oft in die verkehrte Richtung, wenn ich mich durch den Verkehr laviere. Meine Verwirrung hat mich mehr als einmal in die Bredouille gebracht. Ich überquerte eine Hauptstraße und schaute nach links, wo ich eigentlich nach rechts hätte schauen müssen. Auf halber Strecke erblickte ich ein Fahrzeug, das unerwartet mit beunruhigender Geschwindigkeit auf mich zu raste. In meinem Kopf schrillten alle Alarmglocken, Panik machte sich breit. Vor meinem geistigen Auge sah ich mich platt gewalzt wie Pizzateig. Meine erste Reaktion ließ mich wie angenagelt stehen bleiben. Für den Bruchteil einer Sekunde stand ich stocksteif mitten auf der Straße. Erst nachdem ich wieder Herrin meiner Sinne war, konnte ich der Gefahr entfliehen. Ich schaffte es unbeschadet auf die andere Straßenseite, aber es lässt sich leicht eine Situation denken, in der die paar Millisekunden den entscheidenden Unterschied bedeutet hätten.

Warum sollte die Evolution uns mit einer Erstarrungssituation beglückt haben? Um diese Frage zu beantworten, müssen wir uns zurückbesinnen auf jene Zeit, in der unser allerwichtigstes Ziel darin bestand, Räubern zu entkommen. Wollten wir nicht von einem Tiger oder Löwen gefressen werden, konnten wir dreierlei tun: a) so schnell wie möglich davonlaufen, b) uns so energisch wie möglich wehren oder c) uns mucksmäuschenstill verhalten. Warum wir still halten sollten? Nun, wenn wir uns nicht bewegten, blieben wir vielleicht unbemerkt. Menschen und andere Tiere sind sehr gut darin, Bewegung wahrzunehmen – und sei es nur aus dem Augenwinkel. Stillzuhalten, wenn Lebensgefahr droht, kann also unsere Rettung sein. Der zweite Grund für eine Freeze-Reaktion ist die Erzeugung der Illusion, dass wir tot sind. Die meisten Räuber meiden tote Beute, denn sie kann Krankheiten mit sich bringen. Tatsächlich raten Wildhüter Campern sich tot zu stellen, wenn sie von einem Bären angegriffen werden. Sich totstellen kann eine gute Strategie sein, um in Ruhe gelassen zu werden – ein Grund dafür, dass wir in uns eine Freeze-Reaktion auf Angst verankert haben, die in vielen Fällen noch vor der »Angriff-oder-Flucht«-Reaktion greift.[13]

Überlebende von Flugzeugabstürzen berichten oft von Passagieren, die von Angst und Schrecken übermannt wie erstarrt auf ihren Sitzen bleiben, statt zu versuchen zu fliehen. Ihr Verhalten gleicht dem von Labormäusen. Wenn Sie einer Maus beibringen, ein bestimmtes Geräusch mit einem elektrischen Schock zu assoziieren, stellen Sie fest, dass die Maus in Vorwegnahme des nachfolgenden Schmerzes in ihrer Bewegung erstarrt, sobald sie das Geräusch vernimmt. Manchmal beobachtet man diese Reaktion sogar dann, wenn die Maus einen Fluchtweg hat. Die Erstarrungsreaktion wird von der Amygdala angestoßen, einer kleinen Struktur im tiefsten Inneren des Gehirns, die an der Verarbeitung von Emotionen beteiligt ist.[14] Wenn Sie der Maus aber beibringen, ein bestimmtes Geräusch mit dem Eintreffen von etwas Gutem zu assoziieren (beispielsweise einer attraktiven Maus des anderen Geschlechts), werden Sie beobachten, wie sie in freudiger Erwartung in ihrem Käfig herumturnt – ein klares Beispiel für den Zusammenhang zwischen der Vorwegnahme von Belohnung und erhöhter Aktivität.[15]

In vielen Fällen veranlassen uns Angst und Sorge dazu, einen Rückzieher zu machen, in Erstarrung zu verfallen oder aufzugeben, statt aktiv zu werden. Ich sage nicht, dass dem immer so ist, aber wenn Sie darauf achten, werden Sie diese Reaktion häufig beobachten. Das ist aber nicht der einzige Grund dafür, dass sich die Belegschaft der Intensivstation nicht durch das Heraufbeschwören der Krankheitsgefahr motivieren ließ oder dass eine mögliche Fettleibigkeit mit all ihren Nebenerscheinungen nicht hinreichte, Cherrys Ehemann dazu zu bringen, ins Fitnessstudio zu gehen. Es gibt noch einen weiteren Grund: Unmittelbarkeit.

Der Spatz in der Hand

Haben Sie je den Begriff Belohnungsaufschub-Paradigma gehört? Es gibt wahrlich nur wenige psychologische Studien, die so berühmt wurden wie die von Walter Mischel, Psychologieprofessor der Columbia University, aus dem Jahr 1988. Mischel und seine Mitarbeiter, damals noch an der Stanford University, veröffentlichten im *Journal of Personality and Social Psychology* einen Artikel mit dem bescheidenen Titel »The Nature of Adolescent Competencies Predicted by Preschool Delay of Gratification« (zu Deutsch etwa: »Die Fähigkeit zum Belohnungsaufschub im Vorschulalter als prognostischer Faktor für das Kompetenzrepertoire im Jugendalter«).[16] Die meisten von Ihnen werden sie schlicht als Marshmallow-Studie kennen. Sie gilt als eindrucksvolle Demonstration dafür, wie wichtig Selbstkontrolle für den eigenen Erfolg ist (eines von Mischels Büchern trägt folgerichtig den Titel *Der Marshmallow-Test. Willensstärke, Belohnungsaufschub und die Entwicklung der Persönlichkeit*). Die allseits bekannte Interpretation ist aber möglicherweise nicht die ganze Geschichte. Ich glaube, dass in der Marshmallow-Studie mehr steckt, als man auf den ersten Blick vermuten würde. Lassen Sie uns jedoch kurz das ursprüngliche Experiment anschauen, bevor wir mit einer weiteren Lehre aufwarten, die wir daraus ziehen können.

Ende der 1960er-Jahre kontaktierte Mischel die Bing Nursery School, die Vorschule der Stanford University, und fragte an, ob die dortigen Vorschüler für ein Experiment zur Verfügung stünden. Die Schule willigte ein. Die Kinder im Alter zwischen vier und sechs Jahren wurden einzeln in ein Zimmer geführt und sollten an einem Tisch Platz nehmen. In der Tischmitte lag eine Leckerei – ein Keks oder ein Marshmallow. Stellen Sie sich einen kleinen Jungen namens Peter vor. Peter ist ein redseliger Vorschüler. Wie viele andere Jungen in seinem Alter hat er eine besondere Vorliebe für Fahrzeuge aller Art – Züge, Traktoren, Flugzeuge, Alltagsautos. Außerdem hat er eine Vorliebe für Süßes, unter anderem, genau, für Marshmallows. Peter kommt ins Zimmer und richtet sofort seine gesamte Aufmerksamkeit auf die weiche rosafarbene Leckerei, die darauf wartet, genüsslich verspeist zu werden. Der Versuchsleiter erklärt Peter, dass er kurz nach nebenan gehen müsse, um nach einem anderen Kind – Allen – zu schauen. In der Zwischenzeit kann Peter den Marshmallow essen, wenn er möchte. Wenn er damit jedoch bis zur Rückkehr des Versuchsleiters warten könne, bekäme er nicht nur einen, sondern zwei Marshmallows.

Peter bleibt allein zurück. Was wird er tun? Viele Kinder warten darauf, dass der Wissenschaftler mit einem zweiten Marshmallow zurückkommt und verputzen dann beide. Das fällt ihnen allerdings alles andere als leicht. Die Kinder entwickeln unterschiedliche Strategien, um sich von der Köstlichkeit abzulenken. Manche schieben ihre Hände unter den Hosenboden, um sicherzustellen, dass sich ihre Finger nicht selbständig auf dem Weg zu der Leckerei machen. Andere lenken sich ab, indem sie Kinderreime aufsagen. Warum ist es für die Kinder so schwer, sich dazu zu bringen, die Süßigkeit nicht zu essen?

Denken Sie an Marc Guitart-Masips »Go/No-Go«-Experiment zurück. Wir wissen jetzt, dass das Gehirn in Antizipation einer Belohnung eine »Go«-Reaktion in Gang setzt. Peter aber brauchte eine »No-Go«-Reaktion, um seine Belohnung zu bekommen. Genau wie Edvard, der sich dazu bringen musste, die Taste nicht zu drücken, wenn das Kandinsky-Gemälde erschien, um einen Dollar einzustreichen, musste Peter sein Handeln unterdrücken, um seine Süßigkeit zu bekommen. Das ist nicht leicht – insbesondere für einen Vierjährigen, dessen Gehirn noch keine voll entwickelten Schaltkreise zur Umgehung seiner Instinkte besitzt. Damit nicht genug: Unser Gehirn zieht ein sofort verfügbares Marshmallow einem künftig verfügbaren vor. Der Teil des Gehirns, der für Belohnungen zuständig ist – der Nucleus accumbens – bringt ein größeres Signal hervor, wenn wir eine Belohnung vor uns haben, die jetzt und hier verfügbar ist, als bei einer, die irgendwann in der Zukunft fällig wird.[17] »Jetzt« ist sehr oft mehr wert als

»später«. Mischels Studie zeigte, dass es Kindern zwar schwerfällt, viele es aber doch fertigbringen, ihren Instinkt zu überwinden und auf die beiden zukünftigen Marshmallows zu warten.

Ich hege den starken Verdacht, dass Millionen von Eltern ihre Kinder vor eine leckere Süßigkeit gesetzt und ihnen eine viel größere und schönere versprochen haben, wenn sie es fertigbringen, der Versuchung eine Viertelstunde lang zu widerstehen. Meine Annahme hat damit zu tun, was Mischel bei seinem Experiment als nächstes herausfand: Zehn Jahre später kontaktierte er erneut die Eltern der inzwischen zu Teenagern herangewachsenen Vorschüler. Er stellte den Eltern eine Reihe von Fragen, unter anderem wollte er wissen, wie gut die Kinder geistig, sozial und in der Schule zurechtkämen. Die Kinder, die es zehn Jahre zuvor geschafft hatten, eine Belohnung aufzuschieben, lagen als Teenager in fast allen Bereichen vorne. Mischel schlussfolgerte damals, dass Kinder, die auf das zweite Marshmallow hatten warten können, über eine ausgeprägtere Selbstkontrolle verfügten, die sie später befähigte, sich auf vielen Gebieten hervorzutun.[18] Das ist allerdings nur eine mögliche Interpretation. Es gibt noch eine andere Möglichkeit, die Tatsache zu erklären, dass manche Kinder die Belohnung aufschoben, andere hingegen nicht: die Erwartungen der Kinder an die Zukunft.

Die Zukunft ist ungewiss

Kehren wir zu Peter zurück, dem redseligen, eisenbahnvernarrten Vorschüler. Nun, Peter wartete nicht auf das zweite Marshmallow. Kurz nachdem der Wissenschaftler hinausgegangen war, griff er nach dem hellrosafarbenen süßen Happen und stopfte ihn sich in den Mund. »Mangelnde Selbstkontrolle«, sagen Sie womöglich. Vielleicht. Hier ist eine andere Überlegung: Vielleicht war Peter nicht restlos davon überzeugt, dass der Wissenschaftler mit einem zweiten Marshmallow zurückkehren würde. Diese Überlegung ist nicht unvernünftig. Der Wissenschaftler könnte sein Versprechen vergessen, oder er könnte lügen. Und Peter kommt ein noch schlimmeres Szenario in den Sinn: Vielleicht bekommt er, wenn er zu lange wartet, nicht einmal das Marshmallow, das da vor ihm liegt. Auch diese Möglichkeit sollte man nicht außer Acht lassen. Vielleicht gehen dem Forscher die Marshmallows aus, und Peter muss am Ende seines mit Allen, der anderen Vorschülerin, teilen. Es ist sinnlos, fünfzehn Minuten unruhig zu warten, beschließt er. Ja, vielleicht ist es besser, den Marshmallow in der Hand zu essen als auf zwei Marshmallows auf dem Dach zu warten. Peter verfügt damit nicht notwendigerweise über eine geringe Selbstkontrolle, er hat womöglich nur weniger Vertrauen in andere oder ist weniger optimistisch. Beide Gründe könnten erklären, weshalb Peter so entschied, wie er es tat, und warum er sich beim Heranwachsen so und nicht anders entwickelte. Soziabilität und Optimismus beeinflussen, wie man gezeigt hat, in hohem Maße, wie sich unser Leben entwickelt, und geselligere und optimistischere Menschen kommen im Großen und Ganzen im Leben besser zurecht.[19]

Diese zweite Deutung des Marshmallow-Experiments wird durch ein Experiment gestützt, das an der University of Rochester durchgeführt wurde. Die Forscher machten sich als Erstes daran, die Einschätzung der Kinder in Bezug auf die Verlässlichkeit des Experimentators zu manipulieren, bevor sie sie mit dem Marshmallow-Test konfrontierten.[20] Und so gingen sie dabei vor: Sie baten die Kinder im Alter von drei bis fünf Jahren in einen Zeichensaal und gaben jedem ein Set, mit dem es eine eigene Tasse gestalten konnte. Die Kinder mussten dazu ein Stück weißes Papier bemalen, das dann in eine spezielle Tasse gesteckt wurde. Sie bekamen eine Handvoll alter Wachsmalstifte in einer Schachtel, die sehr schwer zu öffnen war, und man sagte ihnen, dass der Wissenschaftler mit neuen, besseren Stiften zurückkehre, wenn sie sich einen Augenblick geduldeten. Ein paar Minuten später kam der Wissenschaftler zurück. Bei einer Gruppe von Kindern entschuldigte er sich und sagte, er habe sich geirrt, es gäbe keine besseren Stifte. Diese Gruppe hatte es demnach mit einer »nicht verlässlichen« Umgebung zu tun bekommen. Der anderen Gruppe gab er nagelneue Stifte. Das war die Gruppe mit der »verlässlichen« Umgebung. Danach wurden alle Kinder mit dem Marshmallow-Test konfrontiert.

Die Arbeitshypothese lautete, dass diejenigen Kinder, die die versprochenen Wachsmalstifte nicht bekommen hatten, von ihrem Versuchsleiter nicht allzu viel erwarteten, und sich nicht damit aufhielten, auf das zweite Marshmallow zu warten. Genau so war es. Die Kinder, die die »nicht verlässliche« Umgebung kennengelernt hatten, warteten durchschnittlich drei Minuten und zwei Sekunden. Die Kinder, die mit der »verlässlichen« Umgebung konfrontiert worden waren, warteten im Schnitt geschlagene zwölf Minuten und zwei Sekunden. Mit anderen Worten: Je unsicherer sich die Zukunft darstellt, desto weniger leicht verzichten wir zugunsten einer künftigen Glücksverheißung auf die sofortige Belohnung hier und jetzt.

Unmittelbarer Lohn zieht besser als fernes Leid

Das ist alles schön und gut, aber was hat es mit unserem ursprünglichen Anliegen zu tun, andere zum Handeln zu bewegen? Leider besteht die Schwierigkeit bei dem Ansatz, das Handeln von Menschen zu verändern, indem man sie vor der Ausbreitung von Krankheiten oder dem Verlust ihres Geldes, vor Gewichtszunahme, Versagen in der Schule oder der Erderwärmung warnt, darin, dass stets eine beträchtliche *Unsicherheit* im Blick auf die Zukunft besteht. Wenn die Leute von der Intensivstation sich die Hände nicht sachgemäß desinfizieren, riskieren sie vielleicht, sich oder andere anzustecken, aber nicht sofort, sondern erst in ein paar Tagen. Gelingt es Sam und seinem Team nicht, das Budget seines Klienten zu kürzen, verlieren sie die Millionen nicht sofort, sondern erst in ein paar Monaten. Diese Ärgernisse liegen stets in der Zukunft, manche davon in ferner Zukunft. Und die Zukunft ist, wie wir alle wissen, ungewiss. Vielleicht schert sich die Belegschaft der Intensivstation nicht ums Händewaschen, und es passiert überhaupt nichts. Vielleicht unternimmt Sams Team nichts, und der Kunde bleibt trotzdem. Das Problem ist das »Vielleicht«. Es ist schwer, Menschen dazu zu bringen, für etwas zu arbeiten, das geschehen kann oder eben nicht. Es fällt uns allzu leicht, künftiges Unheil zu ignorieren und uns einzureden, dass schon alles glattgehen werde, selbst wenn wir an unseren schlechten Gewohnheiten festhalten. Genau deshalb ist die Drohung mit großem, in ferner Zukunft zu erwartendem Schaden unter Umständen weniger wirkungsvoll als ein winziger, aber unmittelbarer und sicherer Lohn. Doch sogar wenn das Angedrohte real und sicher erwartbar ist (wie eine bestimmte »Auszeit« oder ein Tadel), kann es aufgrund des »Go«-Schaltkreises in unserem Gehirn, der Freude und Handeln miteinander verknüpft, unter Umständen weniger wirkungsvoll sein als das Versprechen einer unmittelbaren und sicheren Belohnung.

Ein schönes Beispiel in diesem Zusammenhang ist der größte südafrikanische Krankenversicherer Discovery. Statt vor künftigen Krankheiten zu warnen, schuf Discovery ein Belohnungsprogramm, das die Versicherten jedes Mal, wenn sie Obst und Gemüse im Supermarkt kauften, ein Fitnessstudio aufsuchten oder zu einer Vorsorgeuntersuchung gingen, mit Bonuspunkten belohnte. Die Klienten konnten diese Punkte für weitere Einkäufe nutzen. Das Programm war ausgesprochen erfolgreich. Die Leute achteten auf gesünderes Verhalten, und infolgedessen sank die Zahl der Krankenhausaufenthalte. Eine echte Win-win-Situation.

Jetzt kommt das eigentliche Rätsel: Wenn Drohungen und Warnungen von so begrenztem Einfluss sind, warum versuchen wir dann so häufig, das Verhalten anderer mit der Peitsche zu ändern? Ungeachtet all dessen, was ich inzwischen weiß, ertappe sogar ich mich oft genug dabei, wie ich meine Studenten ermahne, dass sie keine anständige Stelle bekommen werden, wenn sie sich nicht mehr anstrengen, oder meine Tochter, dass sie sich erkälten wird, wenn sie keine warme Jacke anzieht. Eigentlich sollte ich meinen Studenten sagen, dass sie, wenn sie mehr tun, tolle Artikel schreiben werden, die ihnen schließlich einen fantastischen Job sichern würden, und meiner Tochter, dass ihre Jacke kuschlig sei und sie warm und gesund halte, sodass sie auf das Geburtstagsfest ihrer Freundin gehen könne.

Es ist zweifellos schwierig, sich ein solches Umdenken anzuerziehen, weil unser Gehirn automatisch vorwärts spult. Bemerke ich, dass mein Student sich nicht so viel

Mühe gibt, wie er sollte, schaltet mein Gehirn auf »schnellen Vorlauf« und sieht ihn an seinen angestrebten Zielen scheitern. Wenn ich sehe, wie meine Tochter mitten im Dezember im T-Shirt draußen herumläuft, sieht mein Gehirn sie mit Triefnase und Reizhusten (interessanterweise fällt es uns leichter, potenziell negative Folgen für andere vorauszusehen als für uns selbst, aber das ist ein ganz eigenes Thema). Deshalb besteht unsere Sofortreaktion darin zu warnen – unser Gehirn sieht Schlimmes voraus, und wir teilen seine düsteren Vorahnungen. Das aber ist möglicherweise der falsche Ansatz. Wir sollten diesem instinktiven Drang bewusst entgegenwirken und stattdessen betonen, was zu tun ist, um die Dinge zu verbessern (beispielsweise sagen: »Trage eine Jacke, dann bleibst du gesund« und »Arbeite hart, und du bekommst einen Job«). Dieser Ansatz hat noch einen zweiten Vorteil: Während Warnungen und Drohungen (wie »Angestellte *müssen* sich die Hände waschen«) den Menschen das Gefühl nehmen, Kontrolle über ihr Leben zu haben, wird dieses Gefühl verstärkt, wenn man ihnen sagt, was zu tun ist, um eine Belohnung zu kassieren. Im nächsten Kapitel untersuchen wir, was für eine überraschende Rolle das Gefühl, die Dinge in der Hand zu haben, für das Einflussnehmen spielt.

KAPITEL 4

Machtgewinn durch Loslassen

Das Vergnügen, etwas tun zu können, und die Angst vor Kontrollverlust

Stellen Sie sich eine Welt vor, in der Angst als rational gilt. In dieser Welt würden die Menschen aus voller Kehle anfangen zu schreien, sobald sie eine Zigarette nur von Weitem erblickten. Schlagsahne-Phobie und die Angst vor rotem Fleisch wären an der Tagesordnung, Panikschauer würden ihnen über den Rücken laufen, sobald sie einen fahrbaren Untersatz bestiegen. Diese Ängste ließen sich begründen: Rauchen, Ernährung und Fahren hängen eng mit den fünf führenden Todesursachen zusammen – Herzerkrankungen, Krebs, chronische Erkrankungen der unteren Atemwege, Unfälle und Schlaganfall.[1] Trotzdem finden Sie auf der Liste der häufigsten Ängste, die ich Ihnen im Folgenden präsentiere, keine der oben genannten.[2]

Die Mehrheit der Menschen lässt sich nicht von Dingen, an denen man sterben kann, in Alarmstimmung versetzen. Die häufigste Angst ist vielmehr die Arachnophobie, die Angst vor Spinnen. Und das ungeachtet der Tatsache, dass, wie es scherzhaft heißt, »das Risiko, dass Sie von einem Hai angegriffen werden, dies überleben und anschließend von einer herabfallenden Kokosnuss erschlagen werden«,[3] größer ist als das, an Spinnengift zu sterben. In den Vereinigten Staaten, einem Land mit 319 Millionen Einwohnern, sterben jährlich schätzungsweise sechs Menschen an Spinnengift.[4] Wir fürchten Dinge, die uns mit großer Wahrscheinlichkeit nichts tun werden – Spinnen, Schlangen und Höhen. Manche Menschen erleiden auf offenen Plätzen eine Panikattacke, andere, wenn sie einem Hund begegnen oder einen Blitz sehen. Wieder andere fürchten sich vor Aufzügen oder vor dem Fliegen. Tatsächlich ist die einzig gerechtfertigte Angst in der Liste der Top Ten unter den Phobien die Furcht vor Krankheitserregern – die Mysophobie – auf Platz acht. Zwei Plätze weiter stoßen Sie auf eine besonders faszinierende Angst – die Angst vor Löchern. Die Zahl der Menschen, die unter dieser Angst leiden, übersteigt offensichtlich die derjenigen, die unter Krebsangst leiden – der Nummer elf auf der Liste –, während die Angst vor dem Tod selbst Platz Nummer zwölf belegt.

Die zehn häufigsten Todesursachen

1. Herzerkrankungen
2. Krebs
3. Chronische Atemwegserkrankungen
4. Unfälle (unbeabsichtigte Verletzungen)
5. Schlaganfall (zerebrovaskuläre Erkrankungen)
6. Alzheimer
7. Diabetes
8. Grippe und Lungenentzündung
9. Entzündliche Nierenerkrankungen und Nierenversagen
10. Vorsätzliche Selbstverletzung (Selbstmord)

Die zwölf häufigsten Phobien

1. Arachnophobie – die Angst vor Spinnen
2. Ophidiophobie – die Angst vor Schlangen
3. Akrophobie – Angst vor Höhen und Tiefen
4. Agoraphobie – die Angst vor offenen Plätzen und Menschenansammlungen
5. Kynophobie – die Angst vor Hunden
6. Astraphobie – die Angst vor Blitz und Donner
7. Klaustrophobie – die Angst vor engen und geschlossenen Räumen/dem Eingesperrtsein
8. Mysophobie – die Angst vor Ansteckungen
9. Aviophobie – Flugangst
10. Trypophobie – die Angst vor Löchern
11. Cancerophobie – die Angst vor Krebs
12. Thanatophobie – die Angst vor dem Tod

Wir lachen vielleicht darüber, weil uns solche Ängste albern vorkommen, aber für diejenigen, die darunter leiden, können Phobien zu einer furchtbaren Qual werden. Menschen mit Agoraphobie beispielsweise fürchten sich, ihr Zuhause zu verlassen, was die Lebensqualität von jedermann empfindlich einschränken würde. Menschen mit Klaustrophobie weigern sich womöglich, eine MRT-Untersuchung machen zu lassen, obwohl es zur Diagnose ihrer Erkrankung zwingend notwendig wäre – nur weil sie es im engen Inneren des Geräts nicht aushalten. Und die Angst vorm Fliegen kann Karriere und Beziehungen eines Menschen im Weg stehen.

Da wäre zum Beispiel der Filmregisseur Joseph McGinty Nichol, besser bekannt unter dem Namen »McG«. McG drehte unter anderem *3 Engel für Charlie* und wurde nach dem großen Erfolg des Streifens von Warner Brothers unter Vertrag genommen für die Regie eines neuen Superman-Films, der in Australien gedreht werden sollte. Eine tausendköpfige Mannschaft wartete auf McGs Eintreffen. Beleuchtung und Kameras standen bereit, und es konnte losgehen. McG hatte vor Beginn der Dreharbeiten ein ganzes Jahr in den Film investiert, rund zwanzig Millionen Dollar waren bereits in das Projekt geflossen. An dem Tag jedoch, an dem McG an Bord des Privatjets gehen sollte, der ihn von Kalifornien nach Sydney bringen würde, war er vor Angst gelähmt. Er brachte es nicht fertig, das Flugzeug zu besteigen.[5]

Sein Team versuchte alles, um ihn zu überreden. Man beruhigte ihn mit Statistiken: Die Gefahr, dass er auf dem Heimweg vom Flughafen in seinem Auto ums Leben käme, sei größer als die, dass er unterwegs auf dem langen Flug nach Sydney abstürze. Tatsächlich sterben jährlich nur tausend Menschen bei Flugzeugabstürzen (das entspricht einem Risiko von eins zu elf Millionen, dass Sie einem Flugzeugabsturz zum Opfer fallen werden), bei Unfällen auf unseren Straßen hingegen liegt die Zahl der Todesopfer weltweit bei 1,24 Millionen (das entspricht einer Wahrscheinlichkeit von eins zu 5000, bei einem Autounfall zu sterben).[6] McG waren diese Zahlen nur zu gut bekannt, aber sie vermochten seine Nerven nicht zu beruhigen. In seinem Auto fühlte er sich sicher, in einem Flugzeug nicht. Angst ist eine Emotion, und seine Emotionen ließen sich nicht so ohne Weiteres durch Fakten beschwichtigen.

Die meisten Menschen glauben, Flugangst sei die Angst vor einem Absturz. Diese Angst wird unablässig durch die ausführliche Berichterstattung bei jeder abgestürzten Maschine genährt. Die Greifbarkeit der Tragödie auf unseren Fernsehbildschirmen macht uns glauben, dass Flugzeuge weit gefährlicher sind, als es tatsächlich der Fall ist. Das ist aber noch nicht alles. Wäre dem so, könnten die Fluglinien ihre Passagiere einfach mit Daten versorgen, die diesem Eindruck entgegenwirken. Aber wir wissen, dass wir Betroffenen nichts von dieser Angst nehmen können, egal wie oft wir ihnen sagen, dass Flugzeuge sicherer als Autos sind.

Wenn es keine Fehleinschätzung von Risiken ist, weshalb fürchten dann so viele Menschen eine 747? Manche Leute bemühen auf der Suche nach Antworten die Evolution – Menschen haben im Unterschied zu Vögeln keine Flügel, waren nie zum Fliegen gebaut. Befanden sich Ihre Vorfahren irgendwo in luftiger Höhe, bedeutete dies in der Regel, dass sie gleich vor ihren Schöpfer treten würden.

Und daher, so will es diese Lesart, haben wir von unseren erdverwurzelten Vorfahren die Angst vor dem Fliegen ererbt. Diese Theorie leuchtet intuitiv ein. Unsere modernen Ängste vor dem Fliegen, vor Spinnen, Schlangen, Höhen und weiten Plätzen könnten allesamt Überbleibsel aus Zeiten sein, in denen diese Dinge wirklich gefährlich waren. Auf einem freien, offenen Platz gibt es beispielsweise keine Chance, sich vor einem Raubtier zu verstecken. Daher haben Individuen, die solche Situationen fürchteten und mieden, womöglich eher überlebt. Diese Erklärung aber wird dem ganzen Ausmaß der Komplexität menschlicher Angst nicht gerecht, denn in vielen Fällen ist das, wovor wir uns zu fürchten scheinen, gar nicht das, wovor wir wirklich Angst haben.

Kontrollverlust

»In Wirklichkeit war es eine Frage der Kontrolle: Wann immer ich mich aus meiner Komfortzone herauswagte, hatte ich einfach das Gefühl, sterben zu müssen«, berichtete McG, als er versuchte, seine Panik vor jenem gefürchteten Flug nach Australien zu erklären.[7] Begeben Sie sich an Bord eines Flugzeugs, legen Sie Ihr Schicksal für die nächsten paar Stunden in die Hände des Piloten und der Crew. Sie haben keine Kontrolle über den Weg des Flugzeugs oder über seine Geschwindigkeit. Sie können das Flugzeug nicht nach Belieben verlassen, wenn Sie der schreienden Kinder oder der Ellbogen Ihres Nachbarn überdrüssig sind. Die einzige Wahl, die sie in dieser Zeit haben, ist die zwischen Brezeln und Erdnüssen. Hinzukommt, dass Sie nur über sehr wenige Informationen verfügen. Sie wissen nicht, ob das Ruckeln eben ein einfaches Luftloch ist oder etwas, über das Sie sich Sorgen machen müssen. Sie wissen nicht, ob Ihr Pilot müde oder fit ist, nicht, ob Sie pünktlich landen werden. Kontrollverlust ist ein ungutes Gefühl.

Wird ihnen die Möglichkeit genommen, ihre Umgebung zu kontrollieren, empfinden die meisten Menschen Stress oder Angst. Deshalb fahren viele Leute lieber selbst als sich auf den Beifahrersitz zu setzen, oder bekommen Angst, wenn sie im Stau stecken und weder vor noch zurück können. Eine Einschränkung der Kontrolle ist der Grund dafür, dass manche Leute nicht gerne bei anderen zu Gast sind. Und dafür, dass physisches Festgehaltenwerden für Menschen und Tiere psychisch schwer auszuhalten ist. Schon Babys ziehen es vor, das ihnen mögliche beschränkte Maß an Kontrolle über ihre Umgebung auszuschöpfen. Sobald sie gelernt haben, ihr Fläschchen zu halten, reagieren sie gestresst, wenn man ihnen dieses Privileg streitig macht. Sind diese Babys zu Kleinkindern geworden, bestehen sie darauf, alles selbst zu machen – angefangen vom Drücken auf den Fahrstuhlknopf bis zum Schuheanziehen. Der Versuch, in ihren Kontrollradius einzugreifen, hat unter Umständen einen Wutausbruch zur Folge. Nun werfen sich Erwachsene nur selten auf den Boden und trommeln mit Händen und Füßen, wenn man ihnen ihre Freiheit nimmt, aber sie fühlen sich ausgesprochen unwohl, werden sie in ihrer Handlungsfähigkeit eingeschränkt.

Die Angst vor Kontrollverlust kann selbstverständlich nicht für all unsere Phobien und tiefsitzenden Ängste verantwortlich gemacht werden. Aber sind ansonsten alle Umstände gleich, fürchten wir uns vor dem Unkontrollierbaren mehr als vor dem Kontrollierbaren. Wilde Tiere, Blitze, enge Räume, die uns in unseren Bewegungen einschränken – das alles macht uns möglicherweise mehr Angst als Situationen, in denen wir glauben, dass wir die Kontrolle haben – Radfahren, der Besitz einer Schusswaffe oder die eigenmächtige Einnahme von Medikamenten, obwohl die drei letztgenannten in Wirklichkeit gefährlicher sind als die drei ersten. Der Versuch, die Kontrolle zurückzuerlangen, ist nicht selten ursächlich an psychischen Problemen beteiligt – unter anderem Essstörungen (bei denen die Betroffenen penibel kontrollieren, was sie ihrem Körper zuführen), Suchtverhalten (oftmals ein Versuch, den Gemütszustand und die Stimmung zu regulieren) und sogar Selbstmord (die Entscheidung, das eigene Leben zu beenden) lassen sich als Versuch sehen, unter Kontrolle zu bringen, was sich der eigenen Kontrolle entzieht.

Beeinflussung zulassen

Kontrolle und Einfluss sind eng miteinander verflochten. Verändern Sie jemandes Überzeugungen oder Handlungen, üben Sie in gewisser Hinsicht Kontrolle über den Betreffenden aus. Wenn Sie sich von jemandem beeinflussen lassen, gestatten Sie dem anderen Gleiches über Sie. Deshalb ist das Verständnis der diffizilen Beziehung, die Menschen zu ihrer Fähigkeit haben, ihr Dasein zu kontrollieren, von fundamentaler Bedeutung, um Bedingungen zu verstehen, die eine Einflussnahme möglich machen. Es erlaubt uns, besser vorherzusehen, wann Menschen Einflüssen widerstehen und wann sie sie positiv aufnehmen werden.

Wie wir sehen werden, müssen wir, um Einfluss auf eine andere Person ausüben zu können, unseren eigenen Kontrollinstinkt überwinden und das Bedürfnis des anderen nach Handlungsmacht berücksichtigen. Denn sehen Menschen ihre eigene Handlungsfähigkeit schwinden, werden sie Widerstand leisten. Nehmen sie in dieser Hinsicht jedoch einen erweiterten Spielraum wahr, werden sie sich auf die Erfahrung einlassen und diese als positiv empfinden.

Ein wunderbar anschauliches Beispiel für dieses Prinzip sind ... Steuern. Steuern zu zahlen, macht Menschen nicht sehr froh – kurz und bündig. Selbst wenn Sie aus ganzem Herzen finden, dass es richtig ist, Steuern zu zahlen, bin ich ziemlich sicher, dass Sie keine Freude dabei empfindet, wenn Sie dreißig Prozent Ihrer Einkünfte an den Staat abgeben müssen. Ja, manche Leute versuchen, das komplett zu umgehen: In den Vereinigten Staaten werden jährlich 458 Milliarden Dollar an Steuern hinterzogen.[8] Und darin ist noch nicht einmal das Geld enthalten, das dem Staat durch das Ausschöpfen von Schlupflöchern entgeht. Stellen Sie sich also vor, Sie sind Regierungsvertreter, und Ihre Aufgabe ist es, diese Zahl beträchtlich zu verringern. Zu den herkömmlichen Instrumenten, die Menschen zum Begleichen ihrer Steuerschuld bringen sollen, gehören bereits ein Katalog an steigenden Strafgebühren, mehr Steuerprüfungen und das Werben mit der Wichtigkeit von Steuern für das Land. Das alles mag nützlich sein, aber die Häufigkeit, mit der die Menschen sich dem entziehen, ist noch immer hoch. Was könnten Sie sonst unternehmen?

Könnten Sie das Steuerzahlen vielleicht angenehmer gestalten? Das mag sich nach einer radikalen Idee anhören. Lassen Sie uns daher zunächst fragen, was Steuern eigentlich so schmerzhaft macht. Ja, durch das Zahlen von Steuern verlieren wir einen ordentlichen Batzen unseres Einkommens, aber Menschen empfinden Steuern nicht nur deshalb als so unangenehm. Wenn Sie dreißig Prozent

Ihres Einkommens an eine Wohltätigkeitsorganisation Ihrer Wahl spendeten oder für den Lebensmitteleinkauf ausgäben, empfänden Sie nicht denselben Unmut, oder? Dass Steuern so viel mehr Widerwillen hervorrufen als die anderen Ausgaben, liegt daran, dass wir bei ihnen keine Wahl haben. Im Unterschied zu Spenden oder zum Supermarkteinkauf, bei dem Sie entscheiden, für was und wann Sie bezahlen, entzieht sich das Steuerzahlen Ihrer Kontrolle. Niemand fragt, ob Sie willens sind zu zahlen, und Sie wissen nicht genau, wo Ihr Geld bleibt.

Würden die Leute eher Steuern zahlen, wenn man ihnen das Gefühl wiedergeben könnte, Macht über ihr Handeln zu haben? Um das herauszufinden haben sich drei Wissenschaftler zu einem Experiment zusammengetan.[9] Sie baten Studenten in ein Labor der Harvard University, um Aufnahmen unterschiedlicher Wohnungseinrichtungen zu bewerten. Als Aufwandsentschädigung für die Zeit bekamen sie zehn Dollar, von denen aber, so wurde ihnen gesagt, drei Dollar als »Laborsteuer« entrichtet werden mussten. Die Anweisung lautete, die drei Dollar in einen Umschlag zu stecken und dem Versuchsleiter beim Verlassen des Labors zu geben. Die Studenten waren nicht sonderlich begeistert von diesem Vorschlag. Nur die Hälfte hielt sich an die Anweisung, die anderen ließen den Umschlag leer oder gaben weniger als den verlangten Betrag.

Einer anderen Gruppe von Teilnehmern aber wurde gesagt, sie könnte dem Laborleiter Ratschläge geben, wofür ihr Steuergeld verwendet werden solle. Sie konnten beispielsweise vorschlagen, das Geld für Getränke auszugeben oder für Snacks für künftige Teilnehmer. Erstaunlicherweise steigerte sich allein dadurch, dass man den Teilnehmern eine Stimme gab, die Zahl derer, die der Aufforderung nachkamen, von circa fünfzig auf über siebzig Prozent! Das ist ein dramatischer Anstieg. Stellen Sie sich vor, was ein solcher Anstieg an Steuereinkünften für ein Land bedeuten würde, wenn er sich bei den staatlichen Steuern umsetzen ließe.

Um sicherzugehen, dass dies nicht allein für Elitestudenten der Harvard University galt, testeten die Wissenschaftler eine größere, bunter gemischte Gruppe von Bürgern online. Dieses Mal wurde manchen Teilnehmern Gelegenheit gegeben, sich über die gegenwärtige Verteilung von Steuergeldern zu informieren. Einige konnten dann erklären, welche Verwendung ihrer Steuern sie bevorzugen würden – welchen Prozentsatz sie für Bildung, Sicherheit, Gesundheit und so weiter ausgegeben sehen wollten. Schließlich wurden sie gebeten, sich vorzustellen, dass sie mit Hilfe eines fragwürdigen Steuerschlupflochs ihre Steuerzahlung um zehn Prozent verringern könnten – würden sie annehmen?

Von denen, die keine Gelegenheit bekommen hatten, ihre Präferenzen bei der Verwendung der eigenen Steuerzahlungen anzugeben, sagten zwei von drei Personen (um die 66 Prozent), dass sie sich des fragwürdigen Steuerschlupflochs bedienen würden. Diejenigen, die sich hatten äußern dürfen, erklärten zu weniger als der Hälfte (44 Prozent), dass sie das Schlupfloch ausnutzen würden. Die Studie zeigte auch, dass es nicht ausreichte, Menschen einfach über die Verwendung ihrer Steuern zu informieren. Es bedurfte vielmehr des Gefühls, dass die Macht zum Handeln in ihren Händen liegt, um sie zum Umdenken zu bewegen.

Die ein bisschen widersinnig anmutende Botschaft lautet, dass Sie, um das Handeln anderer zu beeinflussen, diesen das Gefühl geben müssen, die Kontrolle zu besitzen. Nehmen Sie den Betreffenden das Gefühl, die Dinge in der

Hand zu haben, bekommen Sie Ärger, ernten Frust und Widerstand. Vermitteln Sie ihnen hingegen das Gefühl, Einfluss auf ihre Welt zu haben, verstärken Sie deren Motivation und Bereitschaft, Ihnen zu folgen. In den Experimenten, die ich hier beschrieben habe, wurde den Menschen die Kontrolle in Wirklichkeit nicht übertragen, sie wurden nur gebeten, Vorschläge zu machen, wie sie ihre Steuern gern verwendet sähen. Und doch genügte das, ihr Handeln zu beeinflussen. Menschen eine Wahl einzuräumen, und sei es auch nur eine hypothetische, reicht hin, ihnen das Gefühl zu geben, Herr der Lage zu sein, und Kontrolle motiviert den Menschen.

Im Zweifel für die Qual der Wahl

Warum haben wir so gerne die Kontrolle über die Dinge? Oft bedienen die Ergebnisse von Entscheidungen, die Sie selbst getroffen haben, Ihre Vorlieben und Bedürfnisse besser als solche, die man Ihnen aufgezwungen hat. So haben wir gelernt, dass Umgebungen, in denen wir die Kontrolle innehaben, für uns die angenehmeren sind. Eine Möglichkeit, Kontrolle auszuüben, besteht darin, eine Wahl zu haben.[10] Wenn etwa *Sie* sich einen Film zum Anschauen aussuchen, stehen die Chancen (im Durchschnitt) sehr viel besser, dass Sie einen Film wählen, der Ihnen gefällt, als wenn ich die Wahl für Sie treffe. Weil wir so oft bessere Erfahrungen machen, wenn wir selbst entscheiden, ist die Assoziation zwischen Wahlfreiheit und Belohnung in unserem Kopf so stark geworden, dass die Wahl selbst zum Lohn wurde – etwas, das wir anstreben und gut finden. In einer Studie der Rutgers University kamen der Neurowissenschaftler Mauricio Delgado und seine Mitarbeiter zu dem Schluss, dass es Menschen ein gutes Gefühl gibt, wenn man ihnen sagt, dass sie eine Wahl haben, und dass diese Mitteilung einen Teil des hirneigenen Belohnungszentrums aktiviert, das ventrale Striatum. Wir empfinden die Möglichkeit, wählen zu können, als Wert an sich, und wenn wir die Wahl haben, entscheiden wir uns dafür zu wählen.[11]

Doch nicht nur Menschen haben gern die Wahl, sondern auch Tiere. Ja, sie entscheiden sich sogar dann dafür zu entscheiden, wenn sich dadurch am Ergebnis nichts ändert. Müssen Ratten zwischen zwei Wegen wählen, die beide zum Futter führen – der eine Weg ist gerade, der andere verlangt von ihnen mehrfach die Entscheidung, ob sie links oder rechts herum gehen wollen, entscheiden sie sich für letzteren; bei Tauben ist es genauso.[12] Geben Sie einer Taube zwei Möglichkeiten – die eine besteht in einer Taste, auf die sie picken muss, damit sie an Getreidekörner kommt, die andere aus *zwei* Tasten, von denen sie eine auswählen muss, um dieselben Körner zu bekommen, und sie wird die Option mit den zwei Knöpfen vorziehen. Die Taube lernt rasch, dass sich die Körner nicht unterscheiden, trotzdem bevorzugt sie diejenigen, die sie durch Auswählen ergattert hat.

Wie bei Tauben und Ratten wirkt das menschliche Streben danach, das Heft des Handelns selbst in die Hand zu nehmen, zu kontrollieren und die Wahl zu haben, auch in Situationen, in denen die Möglichkeit zu wählen das Endergebnis nicht notwendigerweise verbessert. Betrachten Sie beispielsweise Delgados Experiment. Die Wahl, die er seinen Teilnehmern ließ, war nicht die zwischen Bananen-Walnuss- und Minz-Pistazien-Eiscreme, bei denen die Teilnehmer möglicherweise eine entschiedene Vorliebe hegen, sondern zwischen zwei abstrakten Formen auf einem Computerbildschirm, etwa einer violetten Ellipse und einem pinkfarbenen Stern. Bei jeder Form bestand eine Chance von fünfzig Prozent, dass sie dem Teilnehmer Geld einbringen würde. Da es keine Möglichkeit gab, zuvor abzuschätzen, welche Form die bessere war, spielte es nicht die geringste Rolle, ob die Teilnehmer die Wahl selbst trafen oder ob ein Computerprogramm das für sie übernahm. Dennoch zeigen Delgados Ergebnisse, dass wir es, sogar wenn das Selbstwählen keinerlei erkennbaren Vorteil hat, in vielen Fällen vorziehen, die Dinge selbst in die Hand zu nehmen und zu entscheiden. Diese Tendenz wurzelt fest in unserer Biologie.

Wenn Sie darüber nachdenken, scheint es aus adaptiver Sicht sehr sinnvoll, über ein System zu verfügen, das einen innerlich für Dinge »belohnt«, die man selbst erreicht hat, statt für etwas, das man passiv annimmt. Wenn Sie lernen, dass Ihnen ein bestimmtes Handeln Nahrung, Geld oder Prestige einbringt, können Sie es künftig wiederholen, um mehr von allem zu bekommen. Versorgt man Sie jedoch einfach mit Nahrung, Geld oder Prestige, ohne dass Sie dafür etwas zu leisten haben, können Sie nicht davon ausgehen, dass Ihre Geber so nett sein werden, Sie mit alledem künftig weiter zu versorgen. Wenn Sie also tausend Dollar bekommen, ohne einen Finger dafür zu krümmen, haben Sie tausend Dollar, aber keine Ahnung, wie Sie in Zukunft an mehr Geld kommen. Verdienen Sie die tausend Dollar hingegen damit, dass Sie beispielsweise ein Möbelstück verkaufen, sind Sie nicht nur um tausend Dollar reicher, sondern auch um die Erfahrung, wie sich zukünftig mehr Geld verdienen lässt. Dinge, die Sie erarbeiten müssen, *sollten* in Ihrem Gehirn als erstrebenswert verankert sein: Ihr Wert leitet sich aus ihrem Wert an sich her *und* von der darin enthaltenen Information, wie sich künftige weitere Gewinne erzielen lassen. Es ist von adaptivem Vorteil für Menschen, dass die eigene Biologie sie treibt, Dinge zu bevorzugen, an die sie selbst Hand angelegt haben – Dinge über die sie die Kontrolle haben.

Menschen haben gerne die Wahl, also wählen sie.[13] Manchmal ist die Entscheidung allerdings derart komplex und anspruchsvoll, dass wir es vorziehen, gar keine Entscheidung zu treffen. Wenn Sie anderen zum Beispiel zu viele Optionen anbieten, überfordern Sie die Betreffenden, sodass sie sich für gar nichts entscheiden. Gezeigt wurde solches in der berühmten Marmeladenstudie von Sheena Iyengar und Mark Lepper.[14] Iyengar und Lepper stellten fest, dass Menschen mit größerer Wahrscheinlichkeit Gourmet-Marmeladen kauften, wenn man ihnen nur sechs verschiedene Geschmacksrichtungen zur Auswahl anbot, als wenn es über zwanzig waren. Optionen sind etwas Tolles, aber geben Sie den Menschen zu viele, reagieren sie überfordert und verlassen den Laden mit leeren Händen.

Was also tun Sie, wenn Sie zu viele Optionen haben, aus denen Sie die Leute wählen lassen wollen? Eine Lösung kann ein Entscheidungsbaum sein. Nehmen wir das Marmeladenproblem als Beispiel. Statt einfach zwanzig Marmeladen in die Auslage zu stellen, kann der Laden die einzelnen Produkte beispielsweise nach Geschmacksrichtungen ordnen: Erdbeere, Aprikose, Heidelbeere, Orange, Himbeere. Nun muss der Käufer seine Geschmacksrichtung nur noch aus fünf Optionen auswählen. Sobald er sich entscheidet – etwa für Aprikose –, hat er eine zweite Wahl aus vier verschiedenen Marken. Auf diese Weise kommen die Leute zu einer Entscheidung, aber der Prozess dahin wird vereinfacht.

Problematisch wird es, wenn unser Kontrollbedürfnis zu einem ungünstigen Ergebnis führt. Betrachten wir beispielsweise Theo.[15] Theo ist ein Barkeeper mittleren Alters und arbeitet in einem Restaurant mitten in Los Angeles. Jeden Abend am Ende seiner Schicht nimmt Theo das Kleingeld und die Scheine, die er als Trinkgeld bekommen hat, und verstaut sie schön sicher unter seiner Matratze. Mit den Jahren hat sich ein hübsches Sümmchen unter seinem Bettzeug angesammelt, so viel, dass ihn das Klimpern der Münzen nachts aufweckt. Theo ist klar, dass ihm Zinsen für sein Erspartes entgehen, wenn er sein Geld im Schlafzimmer aufbewahrt, statt es auf ein Spar- oder Anlagekonto zu bringen. Aus Theos Sicht aber ist dieser Verlust den Seelenfrieden wert, der ihm daraus erwächst, dass er die alleinige Verfügungsgewalt über seine Mittel hat.

Aus demselben Grund lassen viele Leute weit mehr Geld auf ihren Bargeldkonten als ratsam wäre. Bei einer Umfrage, die von einem großen Finanzdienstleister durchgeführt wurde, gab jeder fünfte Befragte an, Geld »bar« (etwa auf einem Girokonto) zur Verfügung zu haben, gebe ihm das Gefühl von Sicherheit. Ein ähnlicher Prozentsatz der Befragten erklärte, sie bevorzugten ein Bargeldkonto, weil sie risikoscheu seien oder weil sie sich alle Optionen offenhalten wollten. Geld zu investieren, kann Menschen nervös machen, aber die Grundursache dafür ist nicht nur das Risiko selbst, sondern dass das Schicksal unserer Investition nicht in der Hand des Investors liegt, sondern in derjenigen der Unternehmen und Sektoren, in die er investiert; das verursacht Menschen ein unbehagliches Gefühl. Wenn Leute investieren, dann am liebsten »unter der

Matratze«: 84 Prozent der Befragten erklärten, dass sie bevorzugt im Inland investierten, und das, obwohl die Umfrage in einem Teil der Welt durchgeführt wurde, in dem Investitionen im eigenen Land nicht unbedingt die beste Entscheidung waren.

Die Bevorzugung des eigenen Landes kann natürlich durch patriotische Erwägungen motiviert sein sowie dadurch, dass die Leute womöglich mehr Informationen über ihre eigene Wirtschaft haben als über die anderer Länder, aber sie wird auch durch das illusionäre Empfinden gespeist, dass die heimische Wirtschaft stärker der eigenen Kontrolle unterliegt als eine fremde. Je näher sie das Geld bei sich haben, desto sicherer fühlen sich die Leute. Wenn Sie jemanden dazu bringen wollen, in Ihr Unternehmen zu investieren, ist es möglicherweise klug, dem Betreffenden das Gefühl zu geben, dass seine Investitionen nah bei ihm verbleiben werden – entweder physisch (das heißt in Gestalt des Firmensitzes) oder mental (vielleicht bewegt sich Ihr Unternehmen ja auf einem Sektor, mit dem die Betreffenden besonders vertraut sind).

Finanzielle Entscheidungen werden sehr viel emotionaler getroffen als den meisten von uns klar ist. Oftmals bleiben die komplexen Gründe für diese Entscheidungen dem forschenden Blick verborgen. Denken Sie an Theo, den Barmann, der sein Trinkgeld unter der Matratze hortete. Theo behielt sein Geld nicht nur im wahrsten Sinne des Wortes hautnah bei sich, weil er etwas gegen die Vorstellung hatte, es den Händen anderer anzuvertrauen, sondern auch, weil er versuchte, seine Einkünfte vor jemand Speziellem zu schützen ... vor sich selbst. Als man ihn nach seinen Gewohnheiten im Umgang mit Geld befragte, gab Theo zu, dass seine Einkünfte auch deshalb in Münzen unter dem

Bettzeug lagerten, weil er so einen potenziellen Impuls im Zaum halten konnte, Dinge zu kaufen. Er konnte die schweren Münzen nicht in seinem kleinen Portemonnaie mit sich herumtragen, auch verfügte er über keine Kreditkarte. Wenn er daher über ein schickes Paar Stiefel stolperte oder über eine Sonnenbrille, die ihm gefiel, konnte er die Dinge nicht sofort kaufen. Er musste erst nach Hause gehen, seine Münzen zählen und sie dann in den Laden tragen, um den Handel perfekt zu machen. Das System gab ihm jede Menge Zeit, noch einmal über den Kauf nachzudenken, und schützte ihn so vor Impulskäufen. Im Prinzip versuchte der »Heute-Theo« auf den »Morgen-Theo« aufzupassen. Wenn es ums Geld ging, traute Theo sich selbst mehr als anderen Menschen, aber er vertraute darüber hinaus auch sich selbst in der relativ kontrollierten Umgebung des Hier und Heute mehr als dem Morgen, da alles Mögliche passieren konnte.

Dieser Tage bewahren die meisten Menschen ihre Scheine und Münzen nicht unter den Matratzen und ihre Diamanten nicht im BH auf – Letzteres soll angeblich nach dem Zweiten Weltkrieg ein häufig gepflegter Brauch gewesen sein. Dennoch ist das Bedürfnis, die eigenen Finanzen persönlich zu kontrollieren, noch sehr ausgeprägt. Eine der Strategien, mit denen Leute versuchen, die Fäden in der Hand zu behalten, ist das Auswählen von »Einzeltiteln«. Nehmen wir dazu als Beispiel Manshu, den Schöpfer des Finanzblogs OneMint.[16] Manshu ist selbst ernannter Einzeltitelexperte. Das bedeutet, dass er sich – statt einen Finanzberater damit zu beauftragen, sein Geld zu investieren, oder sein Geld in einen Fonds zu stecken – selbst informiert und allein die Unternehmen zusammenstellt, deren Aktien er kaufen will.

»Ich suche gern selbst Aktien aus«, erklärt er, »weil ich meine Anlagen lieber selbst verwalte und genau wissen will, wo mein Geld investiert ist. Ich fühle mich nicht wohl dabei, wenn ich in Investmentfonds oder börsennotierte Fonds investiere, weil ich da keine Kontrolle darüber habe, was die Fondsmanager tun werden und von welchen Unternehmen sie wann Anlagen kaufen. Es ist, als sei ein Stockwerk zwischen mir und meinem Kapital ... Ich sorge mich, was der Fondsmanager wohl als Nächstes macht.«[17]

Da Manshu einen Finanzblog schreibt, nehme ich an, dass er mit der Fülle wissenschaftlicher Untersuchungen vertraut ist, die darauf hindeuten, dass Investoren, die ihre Anlagen selbst aussuchen und häufig damit auch handeln, im Schnitt Verluste machen: Leute, die mit selbst gewählten Aktien selbst handeln, schneiden auf dem Wertpapiermarkt sogar schlechter ab als alle anderen. Aber selbst, wenn Sie einen Fachmann die Sache für sich erledigen lassen, wird Ihr Portfolio schlechter abschneiden als das von Investmentfonds und börsennotierten Fonds.[18] Warum zieht Manshu – mit diesem Wissen gerüstet – es vor, in einzelne Aktien zu investieren, die er selbst aussucht?

Sie denken vielleicht, dass Manshu im Blick auf seine Fähigkeiten übertrieben optimistisch ist. Und tatsächlich erklärt ein übertrieben großes Vertrauen in die eigenen Fähigkeiten häufig, dass Menschen ihre eigenen Entscheidungen treffen. Sie mögen die Zahlen und Fakten kennen, glauben aber, dass *sie* es besser können als der Durchschnittsbürger. Überoptimismus spielt eine wichtige Rolle.[19] Beachten Sie jedoch, dass Manshu sein Handeln nicht damit verteidigt, dass er glaubt, mehr Geld verdienen zu können, wenn er die Aktien selbst aussucht. Vielmehr rechtfertigt er seine Vorliebe mit emotionalen Argumenten: Sich die Aktien selbst auszusuchen, in die er investieren will, verleiht ihm das Gefühl, die Kontrolle innezuhaben; jemand anderen für sich wählen zu lassen, bereitet ihm Sorgen. Er betreibt die »Aktienauslese«, um *seine* Besorgnis zu verringern und sein Gefühl zu stärken, Herr der Lage zu sein – unabhängig davon, ob diese Strategie sein Konto wachsen lässt oder nicht. Er möchte das Gefühl haben, dass *er* und niemand sonst seine Finanzen beeinflusst.

Wenn die Aufgabe von Kontrolle mit psychologischen Kosten verbunden wäre – würden Menschen bewusst auf Geld verzichten, nur um sie sich zu erhalten? Zusammen mit meinem Kollegen Cass Sunstein, dem wir bereits begegnet sind, und meinem Studenten Sebastian Bobadilla-Suarez habe ich dazu ein Experiment durchgeführt.[20] Wir baten Freiwillige zu einem »Entscheidungsspiel« mit Formen. Bei diesem Spiel hatten die Teilnehmer zwischen zwei Formen auf einem Bildschirm zu wählen, von denen nur eine ihnen Geld einbrachte. Bei jedem Durchgang erschienen zwei neue Formen. Wir ließen die Teilnehmer eine Weile üben, damit sie ein Gefühl dafür entwickelten, wie gut sie darin waren, die richtige Form auszuwählen. Ohne Wissen der Probanden hatten wir das Ganze so angelegt, dass ihre Chancen, die »Gewinnform« zu erwischen, bei genau fünfzig Prozent lag. In der Hälfte der Fälle lagen sie richtig, in der anderen falsch. Nach einer gewissen Trainingszeit baten wir sie einzuschätzen, wie gut sie ihrem Eindruck nach abschnitten. Unsere Teilnehmer schätzten insgesamt ihre Fähigkeit ein kleines bisschen zu hoch ein und glaubten knapp über dem zu liegen, was rein zufälliges Raten ergeben hätte. Dabei gab es allerdings große individuelle Unterschiede: Manche Menschen waren extrem selbstgewiss und glaubten, sie könnten die richtige Form mit einer Genauigkeit von achtzig Prozent treffen, andere schätzten sich selbst in die andere Richtung falsch ein und glaubten, sie würden lediglich zu zwanzig Prozent richtig liegen.

Nun, da jeder ein Gefühl dafür entwickelt hatte, wie gut er die Aufgabe seiner eigenen Einschätzung nach lösen würde, gaben wir den Probanden Gelegenheit, einen Experten hinzuzuziehen, der ihnen helfen würde, die lukrativen Formen herauszugreifen. Jedem Experten wurde eine andere Wahrscheinlichkeit dafür zugeordnet, dass er mit seiner Entscheidung richtig liegen würde, im Erfolgsfalle berechnete er dem Probanden ein kleines Honorar. Manche Experten wählten angeblich in neunzig Prozent der Fälle die richtige Form und stellten dafür jeweils zehn Cent in Rechnung, andere sollten in 75 Prozent der Fälle richtig liegen und berechneten fünf Cent und so weiter. Erfolgsraten und Honorare waren für alle Teilnehmer klar ersichtlich, daher konnte jeder mittels ein wenig Mathematik für sich errechnen, ob es sich für ihn lohnte, den Experten »anzuheuern« oder nicht. Jeder hatte alle nötigen Informationen, um die günstigste Entscheidung zu treffen.

Tauschen Sie die Worte »Formen« gegen »Einzeltitel« und Sie erkennen, dass dieses Spiel (grob) die reale Welt der Finanzentscheidungen abbildet. Treffen Sie Ihre Wahl eigenständig, und Sie werden durchschnittlich eine fünfzigprozentige Chance haben, dasselbe also, was Sie bei einer Zufallsentscheidung zu erwarten hätten. Wählen Sie hingegen Investmentfonds oder börsennotierte Fonds, können Sie gegen ein kleines Honorar ein bisschen besser dastehen. Auch wenn unsere Teilnehmer sich hin und wieder dafür entschieden, einen »professionellen Formenkenner« hinzuzuziehen, so taten sie es doch weit seltener als es ratsam gewesen wäre. Wir hatten das Ganze so angelegt, dass die Teilnehmer – um den höchsten Betrag einstreichen zu können – für die Hälfte ihrer Versuche einen Experten hätten hinzuziehen müssen. Trotzdem überließen unsere Probanden die Entscheidung den Experten nur in einem Drittel der Fälle. Sie entschieden sich fürs Wählen und verloren dabei. Selbst wenn Sie bei der Auswertung das zu hohe Selbstvertrauen der Teilnehmer berücksichtigen, verlassen sich Menschen immer noch häufiger auf ihr eigenes Urteil, als gut für sie wäre.

Das Interessante daran war, dass die Teilnehmer durchaus wussten, was sie taten. Wenn wir sie fragten, wie gut sie delegieren könnten – mit anderen Worten: ob sie von sich glaubten, dass sie Experten hinzuziehen würden, wenn es nötig wäre –, gaben sie uns überraschend zutreffende Antworten. Diejenigen, die weniger delegierten, als sie sollten, wussten darum ebenso wie diejenigen, die sehr gut delegieren konnten. Es sieht so aus, als sei den Menschen klar, dass sie Geld verlieren, wenn sie die Kontrolle selbst in die Hand nehmen, können es aber des psychischen Gewinns halber trotzdem nicht lassen. Unsere Kosten-Nutzen-Abwägung beschränkt sich nicht auf ein kühles Gegenrechnen von Heller und Pfennig, sondern bezieht auch den emotionalen Profit mit ein.

Natürlich wird uns das Abwägen von Kosten und Nutzen bei der Wahl zwischen Selbst-Entscheiden und Delegieren so manches Mal den anderen Weg weisen. Auch wenn uns das Entscheiden ein kurzes Glücksgefühl beschert, ist uns vermutlich klar, dass in manchen Situationen der Nutzen, es einem Experten zu überlassen, den emotionalen Nutzen des Selbsthandelns überwiegt, weil das Ergebnis dann sehr viel besser ausfällt. Hinzu kommen weitere Gründe: Vielleicht haben Sie nicht genügend Zeit, um eine

Entscheidung zu treffen, vielleicht würde es zu viel Mühe machen oder vielleicht wären Sie nicht bereit, die Verantwortung für das Resultat zu übernehmen. So überlassen Sie beispielsweise vielleicht lieber Ihrem Partner eine wichtige Entscheidung, die die Zukunft Ihrer Familie betrifft, oder Sie lassen einen Kollegen eine berufliche Entscheidung für die gesamte Arbeitsgruppe treffen, um sich spätere Reue zu ersparen, wenn das Ergebnis suboptimal ausfällt. Dessen ungeachtet wollen Menschen in solchen Fällen immerhin noch lieber die Entscheidungsmacht darüber, ob sie denn delegieren wollen, als diese Option aufgezwungen zu bekommen. Am besten ist es daher, ihnen diesen Spielraum zu lassen. Beispielsweise frage ich meine dreijährige Tochter oft: »Soll ich dir was zum Anziehen aussuchen, oder magst du das selbst tun?« Manchmal möchte sie selbst aussuchen, manchmal lässt sie es lieber mich tun. Auch die Möglichkeit, aufs Handeln zu verzichten, bedeutet Handlungsmacht.

Kontrolle, Gesundheit und Wohlbefinden

Menschen, die das Gefühl haben, die Kontrolle über ihr Leben selbst in Händen zu halten, sind glücklicher und gesünder.[21] So betrachtet ist es möglich, dass unsere Studienteilnehmer ebenso wie Manshu und Theo »rational« in dem Sinne gehandelt haben, dass sie ihrem Wohlergehen dienten, indem sie die Initiative nicht aus der Hand gaben. Beispielsweise leben Krebspatienten länger, die ein höheres Maß an Kontrolle über ihr Schicksal empfinden. Auch das Risiko für Herz-Kreislauf-Erkrankungen scheint herabgesetzt, wenn Menschen das Gefühl haben, Herr über ihr

Leben zu sein.[22] Das ist keine Überraschung: Das Gefühl, die Kontrolle zu haben, verringert Angst, Sorge und Stress – lauter Dinge, die nachteilige Wirkung auf unsere Körper haben.

Können wir das Wohlbefinden eines Menschen erhöhen, indem wir sein Kontrollempfinden verbessern? In einer zum Klassiker avancierten Studie aus den 1970er-Jahren nahmen sich Judith Rodin von der Yale University und Ellen Langer von der Harvard University vor, das herauszufinden.[23] Rodin und Langer befassten sich mit einer bestimmten Gruppe von Menschen, die normalerweise massive Einbußen in ihrem Kontrollvermögen hinnehmen muss. Es ist eine interessante Gruppe, zu der wir – wenn wir Glück haben – letztlich alle einst gehören werden: Senioren. Mit zunehmendem Alter erfahren wir einen immer weiter fortschreitenden Kontrollverlust in Bezug auf unser Leben und unsere Umgebung. Für manche beginnt dieser Prozess mit dem Eintritt ins Rentenalter und dem Verlust der Handlungsmacht, die unser Berufsleben normalerweise gekennzeichnet hat. Mit dem Verfall der körperlichen Gesundheit schreitet dieser Prozess unaufhaltsam fort. Am drastischsten wird dieser Verlust an Handlungsmacht empfunden, wenn Menschen ins Pflegeheim übersiedeln. Plötzlich werden Ihnen Entscheidungen, die Sie ihr ganzes Erwachsenenleben hindurch selbst getroffen haben, von anderen abgenommen – Ihr Tagesablauf, was Sie essen und wann, wie Sie Ihre Freizeit verbringen. Aufgaben, die Sie immer selbst erledigt haben – Autofahren, Einkaufen, Kochen – werden von anderen übernommen. Es ist, als befänden Sie sich für Ihr restliches Leben an Bord eines Flugzeugs. Der Pilot hat nichts als gute Absichten, aber er ist eben nicht Sie.

Hier setzten Rodin und Langer an. Sie wollten den Senioren wieder auf den Pilotensitz verhelfen. Was wäre, wenn man den Bewohnern eines Altenheims wieder mehr Entscheidungsfreiheit ließe, ihnen mehr Verantwortung übertragen und das Gefühl stärken würde, die Dinge selbst in der Hand zu haben, kurz: ihnen Handlungsmacht geben würde? Würden sie glücklicher und gesünder? Oder anders gesagt: Konnten Rodin und Langer das Leben der Senioren positiv beeinflussen, indem sie deren Kontrollempfinden stärkten? Die beiden Forscher traten an ein Pflegeheim in Connecticut heran und fragten die Leitung, ob sie in ein Experiment einwilligen würde, um das herauszufinden. Man willigte ein.

Die Bewohner waren auf vier Stockwerke verteilt, und Rodin und Langer bestimmten willkürlich eines davon zum »aktiven«, ein anderes zum »passiven« Stockwerk. Die Bewohner des »aktiven« Stocks wurden zusammengerufen und bekamen von den Pflegern gesagt, man erwarte von ihnen, dass sie die volle Verantwortung für sich selbst übernähmen. Sie sollten dafür sorgen, dass sie alles hatten, was sie brauchten, und sich überlegen, wie sie ihre Zeit verbringen wollten. Darüber hinaus erhielt jeder Bewohner ein Geschenk – eine Topfpflanze für sein Zimmer, für die er allein verantwortlich war. Auch die Bewohner des »passiven« Stocks wurden zusammengerufen. Im Unterschied zum »aktiven« Stockwerk teilte man ihnen jedoch mit, dass sie sich um nichts zu kümmern brauchten und dass das Personal sie bestens versorgen werde. Sie mussten keinen Finger rühren. Auch erhielt jeder eine Grünpflanze für sein Zimmer, bekamen aber gesagt, dass die Pfleger diese versorgen würden. In Bezug auf ihre Lebenswirklichkeit gab es zwischen den Bewohnern der beiden Stockwerke keinerlei echten Unterschied: Wer auf dem »passiven« Stockwerk lebte, konnte, wenn er wollte, seine Pflanze ebenso gießen und genauso viele Entscheidungen in Bezug auf sein tägliches Leben treffen wie seine Freunde auf dem »aktiven« Stockwerk. Aber die Wahrnehmung der eigenen Handlungsfähigkeit war bei ihnen eine andere – und das schlug sich in ihrem Handeln nieder. Sie reklamierten nur selten die Kontrolle für sich.

Als Rodin und Langer die Bewohner des Altenheims drei Wochen später befragten, stellten sie fest, dass diejenigen, die man zu mehr Kontrolle über die eigene Umgebung ermuntert hatte, sehr viel besser drauf waren und sich an den meisten Aktivitäten beteiligten. Ihre geistige Regsamkeit besserte sich zusehends, und achtzehn Monate später waren sie, verglichen mit den Bewohnern des »passiven« Stockwerks, gesünder, und mehr von ihnen waren am Leben.[24]

Mich erstaunt an dieser Studie und anderen ihrer Art am meisten, wie einfach die Intervention war. Den Menschen lediglich ein klein wenig Verantwortung zuzubilligen und sie daran zu erinnern, dass sie eine Wahl haben, erhöhte nachweislich ihr Wohlbefinden. Diese Lektion ist für unser Arbeits- und Privatleben unschätzbar wertvoll. Als Eltern können Sie Ihren Kindern mehr Verantwortung übertragen. Bei der Arbeit kann man Mitarbeiter stärker in den Entscheidungsprozess einbinden, um Motivation und Zufriedenheit zu erhöhen. Wenn Sie in einer Beziehung leben, kann es hilfreich sein, dafür zu sorgen, dass Sie Ihrem Partner ein echtes Mitspracherecht in Bezug darauf geben, wie Sie Ihr Leben als Paar gestalten wollen. Das Interessante daran ist, dass das *Gefühl*, die Kontrolle zu haben, nicht mehr sein muss als – eine *Wahrnehmung*. Menschen lassen sich leichter zu Lösungen bringen, wenn man ihnen die ganze Zeit über das Gefühl lässt, das Heft des Handelns in der Hand zu haben, anstatt ihnen einfach zu befehlen.

Denken Sie an die Geschichte zu Beginn des dritten Kapitels zurück – das Beispiel von der Intensivstation in jenem Krankenhaus an der Ostküste, in dem man das Personal versucht hatte, dazu zu bringen, sich ordnungsgemäß die Hände zu desinfizieren. Einer der Gründe, weshalb diese Intervention so erfolgreich war, liegt darin, dass die Klinik statt des üblichen Ansatzes – den Befehl auszugeben, dass sich Angestellte die Hände waschen müssen – eine elektronische Anzeigetafel installiert hatte, die dem Personal bei jedem Händedesinfizieren eine positive Rückmeldung gab. Statt der Belegschaft das Gefühl zu vermitteln, dass man ihren Handlungsspielraum einschränkte, indem man ihr einen Befehl erteilte, gab die Leitung ihr im Gegenteil das Gefühl, dass dieser erweitert würde, weil die Beschäftigten wussten, dass es in ihrer Verantwortung lag, die Gesamtleistung zu verbessern. Das Kontrollempfinden zu erhöhen, ist eine kostengünstige Möglichkeit, das Arbeits- und Privatleben von Menschen zu verbessern.

Erinnern Sie sich, die Dinge in der Hand gehabt zu haben?

Vor ein paar Jahren stieß ich auf einen Artikel von Michael Norton von der Harvard Business School. Er beschrieb darin eine Reihe von Studien, durchgeführt von ihm und seinen Kollegen, über ein Phänomen, das er den »Ikea-Effekt« nannte.[25] Beim Ikea-Effekt handelt es sich um die Beobachtung, dass Menschen Dinge, die sie selbst schaffen, mehr schätzen als genau dieselben Dinge, wenn diese von jemand anderem geschaffen wurden. Wenn Sie beispielsweise ein Ikea-Regal selbst zusammengebaut haben, halten Sie dieses für besser, als wenn es von jemand anderem zusammengeschraubt wurde – unter Umständen sogar dann, wenn Ihres am Ende krumm und schief geworden ist. Strickschals, Baumhäuser und Lasagne – wenn Sie sie selbst machen, wertschätzen Sie sie in der Regel mehr.

In meinen Augen sind das jeweils Fälle, in denen der *Wert* der Kontrolle, hier in Gestalt der selbstbestimmten Handhabung von Gegenständen, auf das abfärbt, was wir herstellen und dieses besser aussehen lässt. Ich fragte mich allerdings, ob man einen Gegenstand wirklich mit eigenen Händen geschaffen haben musste, um ihn höher zu schätzen, oder ob es hinreicht, zu *glauben*, man habe ihn selbst gemacht, damit er in einem besonderen Glanz erstrahlte. Ich kontaktierte daher Michael Norton, und wir beide führten zusammen mit meinem Studenten Raphael Koster und unserem Kollegen Ray Dolan eine Studie durch, die klären sollte, ob allein das Empfinden, die Kontrolle zu haben, ausreicht, die positiven Effekte von Handlungsmacht zu erzeugen.[26]

Nicht allzu lange zuvor hatte ich etwas erlebt, das mich annehmen ließ, dass dem so sein könnte. Vor ein paar Jahren zogen meine Eltern aus dem Haus meiner Kindheit in eine stadtnahe Wohnung. Beim Aussortieren all der vielen Dinge, die sich im Laufe der Jahre angesammelt hatten, fand ich eine Reihe von Bildern wieder, die ich als Teenager gemalt hatte. Ein Landschaftsbild in Öl gefiel mir besonders, und ich nahm es mit zu mir nach Hause, um es dort aufzuhängen. Ich freute mich sehr an dem Bild, das nun an meiner Schlafzimmerwand hing. Ich war ziemlich beeindruckt davon, was mein jüngeres Selbst seinerzeit zustande gebracht hatte. Eines Tages aber, als ich das Kunstwerk in schamloser Selbstbeweihräucherung betrachtete, fiel mir eine Signatur unten in der Ecke ins Auge. Sie war mir zuvor nie aufgefallen, denn sie war kaum zu erkennen. Zu meiner Überraschung war die Signatur, die mir da entgegenstarrte, gar nicht meine eigene. Der Name von jemand anderem prangte auf diesem wunderbaren Werk. Binnen Sekunden veränderte sich meine Wahrnehmung des Gemäldes. Plötzlich erschienen mir die Pinselstriche zu grob, die Farben zu grell und das Sujet kitschig. Unnötig zu sagen, dass ich das Bild kurz darauf abhängte. Ich ersetzte es eilends durch ein Foto meiner Kinder. Bei ihnen konnte ich wenigstens sicher sein, dass sie mein eigenes Werk waren.

Ich will damit nicht sagen, dass wir die Werke anderer nicht wertschätzen können. Sie müssen keinen Roman schreiben, kein musikalisches Werk aufführen und kein Gourmet-Dinner kochen, um all diese Dinge zu genießen. Auch wertschätzen wir nicht immer und grundsätzlich von uns selbst gemachte Dinge mehr als die anderer. Aber, so überlegte ich, verleiht – wenn alles andere gleich ist – der *Glaube* daran, etwas selbst geschaffen zu haben, diesem Etwas nicht einen extra Kick, egal, ob Sie es wirklich selbst gemacht haben oder nicht?

Ich entwarf ein Experiment, um diese Überlegung zu überprüfen. Es ging darin um das Entwerfen von Converse-Schuhen, bekannter vielleicht unter dem Namen Chucks. Als Erstes lud ich Freiwillige zu uns ins Labor ein und bat sie, achtzig verschiedene Schuhmodelle von Converse am Bildschirm zu beurteilen. Jedes Modell unterschied sich farblich und gestalterisch ein wenig von den anderen. Dann teilte ich für jeden Teilnehmer die Schuhe in zwei Gruppen:

die eine Hälfte gehörte in die »Mach-mich-nach-Gruppe«, die andere zur »Guck-mich-an-Gruppe«. Für die vierzig Schuhe der »Mach-mich-nach-Gruppe« musste sich der Proband auf der Internetseite von Converse einloggen und mithilfe des vorhandenen Online-Tools den vorgegebenen Schuh noch einmal entwerfen. Die Website des Unternehmens verfügt über eine App, die es jedermann ermöglicht, ein Paar Schuhe zu gestalten. Man beachte allerdings, dass in diesem Falle Schuhdesign und -farbe vorgegeben waren. Der Versuchsteilnehmer entwarf kein eigenes Design – er schuf lediglich ein Design nach, das wir vorgegeben hatten. Für die vierzig in der »Guck-mich-an-Gruppe« bat ich meine Versuchsteilnehmer, ein Computervideo anzuschauen, das zeigte, wie der Schuh geschaffen wurde. Diese Probanden saßen passiv vor dem PC und schauten zu, statt selbst auf ihre Maustasten zu klicken. Das war der einzige Unterschied zwischen den beiden Gruppen. Als zwei Stunden später alle Freiwilligen fertig waren, wurden sie gebeten, sämtliche Schuhe erneut zu bewerten.

Genau wie in meiner Erfahrung mit dem Ölgemälde gefielen den Versuchsteilnehmern die Schuhe, von denen sie glaubten, sie hätten sie selbst gestaltet, besser als diejenigen, die sie lediglich als angeschaut erinnerten. Welche Schuhe sie wirklich kreiert hatten, war dabei völlig nebensächlich. Es kam nur darauf an, dass sie den Schuh gestaltet zu haben *glaubten*. Achtzig verschiedene Paar Schuhe sind eine Menge Futter fürs Gedächtnis, und manches Mal hielt ein Teilnehmer in seiner Erinnerung einen Schuh für seine Kreation, den er lediglich im Entstehen betrachtet hatte, oder er glaubte, einen lediglich angeschaut zu haben, den er in Wirklichkeit »selbst« gestaltet hatte. Die Erinnerung an einen schöpferischen Prozess, ob diese der Wirklichkeit entsprach oder nicht, reichte aus, die Versuchsteilnehmer einen Schuh besser finden zu lassen als einen anderen. Sobald die Erinnerung sie trog, ging der Nimbus des Schöpferischen verloren. Hatte jemand einen wunderhübschen roten Schuh mit blauen Streifen und grünen Schuhbändern entworfen, glaubte aber im Nachhinein lediglich dessen Entstehung verfolgt zu haben, schätzte er den Schuh nicht mehr.

Das bedeutet, dass es womöglich nicht ausreicht, Menschen Verantwortung und Entscheidungsfreiheit einzuräumen, man muss ihnen überdies klarmachen, dass sie ihre Möglichkeit, Kontrolle auszuüben, auch genutzt haben. Wenn Margret, die silberhaarige Dame auf dem »aktiven« Stockwerk des Pflegeheims in Connecticut, vergessen hatte, ihre Pflanze zu gießen, war das Personal angewiesen, sie daran zu erinnern, sodass sie von ihrer vorhandenen Handlungsmacht profitieren konnte. Mit anderen Worten: Das eigentlich Entscheidende ist die Wahrnehmung, nicht die objektive Wirklichkeit. Damit Menschen Dinge in höherem Maße wertschätzen, müssen wir ihnen das Gefühl geben, dass sie bei deren Gestaltung in irgendeiner Weise mit Hand angelegt haben.

Wir halten das Gehirn oft für ein Organ, dessen eigentliche Funktion das Denken ist – eine Art biologisches Hauptquartier für Fantasie, Sinnieren und Ideen. Natürlich übt es diese Funktionen aus, aber es sind nicht seine Hauptanliegen. Die Evolution hat es zu einem Organ gemacht, das unseren Körper kontrolliert, auf dass dieser wiederum unsere Umgebung manipulieren kann.[27] »Regiere deine Umgebung« wäre der Slogan Ihres Gehirns, wenn es denn einen hätte. Unsere Biologie ist so eingerichtet, dass sie uns zum

Handeln drängt. Es verschafft uns ein inneres Gefühl der Befriedigung, wenn wir die Kontrolle haben, und wir fühlen uns innerlich bestraft, wenn das nicht der Fall ist. Im Allgemeinen ist das eine gute Konstruktion. Die Kontrolle über unsere Umwelt lässt uns überleben und Erfolg haben. Aber der Preis, den wir für unser unbändiges Verlangen nach Kontrolle zahlen, ist unsere Schwierigkeit, sie abzugeben, wenn wir es sollten.

Hin und wieder sollten wir uns einfach zurücklehnen und die Reise genießen. Wir sollten uns darüber freuen, dass der Pilot das Flugzeug unter Kontrolle hat – nicht wir. Hätten wir es zu fliegen, wären wir höchstwahrscheinlich tot. Es ist am besten, Ihren Arzt, der über jahrelange medizinische Ausbildung und Erfahrung verfügt, medizinische Entscheidungen für Sie treffen zu lassen. Es ist klug, das Geld auf der Bank und nicht unter der Matratze aufzubewahren und seine Aktien nicht stückweise selbst auszusuchen. Aber es gibt nichts Beängstigenderes, als die Kontrolle über irgendetwas einem anderen Menschen abzutreten.

Deshalb haben Manager das Bedürfnis, ihren Teams dreinzureden, obwohl sie damit Produktivität und Moral untergraben. Um etwas zu bewegen, müssen wir in vielen Fällen unser instinktives Kontrollbedürfnis überwinden und Menschen eine Wahl lassen.

Es ist schwer loszulassen, aber sich dessen bewusst zu sein, kann helfen. Wenn wir verstehen, warum wir sind, wie wir sind, und unseren tiefverwurzelten Drang erkennen, Entscheidungen selbst treffen zu wollen, kann uns das helfen, hin und wieder das Ruder aus der Hand zu geben. Mit dem Bewusstsein kommt das Verständnis, dass das Abtreten von Kontrolle, und sei es auch nur ein kleines Stück davon (mitunter reicht bereits die Ebene der Wahrnehmung), eine einfache aber hocheffiziente Möglichkeit ist, Wohlbefinden und Motivation unserer Mitmenschen zu erhöhen.[28] Witzigerweise ist das Abgeben von Kontrolle ein machtvolles Instrument der Einflussnahme. Als Eltern eines beim Essen sehr wählerischen Kindes kann man beispielsweise beschließen, das Kind seinen Salat selbst machen zu lassen, um die Wahrscheinlichkeit zu erhöhen, dass es sein Grünzeug isst. Studenten kann man Gelegenheit geben, den eigenen Studienplan zusammenzustellen, um deren Interesse an ihrem Fach auf die Sprünge zu helfen. Klienten kann man zu mehr Wahlfreudigkeit ermuntern, damit sie zufriedener werden, Arbeitnehmer können an der Formulierung der Unternehmensregeln beteiligt werden, damit sich ihre Motivation erhöht. Menschen anzuhalten, Dinge selbst zu gestalten, ist eine grandiose Möglichkeit, sie glücklicher, gesünder und erfolgreicher zu machen. Anderen die Kontrolle zu übertragen – und sei es nur auf der Ebene der Wahrnehmung –, ist letztlich die beste Möglichkeit, Menschen dazu zu bringen zu handeln.

Und ein Weg, Menschen das Gefühl zu geben, Dinge kontrollieren zu können, ist die Vermittlung von Wissen. Welche Rolle spielt Information, wenn wir versuchen, Einfluss zu nehmen? Das ist das Stichwort für unser nächstes Kapitel.[29]

KAPITEL 5

Was wollen Menschen wirklich wissen?

Der Wert von Information und die Bürde des Wissens

Wenn Sie das nächste Mal in einem Flugzeug sitzen, das in Kürze abhebt, schauen Sie sich während der Sicherheitseinweisung einmal um. Wie viele Leute achten auf die potenziell lebensrettenden Hinweise? Wie viele schauen auf Facebook nach den unverzichtbaren Last-Minute-Updates ihrer Freunde? Man sollte annehmen, dass Passagiere eine aufmerksame Zuhörerschar bilden, schließlich sind sie in ihren Sitzen festgezurrt und können für die nächsten Stunden nirgendwo anders hin. Trotzdem wird Ihnen ein rascher Rundblick bestätigen, dass die meisten Leute sich anderweitig vergnügen, statt auf die Crew zu achten.

Sie mögen einwenden, dass wir alle diese Trockenübungen bereits oft erlebt haben: Sicherheitsgurt, Sauerstoffmaske, Schwimmweste, Notausgänge – wir haben es verstanden. Doch haben unterschiedliche Flugzeuge eine unterschiedliche Sicherheitsausstattung. In Wirklichkeit sollten Sie auch dann, wenn Sie in genau demselben Flugzeug schon früher geflogen sind, ganz genau zuhören, weil das Einüben der Sicherheitsinstruktionen unmittelbar vor dem Start die zugehörige Sequenz in Ihrem Gehirn aktiviert und es dadurch wahrscheinlicher macht, dass Sie im Bedarfsfalle automatisch tun, was notwendig ist. Im Notfall sind rasche Reaktionen entscheidend.

Das Flugpersonal sorgte sich zu Recht, dass die meisten Passagiere nicht im Schlaf auf den nächsten Notausgang deuten könnten oder wüssten, wo ihre Schwimmweste verstaut ist, wie sie sie anzulegen und sicher aufzublasen haben. Die Crew stand vor einem kniffligen Problem: Sie musste garantieren, dass die nötigen Informationen von ihr auf die Passagiere überging, wobei Letztere schlicht desinteressiert waren.

Die Schwierigkeit bestand darin, dass die Botschaft, die die Crew zu übermitteln hatte, weder neu war noch nützlich zu sein schien. Hinzukommt, dass die Leute kurz vor dem Start nicht an Notlandungen, Feuer an Bord oder mangelnden Sauerstoff denken wollen. Der Blick auf die Wettervorhersage oder ein weiteres Babyfoto auf Facebook gibt Ihrem Geist angenehmere Nahrung. Jahrelang suchten die Fluglinien nach einer Lösung für das Problem. Wie konnten sie die Leute dazu bringen, dieser wichtigen, aber unbehaglichen Information Aufmerksamkeit zu schenken? Wie konnten sie die Passagiere in ihren Bann ziehen und zum Zuschauen bewegen? Und dann dämmerte es ihnen. Es bestand keine Notwendigkeit, die Botschaft schreckenerregend zu gestalten. Die Leute wollen es sonnig? Dann sollen sie es sonnig haben.

Inzwischen enthalten die Informationen zur Flugsicherheit alles – von Models in Badeanzügen beim Breakdance bis hin zu putzigen Cartoons und Stand-up-Comedy. Viele heben attraktive Reiseziele hervor. Und die Leute schauen zu, weil zumindest ein Prinzip erfüllt wird, das sie dazu bringt, aufmerksam zu sein: Es werden positive Emotionen wachgerufen. Ja, die Videos sind so populär, dass die Leute sie sich zu Hause ansehen. Eines der Flugsicherheitsvideos von Virgin America, in dem gerappt wird, was das Zeug hält, brachte es in nur zwölf Tagen auf 5,8 Millionen YouTube-Clicks, 17000 Tweets und wurde 430000 Mal auf Facebook geteilt.[1]

Hinter alledem verbirgt sich eine Einsicht von zentraler Bedeutung. Ob bei der Arbeit oder zu Hause – wir haben, wenn wir etwas Wichtiges mitteilen möchten, grundsätzlich das Gefühl, dass unser Gegenüber das auch wissen will. Dieses Gefühl ist falsch. Wenn Menschen nicht einmal potenziell lebensrettenden Informationen Aufmerksamkeit schenken, können Sie nicht davon ausgehen, dass sie hören wollen, was Sie zu sagen haben. Wir müssen neu darüber nachdenken, was Menschen wirklich dazu bringt, gerne zuzuhören, und dann unsere Botschaft entsprechend verpacken, denn gehört zu werden ist die bei Weitem wichtigste Voraussetzung dafür, Einfluss zu nehmen. Was also wollen Menschen wissen?

Die Lücke füllen

2005 beschloss Kate, Investmentbankerin bei einer großen Firma in Manhattan, sich an einer Hochschule für das Masterstudium in Betriebswirtschaft zu bewerben. Ihre erste Wahl war die Harvard University. Sie steckte viel Zeit und Mühe in ihre Bewerbung, lernte Tag und Nacht für die Zulassungsprüfung, gab sich alle Mühe, ein beeindruckendes persönliches Motivationsschreiben zu formulieren und besorgte sich aussagekräftige Referenzen.[2] Als die Deadline nahte, lud sie ihre Bewerbung auf der angegebenen Website www.ApplyYourself.com hoch und wartete voller Unruhe auf den Brief mit dem Zulassungs- oder Ablehnungsbescheid, der für den 30. März angekündigt war.

Dann, wenige Wochen vor dem großen Tag, erhielt sie eine E-Mail einer Freundin. Sie wirkte komplett unauffällig, sah aus wie alle anderen Mails in ihrem Postfach. Dennoch sollte diese Mitteilung ihr Leben gehörig durcheinanderbringen. Die Betreffzeile lautete: »Sieh dir das an – das Warten hat ein Ende!« Die Nachricht enthielt einen Link zu einer Forumsdiskussion auf Business Week Online, einer von Betriebswirtschaftsstudenten häufig besuchten Internetseite.

Kate folgte dem Link und landete bei einem Post von einem Nutzer namens »Brookbond«. Angeblich hatte dieser »Brookbond« herausgefunden, dass die Harvard Business School für viele Bewerber die Zulassungen bereits vor der Zeit erteilt hatte. Die Entscheidung sei nachzulesen auf der ApplyYourself-Webseite, die von der Harvard University und anderen Elitehochschulen verwendet wurde, um den Bewerbungsprozess zu straffen. Mit einem Minimum an technischen Fertigkeiten könne jeder Bewerber seinen Bescheid einsehen. »Brookbond« ließ detaillierte Anweisungen folgen, wie das zu bewerkstelligen sei. Alles was Kate tun musste, war, sich auf der ApplyYourself-Seite mit ihrem üblichen Benutzernamen samt Passwort anzumelden, wie sie es unzählige Male zuvor getan hatte. Sobald sie eingeloggt war, sollte sie eine spezielle URL anwählen, die Details dazu hatte »Brookbond« geliefert. Danach würde sie entweder einen Ablehnungsbescheid oder einen leeren Bildschirm sehen; Letzteres bedeute, sie sei an der Schule angenommen.

Ohne nachzudenken öffnete Kate den neuen Browser und tippte mit fliegenden Fingern die Adresse der Internetseite. Mit klopfendem Herzen loggte sie sich ein und gab die angegebene URL ein, genau wie »Brookbond« es beschrieben hatte. Sie atmete tief ein und drückte auf »Enter«. Es kam ihr wie eine Ewigkeit vor, aber den Bruchteil einer Sekunde später aktualisierte sich die Browserseite und zeigte – nichts. Ein leerer Bildschirm! Es war die schönste und aufregendste leere Seite, die sie je gesehen hatte. Kate war begeistert – sie würde auf die Harvard Business School gehen.

Nur dass daraus nichts wurde. Am selben Tag um Mitternacht erhielten die Leiter der Zulassungsabteilung der Harvard University einen Anruf von einem der Bewerber, der sie von der undichten Stelle in Kenntnis setzte. Auf der Stelle wurde ein Expertenteam beauftragt, der Sache nachzugehen, und bis zum anderen Morgen Schlag neun Uhr war das Problem behoben. Kurz darauf verkündete Harvard, dass alle 119 Bewerber abgelehnt seien, die versucht hatten, einen vorzeitigen Blick auf die Ergebnisse zu wagen. Was die Universität betraf, war dieser Versuch ein Verstoß gegen geltende Ethikregeln.[3]

Ich weiß nicht, wie es Ihnen geht, aber ich kann mich in Kate hineinfühlen. Ich kann mich gut daran erinnern, wie ich vor Jahren fieberhaft auf die Nachricht gewartet habe, ob ich zum Promotionsstudium zugelassen bin oder nicht. Monatelang fand ich keine Ruhe, und während der letzten Wochen vor dem Termin, ab dem die Zulassungen verschickt wurden, konnte ich kaum schlafen. Dem Himmel sei Dank, dass mir damals niemand vom Schlage eines »Brookbond« über den Weg lief. Wenn dem so gewesen wäre – ich hoffe, mein jüngeres Selbst hätte sich anders entschieden als Kate. Aber eins weiß ich sicher: Ich war von dem brennenden Verlangen beseelt, es auf der Stelle zu wissen. Aber warum wollte ich das so unbedingt? Woher rührte dieser Drang?

Die Entscheidung früher zu erfahren, hätte für mich keinerlei Vorteile gehabt. Ich hätte sie nicht ändern können und hatte keine weiteren Angebote, auf die ich hätte antworten müssen. Es war zu spät, um sich an anderen Unis zu bewerben. Ich konnte den Job, den ich damals hatte, behalten, wenn ich nicht ins Doktorandenprogramm aufgenommen würde; es bestand somit keine Notwendigkeit, sich auf der Stelle nach alternativen Karriereoptionen umzuschauen. Ich wohnte bereits in der Stadt, in der sich auch die Universitäten befanden, an denen ich mich beworben hatte. Trotzdem hätte ich es wirklich, wirklich zu gerne gewusst. Wenn ich mir diese (scheinbar so sinnlose) Information auf legale Weise hätte beschaffen können, ich hätte es getan.

Das Verlangen zu wissen, was auf einen zukommt, ist allzu menschlich. Gehen Sie in die nächste Apotheke, und Sie werden dort ein paar überaus populäre Artikel finden, die den Kunden für zehn Dollar einen Blick in die Zukunft bieten. Diese kleinen Orakel ermöglichen es bestimmten Personen, Tage bevor die Realität es preisgibt, zu erfahren, was die Zukunft bereithält. Gegen einen geringen Aufpreis können Sie Spitzenprodukte erwerben, die Ihnen dieselbe Information, die die Standardmarken bereithalten, 24 Stunden früher liefert.[4]

Falls Sie zufällig zwei X-Chromosomen Ihr Eigen nennen, haben Sie vielleicht erraten, wovon ich hier rede – von Schwangerschaftstests. Nun lassen sich gute Gründe für den praktischen Vorteil finden, zu wissen, ob man selbst beziehungsweise die Partnerin schwanger ist, bevor alle anderen es merken, aber mehr Geld dafür auszugeben, nur um das Testergebnis einen einzigen Tag früher zu bekommen, ist »rational« schwer zu rechtfertigen.[5] Trotzdem tun

Millionen Menschen auf der ganzen Welt genau das. Ein Grund dafür ist, dass sie damit das unangenehme Gefühl von Unsicherheit verringern. Selbst wenn Menschen eine Information nicht zu ihrem eigenen Vorteil nutzen können, haben sie das Bedürfnis, Lücken in ihrem Kenntnisstand zu schließen. Informationslücken geben Menschen ein ungutes Gefühl, sie zu füllen, verleiht Befriedigung. Deshalb sind besonders frühzeitige Schwangerschaftstests so beliebt und deshalb hat Kates Neugier sie übermannt.

Wenn Sie über Informationen verfügen, mit denen sich vorhandene Wissenslücken bei anderen füllen lassen, dann sollten Sie den Betreffenden diese Lücken bewusst machen. Der Betreff der E-Mail an Kate: »Sieh dir das an – das Warten hat ein Ende«, tat genau das. Er zog ihre ungeteilte Aufmerksamkeit auf die Tatsache, dass sie nicht wusste, ob sie im Herbst gen Cambridge, Massachusetts, aufbrechen würde. Oder denken Sie an Online-Köder wie »Die zehn Stars, von denen Sie nicht wussten, dass sie leidenschaftliche Gärtner sind« oder »Die drei Politiker, von denen Sie nicht wussten, dass sie eine Nasenkorrektur hinter sich haben«. Solche Aufreißer lassen im Kopf des Lesers Wissenslücken aufscheinen, die er zunächst gar nicht hatte. Ich habe mir noch nie Gedanken darüber gemacht, welche Berühmtheit Pflanzen liebt oder welcher Politiker mal eine krumme Nase hatte, aber jetzt, da man mir diese Wissenslücke aufgezeigt hat, habe ich das Bedürfnis, sie zu stopfen. Sobald man uns sagt, was wir nicht wissen, wollen wir es wissen. Und wie wir gleich sehen werden, ist dieser Drang evolutionär uralt.

Ist Information so etwas wie Sex und Pflaumenkuchen?

In einem höchst einfallsreichen Experiment zeigten Ethan Bromberg-Martin und Okihide Hikosaga, dass auch Affen es vorziehen, im Bilde zu sein.[6] Freilich bewarben sich die haarigen Gesellen nicht für die Harvard Business School, auch waren sie nicht sonderlich erpicht auf das Neueste aus ihrem Fortpflanzungsapparat. Sie beschäftigte vielmehr die Frage, ob sie eine 0,88-Milliliter-Portion Wasser (eine große Belohnung) oder nur 0,04 Milliliter (eine kleine Belohnung) ergattern würden.

Und so lief das Experiment: Bei jedem Versuchsdurchgang erhielt der Affe entweder eine große oder eine kleine Wasser-Belohnung. Sekunden, bevor ihm das Wasser gegeben wurde, hatte er eines von zwei Symbolen zu fixieren (sagen wir einen blauen Stern oder ein pinkfarbenes Quadrat) und damit anzuzeigen, ob er vorher wissen wollte, was ihn erwarten würde. Die Affen wurden mehrere Wochen trainiert, um sicherzugehen, dass sie verstanden, was die Symbole jeweils bedeuteten. Entschied sich der Affe dafür, diese Vorinformation zu erhalten, erschien auf dem Bildschirm ein drittes Symbol (zum Beispiel ein roter Kreis), das anzeigte, ob der Affe viel oder nur wenig Wasser bekommen würde. Schließlich wurde das Wasser dem durstigen Äffchen direkt in den Mund geträufelt.

Als Bromberg-Martin und Hikosaka ihre Daten ausgewertet hatten, staunten sie nicht schlecht darüber, dass die Affen nicht nur die Vorabinformation haben wollten, sondern sogar bereit waren, dafür »zu bezahlen«. Die Tiere waren bereit, einen paar Tropfen des kostbaren Nasses abzugeben, um vor der Zeit zu erfahren, ob sie eine große oder nur eine kleine Belohnung erwartete. Wieder und wieder richteten die Äffchen ihre Augen auf das Symbol, das ihnen Information verhieß. Es sah ganz so aus, als wären sie genau wie Kate willig den Anweisungen gefolgt, die »Brookbond« bereitstellte, und hätten sich bei ApplyYourself.com eingeloggt, um einen flüchtigen Blick in die Zukunft zu erhaschen. Die menschliche Vorliebe für Information ist demnach nichts Außergewöhnliches. Was treibt diesen Drang von biologischer Seite?

Bromberg-Martin zeichnete neuronale Aktivitäten im Affengehirn auf, um der Antwort auf die Spur zu kommen. Er führte dünne Drähte – sogenannte Mikroelektroden – tief ins Gehirn der Tiere ein und platzierte sie in unmittelbarer Nachbarschaft der Neuronen, deren Aktivität er aufzeichnen wollte. Wenn Neuronen »feuern«, erzeugen sie ein Signal in Gestalt einer Spannungsänderung über der Zellmembran, die dann über die gesamte Neuronenoberfläche weitergeleitet wird. Die Mikroelektrode vermag diese Spannungsänderungen zu erfassen. Bromberg-Martin beobachtete, dass das Gehirn der Affen Informationen so verarbeitete, als stellten diese für sich genommen bereits eine Belohnung dar. Diese Neuronen, man nennt sie »dopaminerge Neuronen«, feuerten in Reaktion auf die Information genauso wie auf Wasser oder Nahrung.

Dopaminerge Neuronen sind Zellen im Gehirn, die den Neurotransmitter Dopamin freisetzen. Diese Neuronen senden Signale aus dem Mittelhirn, einem evolutionär »alten« Teil des Gehirns, an viele andere Hirnregionen, unter anderem an das Striatum, einen Teil des Gehirns, der an der Verarbeitung von Belohnungen beteiligt ist, sowie an Regionen im frontalen Bereich des Gehirns, die wichtig für das Planen von Handlungen sind. Dopamin wird sowohl freigesetzt, wenn wir eine Belohnung erwarten, als auch, wenn wir eine unerwartete Belohnung erhalten. Es hat sich gezeigt, dass Dopamin außerdem freigesetzt wird, wenn wir Informationen erwarten oder unerwartet Informationen erhalten. Die »Währung« des Gehirns für konkrete Belohnungen wie Sex und Pflaumenkuchen sieht der »Währung« für reines Wissen verflixt ähnlich. Tatsächlich registrierte Bromberg-Martin mit Erstaunen, dass die entsprechenden Neuronen in Erwartung von Informationen mit ähnlicher Intensität feuerten wie bei der Gabe von 0,17 Milliliter Wasser. Mit anderen Worten: Die Neuronen wurden durch Vorabinformationen genauso sehr erregt wie durch lebensnotwendige Wassertropfen.

Diese Beobachtungen erklären womöglich teilweise unsere Besessenheit im Zusammenhang mit Google und Twitter: Wir werden durch dieselben neuronalen Prinzipien getrieben, nach Information zu streben, die uns auch nach Wasser, Nahrung und Sex streben lassen. Trotzdem bleibt die Frage: Warum? Warum sollte das menschliche Gehirn Wissen genauso behandeln wie jene Dinge, die für unser Überleben notwendig sind?

Die schlichte Antwort lautet, dass Information in vielen Fällen tatsächlich für unser Überleben nötig ist, weil frühzeitiges Wissen uns helfen kann, bessere Entscheidungen zu treffen. In der Wildnis kann beispielsweise ein Affe, der weiß, dass er eine große Banane bekommen wird, beschließen zu bleiben, wo er ist; erfährt er hingegen, dass die Banane klein sein wird, beschließt er womöglich, woanders nach mehr zu suchen. Sicher, die Äffchen in Bromberg-Martins Experimenten konnten mit ihrer Information garantiert nichts Nützliches anfangen – sie saßen auf ihren Sitzen fest und konnten nirgends hin. Aber ihre Gehirne reagierten noch immer wie es die »Allzweckregel« vorsieht: Information ist besser als Nichtwissen und fast genauso wichtig wie Wasser.

Der Wohlfühlfaktor

Es gibt einen zweiten Grund, weshalb Bromberg-Martins Äffchen im Vorhinein wissen wollten, ob sie einen großen Schluck Wasser zu erwarten hätten: Zu wissen, dass Wasser im Anmarsch war, gab ihnen ein gutes Gefühl, und so trachteten sie nach dieser Vorfreude. Wir Menschen sind ähnlich gestrickt. Was Sie erfahren, beeinflusst nicht allein, was Sie zu *tun* beschließen, sondern auch wie Sie sich *fühlen*. Das ist so, weil Information das Fundament Ihrer Überzeugungen ist, und weil sich Ihre Überzeugungen massiv darauf auswirken, wie glücklich Sie sind.

Stellen wir uns Oscar und Albert vor. Albert sitzt im Gefängnis. Seine Zelle ist klein, feucht und kalt. Die Wände sind kahl, und auf seiner unbequemen Holzpritsche liegt er spätabends noch lange wach. Sie erwarten vielleicht, dass Albert sich scheußlich fühlt, aber weit gefehlt: Er ist heiter und beschwingt. Albert weiß, dass er morgen aus dem Gefängnis entlassen wird und nach Hause gehen darf. Seine Familie wird ihm einen leckeren Braten zum Abendessen zubereiten, bei dem alle zusammen in ihrem gemütlichen warmen Zuhause um einen Tisch sitzen. Er kann es kaum erwarten.

Oscar hingegen sitzt mit seiner Familie um den Esstisch in seinem gemütlichen, warmen Zuhause und vertilgt zum Abendessen einen köstlichen Braten. Sie erwarten vielleicht, dass Oscar froh und glücklich ist, aber nein: Sein

Herz ist schwer. Er fühlt sich elend, weil er weiß, dass er morgen ins Gefängnis muss. Er wird in einer kleinen, kalten, feuchten Zelle mit kahlen Wänden und einer ungemütlichen Holzpritsche nächtigen müssen.

Wenn Sie Oscar und Alfred von Weitem sähen, ohne zu wissen, was in beider Köpfen vorgeht, müssten Sie annehmen, dass der satte Oscar im Warmen und Trockenen ein glücklicherer Mann ist als der hungrige Albert in seinem kalten und feuchten Verließ. Alberts Wirklichkeit ist eine, die sich keiner von uns für sich selbst wünschen würde, aber in seinem Kopf tobt ein Fest: Luftballons steigen auf, die Sonne lacht, die Blumen blühen. Und während Oscars gegenwärtige Realität zehnmal schöner ist als Alberts, ist das, was in seinem Kopf vor sich geht, um einiges trüber. Zu wissen, dass er am nächsten Tag eingesperrt sein wird, beeinträchtigt sein Wohlbefinden massiv. Wenn Oscar nicht wüsste, was ihn erwartet, ginge es ihm prima, aber er weiß es, und dieses Wissen ist niederschmetternd.

Es ist daher wichtig, sich daran zu erinnern, dass Menschen nicht nur motiviert sind, Belohnungen zu erhalten und Schmerzen aus dem Weg zu gehen, sondern auch zu *glauben*, dass sie Belohnungen bekommen und Schmerzen aus dem Weg gehen werden. Das ist so, weil Überzeugungen Menschen genauso glücklich oder traurig machen können wie tatsächliche Ereignisse. Gerüstet mit der lebenslangen Erfahrung, dass uns Wissen der Verzweiflung ebenso nahe bringen kann wie der Glückseligkeit, haben wir gelernt, dass Information Einfluss auf unsere Gefühle hat und dass wir Informationen nutzen können, um unsere Emotionen zu steuern. Infolgedessen versuchen Menschen, sich den Kopf mit Wissen vollzustopfen, das in ihnen angenehme Vorstellungen erzeugt, und Information aus dem

Weg zu gehen, die ihnen unangenehme Gedanken beschert. Das ist einer der Gründe dafür, weshalb die neuen Clips mit Sicherheitsinformationen vor dem Start die Menschen so viel besser für sich einzunehmen vermochten.

Filip Gesiarz und ich luden bei einem Experiment Teilnehmer ein, Lotto zu spielen. Bei jedem Spieldurchgang wurden den Probanden zwei digitale Türen präsentiert – eine blaue und eine rote. Hinter beiden Türen wartete ein Geldpreis. Manche Preise waren vergleichsweise groß, andere klein. Die rote Tür war stets besser als die blaue – hinter dem glänzenden Rot verbarg sich grundsätzlich der höhere Betrag. Ein Computerprogramm wählte für die Teilnehmer zufällig eine Tür aus, und sie bekamen, was immer sich dahinter befand. Bevor der Computer seine Wahl traf, ließen wir die Teilnehmer einen verstohlenen Blick hinter eine der Türen werfen. Würden sie wissen wollen, was hinter der roten Tür mit dem großen Preis verborgen war oder was hinter der blauen Tür mit dem kleinen Preis lag? Die Entscheidung würde das Ergebnis nicht beeinflussen. Wieder und wieder zogen die Leute die rote Tür der blauen vor. Sie wollten wissen, was das Glück im besten Falle bereithielt, und nicht, was sie im schlimmsten Falle erwartete.

Bedeutet das, dass Information nicht immer gleich verarbeitet wird? Vielleicht kodiert das Gehirn den Wert der Informationen unterschiedlich, je nachdem, ob wir erwarten, dass uns die Information glücklich oder traurig macht. Um dieser Frage nachzugehen, taten sich Caroline Charpentier und ich mit Ethan Bromberg-Martin zusammen. Dieses Mal zeichneten wir nicht die Aktivität von Neuronen im Affengehirn mithilfe von Mikroelektroden auf, sondern mit einem bildgebenden Verfahren die Aktivität im menschlichen Gehirn.

Angenommen, Sie nähmen an unserem Experiment teil. Sie träfen zuerst auf meine französische Kollegin Caroline, die Ihnen erklärt, dass Sie in einer großen Röhre – einem Kernspintomografen – liegend eine von uns entworfene Lotterie spielen sollen. Das Spiel bestehe aus zwei Teilen. In der ersten Hälfte geht es nur ums Gewinnen. Jedes Mal, wenn Sie spielen, werden Sie einen Dollar gewinnen oder leer ausgehen. Nicht schlecht, denken Sie sich. In der anderen Hälfte geht es allein ums Verlieren. Wenn Sie spielen, verlieren Sie jedes Mal entweder einen Dollar oder nichts. Nicht so toll, ich weiß, aber Sie haben keine Wahl: Wenn Sie an dem Experiment teilnehmen wollen, müssen Sie das Spiel so spielen. Und vor jedem Durchgang wird Caroline Sie fragen, ob Sie danach jeweils den Ausgang wissen wollen oder lieber nicht. Am Ende des Experiments bezahlen wir Ihnen die Gesamtsumme aus, die Sie erspielt haben, unabhängig davon, welche Ergebnisse Sie vorher wissen wollten und welche nicht. Stellen Sie sich das Ganze so vor, als säßen Sie vor einem Glücksspielautomaten: Sie schließen die Augen und ziehen den Hebel hinunter – die Rädchen rotieren wie wild und bleiben schließlich stehen. Machen Sie die Augen auf? Wollen Sie es wissen?

Genau wie Kate und Bromberg-Martins Äffchen wollen auch Menschen wissen, was sie erwartet. Aber sie wollen lieber etwas über potenzielle Gewinne als über potenzielle Verluste erfahren. Mit anderen Worten: Die Versuchspersonen öffneten die Augen häufiger in der Gewinn-oder-nichts-Spielhälfte als in der Verlust-oder-nichts-Hälfte. Damit nicht genug: je höher die Gewinnchancen des Glücksspielautomaten, desto interessierter waren die Spieler am Ergebnis. Jedes Mal, wenn die Leute unsere kleine Lotterie spielten, zeigten wir ihnen die Gewinnwahrscheinlichkeit an – je höher die Wahrscheinlichkeit zu gewinnen war, desto lieber wollten sie es wissen, und je größer die Wahrscheinlichkeit zu verlieren war, desto weniger wollten sie es vorab wissen. Mit anderen Worten: Menschen reißen gerne Briefumschläge auf, die gute Neuigkeiten verheißen, und werfen solche weg, die Unangenehmes befürchten lassen.

Wie sieht es dabei im Gehirn aus? Erinnern Sie sich an jene Neuronen, deren Feuern Bromberg-Martin im Affengehirn beobachtet hatte, wenn die Vorabinformation verhieß, dass es gleich Wasser geben würde? Wir haben Belege dafür gefunden, dass diese auch in derselben Gegend des menschlichen Gehirns aktiv werden, wenn eine Information über einen bevorstehenden Gewinn ins Haus steht. Angesichts bevorstehender Verluste sank die Aktivität jedoch. Außerdem stießen wir auf eine Gehirnregion, die unabhängig von der Qualität der zu erwartenden Neuigkeiten aktiv wurde. Immer wenn unsere Teilnehmer wussten, dass eine Information unterwegs zu ihnen war – gleichgültig ob diese Verluste oder Gewinne betraf –, wurde der präfrontale Cortex aktiviert. Es sieht danach aus, als gäbe es in unserem Gehirn zwei Arten von Reaktionen auf Information: Es gibt Neuronen, die Informationen als solche goutieren, und andere, die nur jene schätzen, die mit großer Wahrscheinlichkeit unser Wohlbefinden steigern.

Nicht jede Information ist für uns demnach so etwas wie Sex und Pflaumenkuchen: Es kommt darauf an, was die Menschen hinter der Tür vermuten. Menschen ziehen es vor, Informationen an sich heranzulassen, von denen sie glauben, dass sie ihnen ein gutes Gefühl geben; daher ziehen sie gute Nachrichten schlechten vor. Eine Botschaft in positivem Licht darzustellen – wie die Airlines bei ihren

Sicherheitsinformationen –, erhöht die Chancen, dass Menschen sie anhören, und daher auch die Chancen, dass sie davon beeinflusst werden. Wenn Menschen argwöhnen, dass die Nachrichten schlecht sein werden, gehen sie der Botschaft mitunter aus dem Weg – auch wenn ihnen ihre Unwissenheit schaden könnte.

Den Kopf in den Sand stecken

Stellen Sie sich vor, bei Ihnen besteht ein Risiko von fünfzig Prozent, dass Sie eine tödliche Krankheit geerbt haben. Die Symptome der Krankheit sind verheerend: Es wird unter anderem zu massiven Veränderungen Ihrer Persönlichkeit kommen, dasselbe gilt für Ihre kognitiven und körperlichen Fähigkeiten. Sie werden anfangen, in unbeherrschbare Zuckungen zu verfallen, Ihre Sprache wird unverständlich, Sie werden unter Schlafstörungen leiden und mit großer Wahrscheinlichkeit Depressionen und Angststörungen entwickeln. Die Krankheit ist nicht ansteckend, aber es gibt keine Heilung und binnen zwanzig Jahren werden Sie tot sein. Es gibt einen einfachen Test, den Sie jederzeit durchführen können, und der Ihnen sagt, ob Sie die gefürchtete Genvariante, die diese Krankheit verursacht, in sich tragen oder nicht. Falls dem so ist, beträgt die Erkrankungswahrscheinlichkeit für Sie hundert Prozent. Sie stehen also vor der Entscheidung, sich testen zu lassen, oder wie gehabt weiterzuleben und das Beste zu hoffen.

Für manche Menschen stellt sich diese Frage nicht nur hypothetisch: für die Nachkommen von jemandem, der eine mutierte Variante des Gens *IT15* (des Gens für Huntingtin) trägt, die für die Entstehung der Chorea Huntington oder Huntington-Krankheit verantwortlich ist. Chorea Huntington ist eine fortschreitende neurodegenerative Erkrankung. Die Symptome treten meist zwischen dem dreißigsten und vierzigsten Lebensjahr auf, die Krankheit äußert sich in einer Beeinträchtigung der kognitiven und motorischen Fertigkeiten und führt zu schweren mentalen und physischen Störungen sowie zu massiven Verhaltensänderungen. Mithilfe eines genetischen Tests können Menschen mit erhöhtem Risiko jederzeit feststellen, ob sie Genträger sind.[7]

Die Entscheidung, sich testen zu lassen, ist nicht einfach. Fragt man potenzielle Träger, ob sie vorhaben, den Test machen zu lassen, antworten zwischen 45 und 75 Prozent mit Ja. Dennoch setzen die meisten von ihnen diese Absicht nicht um. In einer Studie hieß es gar, dass sich auf die Aufforderung der Registrierungszentren, sich testen zu lassen, nur zehn bis zwanzig Prozent derjenigen mit erhöhtem Huntington-Risiko für den Test entschieden.[8]

Ähnliches hat man bei Personen beobachtet, bei denen ein erhöhtes Risiko bestand, an AIDS zu erkranken – viele verzichten auf einen Test, obwohl dieser kostenlos angeboten wird.[9] Ein noch verblüffenderes Beispiel entstammt einer Studie, bei der man 396 Frauen um eine Blutprobe gebeten und den Betreffenden später gesagt hatte, man habe diese Proben auf Genvarianten untersucht, die eine Prädisposition für Brustkrebs bewirken.[10] Ob sie die Testergebnisse einsehen möchten? Die Frauen mussten nur Ja sagen, sonst nichts. Dennoch entschieden sich 169 dafür, es nicht wissen zu wollen. Das ist ziemlich erstaunlich. Im Unterschied zu Menschen, die mit dem Risiko leben müssen, möglicherweise an Chorea Huntington zu erkranken, können Frauen, die Gefahr laufen, an Brustkrebs zu erkranken, Vorsorge treffen, um das Erkrankungsrisiko zu senken. Trotzdem beschlossen 42 Prozent der Betroffenen, auf eine Information zu verzichten, die ihnen möglicherweise das Leben retten konnte.

Das mag überraschen, aber sehen Sie es einmal so: Während der Nutzen des Wissens das unangenehme Gefühl der Unsicherheit verringert, bestehen die Kosten des Wissens darin, dass nicht mehr die Möglichkeit besteht zu glauben, was man gerne glauben würde. Solange wir die Testergebnisse nicht kennen, können wir weiterhin glauben, dass wir gesund sind – wir können unseren Geist mit positiven Gedanken beschäftigen. Zu testen gefährdet diese Gedanken, denn wenn wir die Ergebnisse einmal haben, ist es unmöglich, sie nicht mehr zu kennen. Sobald Sie wissen, dass Sie an einer Krankheit mit schlechter Prognose leiden, ist dieses Wissen auf ewig in Ihrem Kopf verankert. Wenn die Diagnose unliebsam ist, wird sich ihr Leben von einem Augenblick auf den anderen verändern. Unwissen kann uns daher möglicherweise zuweilen glücklicher machen, besitzt aber leider auch das Potenzial, die Dinge zu verschlimmern.

Eins und eins zusammenzählen

Im übertragenen Sinne können Sie die Entscheidung für Wissen oder Unwissen als Übung in mentaler Mathematik betrachten. Denken Sie sich einen leistungsstarken Rechner mit großem Display, der seinen Sitz in Ihrem Kopf hat. Sobald Sie zu entscheiden haben, ob Sie im Dunkeln bleiben oder lieber die Wahrheit kennenlernen wollen, springt er an und berechnet den Wert Ihrer verschiedenen Optionen. Als Erstes errechnet Ihr mentaler Computer die konkreten Vorteile, die das Erfahren der Wahrheit mit sich bringt – wird das Wissen Ihr Handeln auf eine Weise beeinflussen, die Ihre Zukunft verbessert? Hohe Werte in diesem Punkt machen es wahrscheinlich, dass Sie nach konkreten Antworten suchen werden. Nehmen wir beispielsweise an, Sie tragen sich mit dem Gedanken, eine alte Flamme zu googeln. Was würden Sie mit der gewonnenen Information anfangen? Vielleicht haben Sie vor, die Freundschaft zu dem oder der Betreffenden zu erneuern. In diesem Falle steigt die Wertigkeit der Information. Beeinflusst das Wissen Ihr Handeln hingegen nicht, liegt die hier zugeordnete Wertigkeit bei null.

Als Nächstes wird Ihr mentaler Rechner Werte für den Einfluss des Zustands der Ungewissheit auf Ihre emotionale Lage ermitteln. In vielen Fällen wird Ungewissheit als negativ empfunden, also wird dieser Posten negativ zu Buche schlagen. Je größer das Ungemach, dass Sie durch Ihr Unwissen wahrscheinlich zu erleiden, desto motivierter werden Sie sein, die Ungewissheit zu beenden und die Wahrheit herauszufinden. Allerdings kann Nichtwissen auch einen positiven Effekt haben: Es ermöglicht Ihnen, sich das bestmögliche Szenario vorzustellen. In den Monaten, in denen Kate ungeduldig auf die endgültige Entscheidung der Harvard Business School wartete, malte sie sich begeistert all die tollen Erfahrungen aus, die ihrer dort harrten, die Leute, denen sie begegnen, und die Kurse, die sie belegen würde. Sie träumte von einem Leben mit dem Masterabschluss der Harvard Business School, von all den Türen, die sich ihr mit diesem Abschluss öffnen würden. All das in ihrer Fantasie Gestalt annehmen zu lassen, machte sie glücklich, und solange die Ablehnung noch ausstand, konnte sie, wann immer sie wollte, zu diesen Träumen zurückkehren.

Der letzte Posten, der einzubeziehen ist, hat mit dem emotionalen Wert der Information selbst zu tun. Etwas zu erfahren, das wir zuvor nicht wussten, macht uns nicht nur wissender, sondern verändert auch unsere Gefühlslage. Das trifft insbesondere auf Informationen zu, die uns selbst betreffen. Zu wissen, dass sie von der Hochschule akzeptiert worden war, gab Kate ein gutes Gefühl. Zu erfahren, dass sie ihrer Neugier halber abgelehnt wurde, war hingegen furchtbar. Festzustellen, dass Sie ein verhängnisvolles Gen in sich tragen, wird sich verheerend auf Ihre Gemütslage auswirken. Das überschwängliche Lob für Ihre Arbeit im Bericht Ihres Chefs macht Sie stolz. Die Mitteilung, dass der Wert Ihres Hauses sinkt, macht Sie besorgt. Information verändert Ihre Gefühlslage.

Unter ansonsten gleichen Umständen streben wir daher nach Informationen, die uns eine positive Gefühlslage bescheren. Wir gehen ziemlich weit, um gute Nachrichten zu erfahren und schlechten aus dem Weg zu gehen.

Eines der verblüffendsten Beispiele für diese Tendenz illustriert eine schwedische Studie, durchgeführt von Niklas Karlsson, Fachmann für betriebliches Informationsmanagement, George Loewenstein, renommierter Verhaltensökonom an der Carnegie Mellon University, und Duane Seppi, Professor für Makroökonomik, ebenfalls an der Carnegie Mellon University.[11] Die drei wollten wissen, was Menschen veranlasst, auch dann nach ihren Aktien zu schauen, wenn sie im Augenblick keinerlei Absicht haben, irgendetwas damit zu machen. Raten Sie: Was bringt Menschen dazu, einen raschen Blick auf die Kurse ihrer Aktien zu werfen? Angenommen, jemand hat weder vor, zu kaufen noch zu verkaufen, was glauben Sie, wann er sich am ehesten in sein Depot einloggt?

Schauen Sie sich nun die Grafik im Folgenden an, und wir gehen zusammen die Zahlen durch. Die schwarze Kurve zeigt Ihnen den Kurswert des Standard-and-Poor's-500-Index über etwas mehr als zwei Jahre hinweg. Es handelt sich um einen Aktienindex, in dem die Wertpapiere der 500 führenden börsennotierten Unternehmen Amerikas versammelt sind. Wie eine Ozeanwelle nimmt die Kurve immer wieder Fahrt auf, steigt allmählich und bricht sich dann, das heißt fällt rasch ab, steigt wieder und fällt wieder ab. Die graue Kurve zeigt die Häufigkeit, mit der Leute sich in ihr Depot eingewählt haben, nur um rasch die Werte ihrer Aktien zu checken – nicht, um zu verkaufen oder zu kaufen, sondern nur, um zu schauen.[12] Was auf den ersten Blick ins Auge sticht, ist die Tatsache, dass die beiden Kurven in schönster Harmonie zueinander steigen und fallen – als hielten sich zwei Liebende an den Händen und wanderten hügelauf, hügelab. Wenn der Kurs hoch steht, schauen die Leute ständig nach ihren Anlagen, steht er niedrig, drücken sie sich.[13] Warum?

Nach der statistischen Auswertung zahlreicher verschiedener Faktoren und möglicher Erklärungen kam das Team zu folgender Schlussfolgerung: Die Entscheidung, Informationen über die eigenen Wertpapiere einzuholen, ist durch das Verlangen der Menschen bestimmt, sich ein gutes Gefühl zu verschaffen. Entwickelt sich der Markt gut, nehmen die Leute an, dass ihre eigenen Aktien prompt folgen werden, also loggen sie sich ein, um sich eine ordentliche Portion an guten Nachrichten zu gönnen. Gehen die Werte nach unten, stecken sie den Kopf in den Sand. Die Leute wissen, dass das Risiko besteht, Geld zu verlieren, und die

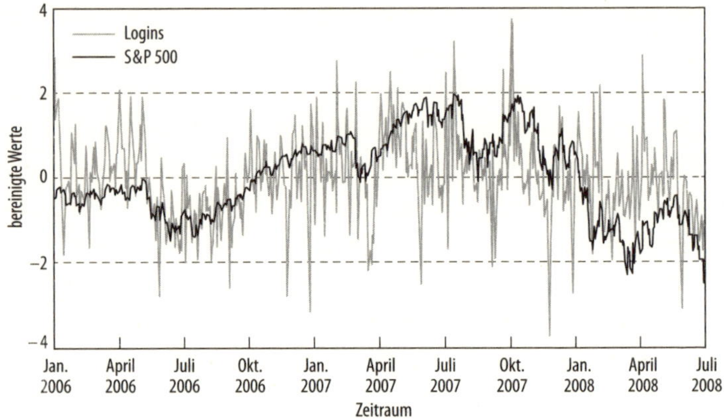

Abb. 3 Die Entwicklung des Marktes in Relation zu der Häufigkeit, mit der Aktionäre Einsicht in ihre Konten nehmen
Die schwarze Kurve bildet den S&P-500-Index ab, die graue die Häufigkeit, mit der Aktienbesitzer sich in ihre Konten einloggten, um den Stand ihrer Wertpapiere zu erkunden. Geht der Kurs nach oben, schauen die Menschen mit größerer Wahrscheinlichkeit nach dem Wert ihrer Anlagen, als wenn er sinkt.

Bestätigung dieser Ahnung macht sie unglücklich. Verharren sie im Ungewissen, können sie sich der Hoffnung hingeben, dass ihr Portfolio womöglich dem Sturm standhält. Unter sonst gleichen Umständen tendieren Menschen demnach dazu, unliebsame Informationen, die ihre Gefühlslage verschlechtern würden, zu ignorieren, positiven Neuigkeiten hingegen, die ihre Gesamtstimmung aufhellen können, aktiv nachzugehen. Das aber gilt nur, solange sich die schlechten Neuigkeiten halbwegs ignorieren lassen. Was die Grafik nicht zeigt, ist der komplette Kollaps des Marktes im Herbst 2008. Während des Zusammenbruchs fingen die Leute an, sich wie wild in ihre Depots einzuloggen. Laufen die Dinge sehr eindeutig schief, ist es praktisch unmöglich, noch einen Hoffnungsschimmer aufrechtzuerhalten, und wir machen uns daran, den Schaden, so schnell wir können, auszuloten, um dann die Ärmel hochzukrempeln.

Dieses Prinzip gilt nicht nur auf dem Finanzsektor. Zwar meiden die meisten Menschen mit einem erhöhten Risiko für Chorea Huntington den Gentest, doch viele von denjenigen, die bereits erste Symptome spüren, machen ihn letztlich doch. Im Prinzip suchen sie lediglich zu bestätigen, was sie bereits beinahe sicher wissen. Auch wenn die Krankheit nicht geheilt werden kann, kann ihnen das Wissen helfen, Entscheidungen darüber zu treffen, wie sie die verbleibenden Jahre verbringen wollen. Menschen, die wissen, dass ihnen nur noch wenig Zeit zum Leben bleibt, neigen oft dazu, ihr Leben zu komprimieren – heiraten vielleicht, werden womöglich schwanger, gehen früh in den Ruhestand.[14] Anders gesagt entscheiden sich die Menschen so lange dafür, potenziell unwillkommenen Nachrichten aus dem Weg zu gehen, bis sie fast sicher sind, dass Schlimmes auf sie zukommt. An diesem Punkt wiegen die Kosten falscher Entscheidungen schwerer als der Nutzen der Unwissenheit in Bezug auf die tatsächliche Schwere der Situation.

Die Kosten des Nichtwissens

Wir stecken also möglicherweise den Kopf in den Sand, um uns vor unbequemen Wahrheiten zu schützen, aber funktioniert das? Hebt sich unser Gemütszustand durch Nichtwissen wirklich? Oder fahren wir vielleicht besser, wenn wir der Wahrheit ins Gesicht blicken?

Im Jahr 1972 machten sich die Psychologen James Averill und Miriam Rosenn daran, diese Frage in ihrem Labor an der University of California in Berkeley zu untersuchen.[15] Sie wählten aus dem Telefonverzeichnis der Universität nach dem Zufallsprinzip junge Männer aus und machten den Studenten ein Angebot; sie sollten sie sich bereit erklären, an einer Studie teilzunehmen, bei der sie für ein Honorar von zwei Dollar pro Stunde (nach heutigem Geldwert ungefähr elf Dollar) Elektroschocks verabreicht bekämen. James und Miriam konnten achtzig Studenten zur Teilnahme überreden.

Am Tag des Experiments erschienen die Männer im Labor. Jeder von ihnen musste auf einem Holzstuhl Platz nehmen, und einer der Wissenschaftler trug dem Probanden eine Klebepaste am rechten Knöchel auf, um den Hautwiderstand zu verringern. Dann wurde den Teilnehmern eine Aluminiumelektrode am Knöchel befestigt. Diese sollte ihnen in loser Folge Elektroschocks von etwa einer Sekunde Dauer verabreichen.

Man setzte den Männern Kopfhörer auf, mit denen sie einen von zwei Kanälen anhören konnten und zwischen denen sie nach Belieben hin und her schalten durften. Auf dem einen Kanal lief Hintergrundmusik von einem Kassettenrecorder (vergessen Sie nicht, das Experiment fand 1972 statt), der andere Kanal war der »Informationskanal« – auf ihm herrschte Stille; nur jeweils wenige Sekunden vor dem Elektroschock ertönte ein klares Warnsignal. Sobald der Student das Signal hörte, konnte er auf einen Knopf drücken und den Schock dadurch verhindern.

Die Frage war: Welchen Kanal würden sich die jungen Männer anhören – den Musikkanal oder den Informationskanal? Man würde doch annehmen, dass alle den Informationskanal wählten, um die Schocks zu verhindern, oder? Tatsächlich ist ein wichtiger Faktor, der Menschen veranlasst, sich Informationen zu beschaffen, deren Nützlichkeit. Wenn Menschen glauben, dass sie die Information, die Sie ihnen zu ihrem eigenen Wohl anbieten, nutzbringend verwenden können, werden sie offener dafür sein – weshalb es so immens wichtig ist, den Nutzen jeder Botschaft zu unterstreichen.

Dennoch entschieden sich in Averills und Rosenns Experiment nicht alle Freiwilligen für den Informationskanal, obwohl sie damit den Schock hätten verhindern können. Etwa jeder Vierte (25 Prozent) beschloss, den Informationskanal komplett zu ignorieren. Sie lenkten sich mit Musik ab, auch wenn das bedeutete, Elektroschocks auf der bloßen Haut ertragen zu müssen.

Vielleicht war das die bessere Wahl? Vielleicht hatte die Musik entspannende Wirkung? Averill und Rosenn beobachteten die jungen Männer auf physiologische Anzeichen, die darüber Aufschluss geben würden. Sie bestimmten Herzfrequenz, die Leitfähigkeit der Haut und die Atemfrequenz. Je ängstlicher Sie sind, desto rascher schlägt Ihr Herz, desto stärker schwitzen Sie an den Handflächen und desto rascher atmen Sie. Averill und Rosenn stellten fest, dass die Männer, die sich für die Musik entschieden hatten, *mehr* Angstsymptome aufwiesen als diejenigen, die dem Informationskanal gelauscht hatten. Ihre Kommilitonen, die beschlossen hatten, auf die Warnung zu achten, waren entspannter, weil sie wussten, dass sie das Unangenehme abwenden konnten, und fühlten sich daher letztlich besser. Diejenigen hingegen, die versuchten, mit ihren Gedanken in eine Musikwolke einzutauchen, vermochten es nicht, ihrer Angst vor dem bevorstehenden Schmerz zu entfliehen. Das Fazit lautete also, dass es besser war zu wissen, wann der Schock kommen würde, und diesen verhindern zu können, als im Unwissen zu verharren.

Was aber, wenn die Schocks nicht zu verhindern wären? Wäre die Entscheidung für den Informationskanal auch von Vorteil, wenn die gebotene Information nutzlos wäre? Averill und Rosenn führten dasselbe Experiment noch einmal durch, aber dieses Mal bekamen die Berkeley-Studenten keinen Knopf, der ihnen den Schock ersparen würde. Unter diesen Umständen wählten mehr Teilnehmer den Musikkanal, aber 45 Prozent entschieden sich noch immer für den Informationskanal. Wer würde bei alledem ängstlicher sein? Wieder zeigten diejenigen, die sich für den Rückzug in eine Musikwolke entschieden hatten, mehr physiologische Angstsymptome. Die, die sich hingegen für den Informationskanal entscheiden hatten, blieben entspannter. Ihre Herzfrequenz war geringer und sie schwitzten weniger an den Händen. Sie konnten den Schock zwar nicht verhindern, aber zu wissen, wann er ihnen verabreicht würde, erlaubte es ihnen, sich in den Pausen dazwischen zu erholen. Diejenigen, die den Musikkanal gewählt hatten, blieben indes die ganze Zeit über ununterbrochen in einem Zustand erhöhter Alarmbereitschaft – saßen auf der Stuhlkante, jederzeit auf den brennenden Schmerz des Schocks gefasst.

Dieses Experiment zeigt uns, dass selbst wenn wir glauben, unwissend besser dran zu sein, es uns womöglich nur ängstlicher macht, wenn wir den Kopf in den Sand stecken. Um klarzustellen: Ich will damit nicht sagen, dass wir uns alle aufmachen und frenetisch nach schlechten Nachrichten suchen sollen – absolut nicht! So manches Mal ist unschuldige Ahnungslosigkeit tatsächlich ein Segen. Es kann sehr ratsam sein, seinen ehemaligen Partner nicht in den sozialen Medien zu stalken und sich über sein oder ihr Leben ohne Sie kundig zu machen, auch müssen Sie nicht partout jede Genmutation in Ihrem Körper kennen, die Sie mit sich herumschleppen. Aber wenn Sie den Verdacht hegen, dass sich hinter Tür Nummer eins eine unangenehme Neuigkeit verbirgt, kann es sein, dass Sie besser dran sind, wenn Sie die Tür aufmachen und sich der Wahrheit stellen. Der Grund dafür ist, dass wir Menschen robuster sind, als wir glauben. Wenn wir die Tür aufmachen, können wir anfangen zu akzeptieren, zu gesunden und neu anzufangen. Lassen wir sie geschlossen, hängen wir fest, verbleiben in einem anhaltenden Zustand des Unbehagens.

Rosinenpickerei

Wir sind neugierige Wesen, und ein Thema, das uns besonders neugierig macht, sind wir selbst. Ja, uns interessiert brennend, was andere Menschen über uns und unsere Arbeit denken, aber alles wollen wir auch nicht wissen. Oft treffen wir Entscheidungen nur, um uns negative Urteile zu ersparen und positiv gesehen zu werden. Wie oft haben Sie nicht schon Autoren, Schauspieler und andere Berühmtheiten sagen hören, dass sie sich selbst nie googeln und keine Kritiken über ihr Buch, ihre Show, ihren Film lesen? Glauben Sie, das hat damit zu tun, dass Menschen nicht gerne hören möchten, dass ihre Arbeit gelobt wird? Wohl kaum.

Da wäre zum Beispiel Paige Weaver, die im Eigenverlag eine Reihe Bestseller veröffentlicht hat. Paige sagt: »Meine Devise ist: Lies keine Kritiken ... Die ersten Tage, nachdem [mein Roman] *Promise Me Darkness* herausgekommen war, habe ich alle Kritiken gelesen, und sie waren gut, aber ich wusste, dass die schlechten nicht lange auf sich warten lassen würden ... Ich bin zu ängstlich.«[16]

Die Romanautorin Kristin Cashore stimmt dem zu. »Ich habe weder mich noch meine Bücher je gegoogelt, und ich bekommen, auch keine Google-Alerts ... Ich befasse mich nicht mit so was. Ich habe festgestellt, dass es für mein Schreiben, meine Gesundheit, meinen Seelenfrieden besser ist, mich davon fernzuhalten. Abgesehen davon bekomme ich zentnerweise Feedback, ohne darum gebeten zu haben – meine Freunde und Verleger sind am Ball und halten mich über das, was die Leute sagen, auf dem Laufenden – im Großen und Ganzen bekomme ich also mit, was da draußen abläuft, ohne dass ich mich darum kümmern muss. Kritiken, die mir mein Lektor oder die Presseabteilung schicken, lese ich in der Regel (wenn auch nicht immer). Das sind meist die aus den größeren Zeitschriften, und die lassen sich schlecht ignorieren.«[17]

Paige und Kristin stehen nicht allein mit ihrer Rosinenpickerei im Blick auf die Meinungen, die sie an sich heranlassen. Es ist nicht so, dass wir Kritik grundsätzlich ignorieren, unsere Methoden sind subtiler. Die Entscheidung, sich für andere Meinungen zu öffnen, hängt zum einen davon ab, ob wir das gewonnene Wissen zu unserem Vorteil nutzen können, zum anderen von den Emotionen, die wir in Reaktion darauf für uns erwarten. Nichtsdestotrotz filtern wir alle in gewissen Maßen. Nehmen Sie nur den ehemaligen Vizepräsidenten Dick Cheney: Er verlangt, bevor er eine Hotelsuite bezieht, dass auf sämtlichen Fernsehern Fox News eingestellt wird, ein bekanntermaßen sehr republikanerfreundlicher Sender.[18]

Menschen mit erhöhtem Risiko für eine bestimmte Krankheit, die sich nicht testen lassen, und Studenten, die lieber Musik hören, anstatt auf Warnsignale zu achten, die ihnen helfen könnten, einen Elektroschock zu vermeiden, handeln nach demselben Prinzip. Unter sonst gleichen Umständen tendieren Menschen dazu, Informationen herauszufiltern, die ihnen Hoffnung machen, und solchen aus dem Weg zu gehen, die sie in Verzweiflung stürzen. Das ist so, weil Informationen beeinflussen, was Menschen glauben, und was Menschen glauben, hat Einfluss auf ihr Wohlbefinden. Wenn die Information, die Sie zu bieten haben, an eine düstere Botschaft geknüpft ist, müssen Sie davon ausgehen, dass viele Menschen beschließen wegzuhören. Sie können Jahre damit zubringen, die besten Sicherheitsmaßnahmen auszutüfteln, Jahrzehnte damit, einen Test zu entwickeln, der ein Gen nachweist, das bei Frauen das Brustkrebsrisiko erhöht, und Wochen, den Bericht eines Kollegen zu korrigieren. Aber es ist völlig bedeutungslos, wie gründlich Sie Ihre Arbeit machen oder wie gut verständlich Sie sie vortragen, wenn niemand etwas davon wissen will. Vielleicht können Sie daran etwas ändern?

Menschen zum Zuhören zu bringen, bedeutet, bei den großen metaphorischen Rechnern in ihren Köpfen, die den Wert aller verfügbaren Informationen ermitteln, die Anzeige in Richtung positiven Zahlen zu verschieben, sodass sie aufmerksam sind. Wenn das Wissen, das Sie zu bieten haben, die Informationslücke der anderen füllt – dann zeigen Sie diese Lücke auf. Wenn es Menschen helfen kann, ihr Leben zu verbessern – zeigen Sie auf wie. Und schließlich formulieren Sie Ihre Botschaft so, dass die Information, die Sie zu bieten haben, Hoffnung und nicht Furcht verheißt. Um eins klarzustellen: Sie sollen nicht beschönigen, was Sie zu sagen haben. Wenn Sie beispielsweise die Arbeit von jemand anderem kritisieren müssen, dann sollen Sie die Kritik nicht abschwächen – benennen Sie das Problem mit klaren Worten. Aber das, was zu bemängeln ist, lässt sich entweder so herüberbringen, dass man aufzählt, was geändert werden muss, damit der Bericht erstklassig wird, oder so, dass man dem Verfasser Inkompetenz bescheinigt – mit dem ersten Ansatz werden Sie auf mehr Interesse stoßen. Vielleicht kann das genetische Brustkrebs-Screening zu einer Untersuchung werden, die einen Beitrag zu einem langen und gesunden Leben leistet, statt zu einem Vorboten des Todes. Und ein Flugsicherheitsvideo zum Vorgeschmack auf Ihr fantastisches Ziel in der ewigen Sonne.

All das ist allerdings mit einem wichtigen Vorbehalt zu sehen: Wir müssen nämlich den emotionalen Zustand unseres Gegenübers miteinbeziehen. Und zwar, weil sich, wie wir im nächsten Kapitel sehen, die Art und Weise, wie unser Gehirn Informationen verarbeitet, unter Stress und Einschüchterungen dramatisch verändern kann.[19]

KAPITEL 6

Was passiert mit unserem Denken, wenn Gefahr im Verzug ist?

Der Einfluss von Stress und die Fähigkeit, ihn zu überwinden

Meine Lieblingssendung im Teenageralter war *Zurück in die Vergangenheit*. Mein Bruder und ich kamen nachmittags gerade rechtzeitig von der Schule nach Hause, um mitzufiebern, wie der Physiker Sam Beckett kreuz und quer durch die Zeit reiste, um die Geschichte zu korrigieren. Bei seinen Zeitreiseexperimenten verschlug es ihn immer wieder aufs Neue aus seinem streng geheimen Labor in einer Wüste irgendwo im Amerika der 1990er-Jahre in die Körper anderer Menschen in den verschiedensten Winkeln und Zeitaltern der Welt.

Ich lade Sie ein, mit mir zusammen durch Zeit und Raum zu reisen, um ein Bild davon zu bekommen, wie Stress uns beeinflusst, und damit auch die Art und Weise, wie wir uns beeinflussen lassen. Unser erster Halt ist New York City am 14. September 2001. Der Körper, in dem Sie sich befinden, ist meiner.

Ich ging unweit von meiner damaligen Bleibe in Downtown Manhattan, den Broadway entlang. Plötzlich fing ein offensichtlich von Panik erfüllter Mann in mittleren Jahren an, die Straße entlangzurennen. Binnen Sekunden taten andere es ihm nach, und binnen Minuten hatte sich hinter ihm eine Menschentraube versammelt und rannte mit. Ich hatte keine Ahnung, was vorgefallen war. Aber die Ereignisse gerade mal drei Tage zuvor – am 11. September –

hatten ihre Spuren hinterlassen. *Vorsicht ist besser als Nachsicht,* befand ich und lief mit. Eine inzwischen große Gruppe von uns rannte den Gehweg entlang, hier und da kamen weitere verdutzte Passanten hinzu. Ein paar Leute erkannten schließlich, dass es nichts gab, wovor man hätte fliehen müssen, und blieben stehen, kurz darauf taten alle anderen das auch. Das war's. Jeder ging wieder seiner Wege.

Wenn Sie einmal darüber nachdenken, so war das recht seltsam. Eine einzelne Person brachte schätzungsweise fünfzig New Yorker am helllichten Tag dazu, stehen und liegen zu lassen, was immer sie gerade beschäftigte, und blind draufloszurennen. Diese Person sagte kein Wort, fing einfach panisch an, die Straße entlangzulaufen. Ich weiß nicht, was in *seinem* Kopf vor sich ging. Aber dass er uns alle mitreißen konnte, lag an dem, was in *unseren* Köpfen gerade los war. Hätte sich das Ganze am 10. September abgespielt, einen Tag vor den Anschlägen auf das World Trade Center, wäre der rennende Typ unbeachtet geblieben, nehme ich an. Die meisten von uns hätten ihn als Exzentriker abgetan. Aber nach den Terroranschlägen lagen alle Nerven blank. Was würde als Nächstes passieren? Stand ein weiterer Anschlag bevor? Von welcher Seite würde er kommen? Unser Verstand war »auf Stand-by« – jederzeit bereit, auf alles und jeden zu reagieren.

Stichwort für unsere nächste Zeitreise – in den Körper eines siebzehnjährigen Mädchens im palästinensischen Arrabah, einem Dorf im Westjordanland, am Morgen des 21. März 1983. Das Mädchen saß in seinem Klassenzimmer, als es plötzlich von schwerem Reizhusten und Atemnot heimgesucht wurde. Es ahnte zu jener Zeit nicht, dass es im Begriff war, einen internationalen Eklat heraufzubeschwören.

Kurz nachdem das Mädchen die ersten Symptome verspürt hatte, erkrankten sieben seiner Klassenkameradinnen ebenfalls, danach auch Schülerinnen anderer Klassen. Eine Woche später hatte sich die »Krankheit« auf die benachbarten Dörfer ausgeweitet. Insgesamt waren 943 palästinensische Mädchen und ein paar israelische Soldaten davon betroffen.[1] Was hatte diese furchtbare Epidemie verursacht? Die Palästinenser warfen den Israelis vor, chemische Waffen gegen sie eingesetzt zu haben, während die Israelis die Palästinenser beschuldigten, Gift einzusetzen, um Massendemonstrationen loszutreten. Sorgfältige Untersuchungen kamen jedoch zu dem Ergebnis, dass hier gar nichts Unrechtes geschehen war. Die Symptome wurden als »psychosomatisch« diagnostiziert. Solche Fälle werden manchmal auch als »Massenhysterie« bezeichnet – die Symptome (oder das Verhalten) eines Einzelnen lassen bei anderen Panik aufkommen, die Betreffenden übernehmen unbewusst, was sie beobachten, und es kommt zu einem Dominoeffekt.

Ohne jede Absicht beeinflusste jenes Mädchen die Gesundheit von fast tausend Menschen und letzten Endes die Welt. Dass sie einen solch weitreichenden Einfluss haben konnte, lag an der Umgebung, in der sie sich befand und die bei den Menschen dort einen ganz bestimmten Gemütszustand herrschen ließ.

Die Menschen, die nach dem 11. September in Manhattan vor absolut nichts flohen, und die Schülerinnen im Westjordanland, die unter einer nicht vorhandenen Krankheit litten, hatten gemeinsam, dass sie alle unter dem Damoklesschwert einer allgegenwärtigen Gefahr lebten. Die tägliche Wirklichkeit von Schülern im Westjordanland bestand aus Raketen, Ausgangssperren und bewaffneten Soldaten. In New York sah man nach dem 11. September überall auf den Straßen Polizisten und Soldaten, es herrschte die Atmosphäre eines Ausnahmezustands. Wenn Sie sich die dokumentierten historischen Fälle von Massenhysterie einmal anschauen, werden Sie feststellen, dass ein solches Klima charakteristisch für dieses Phänomen ist. Nahezu alle Fälle von Massenhysterie ereignen sich in gefahr- und stressbelasteten Umgebungen – ob es sich um von Hungersnot geplagte afrikanische Dörfer handelt oder Notfallambulanzen großer amerikanischer Kliniken.

Wie kommt es, dass sich Menschen in manchen Umgebungen an eingebildeten Krankheiten »anstecken« oder anderen Zeitgenossen blindlings die Straße entlang hinterherlaufen, in anderen Gegenden aber nicht? Warum haben bestimmte Menschen – Fremde, Politiker – so großen Einfluss auf uns, wenn wir gestresst sind, nicht jedoch, wenn wir entspannt sind? Um diese Fragen zu beantworten, müssen wir zunächst verstehen, was mit unserem Körper und unserem Verstand in Gefahrensituationen passiert.

Druck macht kleinmütig

Wenn wir uns bedroht sehen, wird eine vorprogrammierte physiologische Reaktion abgespult: Stress. Die Evolution hat uns mit dieser Reaktion ausgestattet, die uns hilft, zu überleben. Stellen Sie sich vor, Sie wären eine Antilope in freier Wildbahn und bemerken einen Löwen, der auf Sie zurennt. Binnen Bruchteilen von Sekunden werden Stresshormone wie Cortisol ausgeschüttet und setzen eine Kettenreaktion in Gang – Ihr Herzschlag beschleunigt sich, Ihre Atemzüge werden rascher und kürzer. Es gilt, keine überschüssigen Ressourcen zu vergeuden, alles, was nicht sehr dringend ist, muss heruntergefahren werden: Ihr Immunsystem schaltet vorübergehend ab, ebenso Ihr Verdauungs- und Ihr Fortpflanzungssystem. Jetzt ist nicht die Zeit, sich mit der Heilung von Wunden zu befassen oder zu verdauen, was immer Sie vor einer Stunde gefuttert haben. Sie müssen sämtliche Ressourcen einem einzigen Ziel widmen: die nächsten Augenblicke zu überleben.

Menschen geraten nur selten in eine solch unmittelbare Gefahr wie eine Antilope, dennoch erleben auch wir häufig Stress. Ob als Reaktion auf einen nicht bezahlten Ratenkredit, einen Abgabetermin für unsere Arbeit oder einen starken Gegner auf dem Spielfeld, unser Körper setzt ebenfalls Cortisol frei. Sogar eine relativ harmlose Situation wie ein Stau zur Hauptverkehrszeit oder eine langsame Schlange bei Starbucks kann eine ausgewachsene Stressreaktion hervorrufen. Die körperliche Reaktion fällt ganz ähnlich aus wie die der Antilope: Puls und Atemfrequenz erhöhen sich, und die Funktion von nicht unmittelbar benötigten Systemen wird heruntergeschraubt. Wird Stress chronisch, schädigt er unseren Körper.[2] Unser Immunsystem beginnt zu schwächeln, und wir werden anfälliger für Krankheiten. Unsere Verdauung verlangsamt sich, und die Wahrscheinlichkeit steigt, dass wir – vor allem im Bereich der Körpermitte – Fett ansetzen. Unser Fortpflanzungssystem fährt herunter, auf lange Sicht kann das zur Folge haben, dass Frauen Probleme bekommen, schwanger zu werden.

So wie sich Stress massiv auf die Funktionen von Herz, Verdauungsapparat, Immun- und Fortpflanzungssystem auswirkt, ändert er auch Ihr Gehirn. Jedes Mal, wenn Sie ihn kommen fühlen, verändert sich die Funktion Ihres

Gehirns dramatisch. Stress vermag binnen Sekunden zu verändern, wie Sie denken, wie Sie entscheiden und wie Sie sich verhalten. Und er verändert die Art und Weise, wie Sie sich von den Menschen um sich herum beeinflussen lassen.

Meine Studenten Neil Garrett und Ana Maria Gonzáles-Garzón haben zusammen mit mir ein Experiment entwickelt, mit dem wir im Einzelnen untersuchen wollten, welchen Einfluss Stress darauf hat, wie Menschen auf Information reagieren.[3] Unsere Idee war einfach: Wir würden Menschen einer Bedrohung aussetzen, ihre physiologischen Reaktionen aufzeichnen und beobachten, wie sich ihr Denken veränderte. Unsere erste Hürde bestand darin, die beste Art zu finden, bei unseren Freiwilligen ein Gefühl der Bedrohung zu erzeugen. Ein hungriger Löwe kam nicht infrage, und so beschlossen wir, eine Stresssituation zu schaffen, in die unsere Probanden im eigenen Leben eher geraten würden.

Versetzen Sie sich in die Teilnehmer unserer Studie: Gegen ein geringes Honorar erscheinen Sie bei uns im Labor, um an unserem Experiment teilzunehmen. Nachdem Sie eine Einwilligung unterschrieben haben, bittet Sie Neil, unser Versuchsleiter, um eine Speichelprobe. Die Aufforderung kommt Ihnen womöglich seltsam vor: »Warum lassen die mich in ein Plastikröhrchen spucken?«, fragen Sie sich vielleicht. Nun, aus Ihrem Speichel wird Neil die Menge des Stresshormons Cortisol in Ihrem Körper bestimmen, bevor wir mit dem Versuch beginnen. Man nennt das eine »Nullmessung«. Neil bittet Sie auch, einen kurzen Fragebogen auszufüllen, in dem Ihr gegenwärtiges Angstniveau abgefragt wird, und er misst die Ruheleitfähigkeit Ihrer Haut – eine weitere Möglichkeit, physiologisch Ihr Stressniveau zu bestimmen. Zu diesem Zeitpunkt sind Sie höchstwahrscheinlich noch recht entspannt.

Dann beginnt Neil, Ihnen den Versuchsablauf zu erklären. »Als Erstes«, sagt er, »werden Sie eine einfache Aufgabe am Computer erledigen, das wird ungefähr eine halbe Stunde in Anspruch nehmen.« »Kein Problem«, erwidern Sie. »Wenn Sie fertig sind«, fährt er fort, »bekommen Sie ein Stück Papier ausgehändigt, auf dem ein Thema notiert ist. Sie haben fünf Minuten Zeit, dieses Thema vor einer Gruppe von dreißig Zuhörern vorzustellen. Ihnen bleibt keine Zeit sich vorzubereiten, und Ihre Präsentation wird aufgezeichnet, sodass die anderen sie online anschauen können.«

Um sicherzugehen, dass Sie von alledem auch wirklich gestresst sind, bittet Neil Sie erneut, in das Röhrchen zu spucken, damit er Ihren Speichel untersuchen kann; außerdem misst er Ihre Hautleitfähigkeit und lässt Sie einen Fragebogen ausfüllen, mit dem erneut Ihr aktueller Angststatus bemessen wird. Sind Sie so veranlagt wie die meisten Teilnehmer an unserer Studie, sollten die Messwerte gegenüber Ihren Ausgangswerten gestiegen sein, ein Zeichen dafür, dass wir Sie tatsächlich gestresst haben.

Bei unserer Studie gab es noch eine zweite Gruppe – die Kontrollgruppe. Den Teilnehmern dort wurde mitgeteilt, dass sie einen kurzen Aufsatz über ein Überraschungsthema zu schreiben hätten, man versicherte ihnen aber, dass sie sich keine Sorgen machen müssten, der Aufsatz würde von niemandem gelesen oder beurteilt. Erwartungsgemäß zeigten die Teilnehmer dieser Gruppe keinerlei Anzeichen von Stress.

Nun, da die eine Hälfte der Studenten beunruhigt und die andere Hälfte gelassen war, konnten wir mit unserem

Experiment beginnen. Wir konfrontierten unsere Versuchsteilnehmer mit allerlei bedrohlichen Szenarien, die Ihnen möglicherweise in nächster Zukunft zustoßen könnten – Raubüberfälle, ein Autounfall, gebrochene Rippen. Dann fragten wir, für wie wahrscheinlich sie es hielten, dass Ihnen diese Dinge tatsächlich zustießen – zum Beispiel, dass sie ausgeraubt würden. Wir legten ihnen dann Informationen über die Wahrscheinlichkeit vor, mit der diese Vorfälle in ihrer jeweiligen Bevölkerungsgruppe zu erwarten waren (wir informierten sie beispielsweise darüber, dass die Wahrscheinlichkeit, ausgeraubt zu werden, in London bei etwa dreißig Prozent liegt) und fragten sie schließlich erneut, für wie wahrscheinlich sie es hielten, dass ihnen solches zustieße (»Für wie wahrscheinlich halten Sie es, dass Sie ausgeraubt werden?«). Aus diesen Daten konnten wir berechnen, inwieweit die erhaltenen Informationen die Meinung unserer Probanden verändert hatte. Wir stellten fest, dass Menschen im Zustand des Bedrohtseins sehr viel stärker dazu neigten, negative Informationen aufzunehmen, als wenn sie entspannt waren – zum Beispiel die Mitteilung, dass die Wahrscheinlichkeit ausgeraubt zu werden, größer ist als angenommen. Je gestresster die Leute waren, desto größer war ihre Tendenz, ihre eigene Ansicht in Reaktion auf unerwartete schlechte Nachrichten zu ändern. (Bei guten Nachrichten hatte Stress keinen Einfluss auf die Reaktion.)

Bei drohender Gefahr registrieren wir automatisch alle Hinweise auf weitere Bedrohungen besonders intensiv. Das war mir genauso passiert, als ich drei Tage nach dem 11. September einen Mann in Manhattan die Straße entlangrennen sah, wie den hustenden Schülerinnen in Arrabah, die in ständiger Angst lebten. Nicht anders erging es den

Freiwilligen in unserer Studie, denen wir unangenehme Informationen an die Hand gegeben hatten, kurz bevor sie unerwartet eine öffentliche Präsentation halten mussten.

Nicht nur die Versuchsteilnehmer im Labor reagierten in unserem Experiment auf diese Weise. Wir verließen unser Labor in London und besuchten Feuerwachen im Bundesstaat Colorado. Die Tage eines Feuerwehrangehörigen fallen höchst unterschiedlich aus. Manche sind recht entspannt, an ihnen verbringen die Frauen und Männer den größten Teil des Tages auf der Wache. Andere wiederum können überaus hektisch sein, und es gilt, zahlreiche lebensbedrohende Situationen zu meistern. Für uns stellte das Auf und Ab von Ruhe und Stress die perfekte Ausgangssituation für ein Experiment dar. Wir stellten uns vor, dass die Feuerwehrleute an Tagen ohne viele Notrufe entspannt wären und sich infolgedessen bereitwillig auf »gute Nachrichten« einlassen würden. An Tagen hingegen, an denen sie sich permanent mit Gefahren konfrontiert sahen, sollten sie gestresster und eher auf »schlechte Nachrichten« geeicht sein.

Genau das haben wir beobachtet: Je mehr Stress die Feuerwehrleute im Dienst erlebten, desto stärker ließen sie sich von den unerwarteten schlechten Nachrichten beeindrucken, die wir ihnen zukommen ließen. Die Informationen, die wir ihnen dazu lieferten (die Wahrscheinlichkeit für einen Kreditkartenbetrug oder Raub), hatten absolut nichts mit ihrer Arbeit bei der Feuerwehr zu tun, aber unter Stress hatte jede Art alarmierender Nachricht große Wirkung.

Dieser Automatismus hat zweifelsohne seine Vorteile. Wenn Sie eine Antilope sind und ihr Biotop von hungrigen Löwen bevölkert ist, wollen Sie bereit sein, jedes Zeichen aufzunehmen, das Ihnen anzeigt, dass ein Räuber naht.

Dasselbe gilt, wenn Sie in einem Viertel leben, in dem Gewalt an der Tagesordnung ist: Eine erhöhte Aufnahmefähigkeit für auch nur das geringste Anzeichen von Gefahr hält Sie womöglich am Leben. Das Problem ist, dass Sie dieser Instinkt auch dazu bringen kann, überzureagieren. So schließen nach einem Erdbeben in Kalifornien beispielsweise auch manche Leute im weit entfernten Iowa teure Erdbeben-Versicherungen ab. Ein anderes Beispiel sind Terroranschläge wie jener vom 13. November 2015 in Paris. Die Nachricht vom Angriff auf die Bürger der Seine-Metropole ging in Windeseile um die Welt. Menschen allerorten fürchteten um ihre Sicherheit, und weltweit grassierte die nackte Angst.[4] Sie schärfte bei den Menschen den Blick auf negative Berichte in den Medien, und das wiederum brachte viele dazu, die Gefahr für ihr eigenes Dasein zu überschätzen. Damals beschlossen die Leute eine Weile »auf Nummer sicher« zu gehen – zu Hause zu bleiben, statt auszugehen, oder Besuche in großen Städten zu unterlassen.

Ganz ähnlich reagieren die Finanzmärkte auf Abwärtsbewegungen – wenn die Kurse erste Anzeichen eines möglichen Abschwungs zeigen, verfallen die Menschen in Panik. Jede Information, die auch nur in geringstem Maße auf einen potenziellen Einbruch hindeutet, wiegt mit einem Mal schwerer denn je. Anleger ziehen ihr Geld aus dem Markt, und die Situation verschlimmert sich, führt zu wachsendem Stress und Panik, was wiederum die Aufmerksamkeit für schlechte Nachrichten erhöht und so weiter. Wenn wir gestresst sind, sind wir auf Gefahr fixiert. Wir konzentrieren uns nur noch auf das, was schiefgehen kann. Das lässt übertrieben pessimistische Perspektiven entstehen, die uns dazu veranlassen können, über Gebühr vorsichtig zu reagieren.

Auf Nummer sicher gehen

Eine besondere Umgebung, in der sich die menschliche Reaktion auf Stress mit geradezu mikroskopischer Genauigkeit untersuchen lässt, ist das Spielfeld. Am Leistungssport lässt sich sehr gut beobachten, wie Menschen sich verhalten, wenn sie sich bedroht fühlen. Wie reagieren Spieler, wenn sie von ihren Gegnern in die Schranken gewiesen werden?

Stichwort für unseren nächsten Zeit- und Personensprung. Das Jahr: 2007. Der Ort: Berkeley, Kalifornien. Der Körper gehört Jeff Tedford, Coach der University of Berkeley Golden Bears. Die Bears haben einen Lauf. Im ersten Monat der College-Football-Saison haben sie fünf aufeinanderfolgende Spiele gewonnen. Als sie am 13. Oktober bei einem Heimspiel auf die Mannschaft der Oregon State University treffen, haben sie sich von Platz zwölf zu Beginn der Saison auf Platz zwei der landesweiten Tabelle vorgearbeitet. Das ist ihr bester Tabellenplatz seit 1951, und 64 000 Fans sind ins Stadion gekommen, um sie zu unterstützen. Die Mannschaft ist mit Feuereifer bei der Sache. Wenn sie das heutige Spiel gewinnt, klettert sie auf den Spitzenplatz, den sie seit einem halben Jahrhundert nicht innehatte. Aber die Glückssträhne der Bears scheint zu Ende zu gehen. Zwei Wochen zuvor hatte sich ihr Quarterback Nate Longshore bei einem Spiel gegen die Oregon Ducks am Knöchel verletzt. Jetzt, Minuten vor dem Anpfiff im Berkeley-Stadion, beschließt ihr Trainer Jeff Tedford, dass Longshore nicht fit genug ist, um zu spielen. Kevin Riley, der wenig erfahrene Ersatz-Quarterback, wird ihn vertreten. Und mit dieser Entscheidung beginnt der langsame und unaufhaltsame Abstieg der Bears.

Das Spiel steht Spitz auf Knopf. In der alles entscheidenden Schlussphase steht Kevin Riley kurz vor dem Abpfiff vor eine schweren Entscheidung. Er hat den Ball und kann das Spiel entweder in die Verlängerung bringen, indem er hinlangt und ein Feldtor erzielt oder indem er sich zur Endzone durchboxt. Er musste sich im Bruchteil einer Sekunde entscheiden. »Ich wusste, es waren noch vierzehn Sekunden bis zum Abpfiff ... Ich sah ein Stück freies Feld und dachte, ich könne um den Typ herumspielen. Ich habe mich einfach auf meinen Spielerinstinkt verlassen. Ich war voll drin im Spiel.«[5]

Er schaffte es nicht bis in die Endzone und die Bears verloren das entscheidende Spiel. Trainer Tedford soll, wie man berichtet, sein Clipboard zu Boden geworfen haben.

Dieser Augenblick brachte die Kehrtwende für die Saison der Bears. »Irgendwas hat sich an jenem Abend verändert ... es ist, als sei etwas zerbrochen«, erklärte ein Kommentator.[6] Der Druck, der auf den Schultern von Trainer Tedford und der Mannschaft lastete, erhöhte sich mit jeder Minute. Die Bears verloren in der Folge fünf der nächsten sechs Spiele, und mit jeder Niederlage nahm der Stress zu. Es ging die Tabelle hinab, von Platz zwei auf Platz neun, dann auf Platz zwanzig und schließlich flogen sie ganz raus und beendeten die Saison ohne Listenplatz. Kevin Riley stellte sich unablässig selbst infrage, und Tedford »würde nie wieder einem jungen unerfahrenen Spieler ein so hohes Maß an Verantwortung aufbürden«. Er hatte offenbar das Gefühl, »fortan übertrieben vorsichtig agieren zu müssen«, konstatierte ein Fan.[7]

Trainer Tedford verschrieb sich einem konservativen, äußerst vorhersehbaren Ansatz, und »die Bears gewannen nie wieder ein Spiel, das sie als unterlegene Mannschaft antraten«.[8] Wie ein anderer Bears-Fan es formulierte: »Tedford verliert Spiele selten mit mehr als zwei Touchdowns. Aber das macht es auch schwerer für uns [die Bears], die USC-Mannschaften zu schlagen, weil wir uns krampfhaft davor hüten, zu viele Fehler zu machen, und das Spiel irgendwie nach Hause zu bringen versuchen ... Wir sind stolz auf unsere knappen Niederlagen gegen die USC.«[9]

In dem Augenblick, in dem die Bears anfingen zu verlieren, könnte sich Tedford unsicher gefühlt haben und begann, auf Nummer sicher zu gehen. Er ist keine Ausnahme. Brian Burke, Gründer der Website Advanced NFL Stats, auf der es um Football und Spieltheorie geht, stellte bei einer Analyse von mehr als tausend Football-Spielen der Jahre 2002 bis 2006 fest, dass unterlegene Teams wie das von Tedford ihr Spiel sehr viel seltener variierten. Sobald sie anfingen zu scheitern, minimierten sie das Risiko. Burke mutmaßt, dass Trainer »bemüht sind, so lange wie irgend möglich im Spiel zu bleiben. Trainer unterlegener Mannschaften versuchen das ganze Spiel hindurch, das Risiko zu minimieren, und hoffen, dass irgendwann ein Wunder geschieht. Sie scheinen die Gefahr rauszufliegen um jeden Preis verringern zu wollen.«[10] Chris Brown, Verfasser von *The Art of Smart Football*, stimmt dem zu: »In fast jeder Saisonwoche sehe ich Teams gegen Southern Cal, Louisiana State oder Ohio State [allesamt sehr starke Collegemannschaften] antreten, die dabei so gut wie jede Hoffnung auf einen Sieg aufgegeben haben. Sie probieren, es eng zu halten, um vielleicht das vierte Viertel zu gewinnen.«[11]

Brown und Burke sind beide der Meinung, dass Auf-Nummer-sicher-Gehen häufig die falsche Strategie für Mannschaften auf der Verliererstraße ist. Sicherlich bedeutet eine vorsichtige Strategie, dass solche Mannschaften weniger Gefahr laufen, grandios zu scheitern, aber sie haben zugleich weniger Gewinnchancen. Das Spiel ist vorhersehbar, folgt einer absehbaren Strategie, und auch die Treffer sind vorhersehbar. Wenn Sie als unterlegene Mannschaft also auf Nummer sicher gehen, verlieren Sie höchstwahrscheinlich. Bei riskanten Spielen hingegen fällt das Ergebnis extrem unterschiedlich aus. Das Spektrum an möglichen Szenarien erweitert sich und schließt mehr Möglichkeiten ein – unter anderem die Chance, dass sich das Risiko auszahlt.

In Browns Worten haben unterlegene Mannschaften »wenig Chancen, durch ihr Können zu gewinnen. Sie müssen sich daher auf einen Überraschungsangriff verlegen: Risiken eingehen und hoffen, dass die Münze zu ihren Gunsten fällt. Vielleicht klappt es nicht. Vielleicht werden sie vom Platz gefegt. Aber diese Chancen nicht zu ergreifen, ist der sicherste Weg, die geringe Gewinnchance in Stein zu meißeln.«[12]

Dennoch tun Teams wie die California Golden Bears immer wieder genau das Gegenteil: Wenn sie gut im Spiel sind, packen sie Gelegenheiten beim Schopf und wagen riskante Spielzüge. Sind sie unterlegen, gehen sie auf Nummer sicher und scheuen das Unvorhersehbare wie der Teufel das Weihwasser.

Brown und Burke haben versucht, Gründe dafür zu finden, dass unterlegene Mannschaften keine Risiken eingehen, wenn sie es sollten. Vielleicht ist ein sicherer »Beinahesieg« für die Moral der Mannschaft besser als riskante Aktionen? Vielleicht versucht der Trainer, seinen Ruf zu wahren, indem er eine krachende Niederlage verhindert?

Vielleicht. Ich habe allerdings den Verdacht, dass es noch einen anderen Grund dafür gibt. Um ein Risiko einzugehen, müssen Sie sich die Möglichkeit vorstellen können, dass es sich auch auszahlt. Sie müssen imstande sein zu glauben, dass Gewinnen eine Option ist. Wenn Sie über Ihren nächsten Schritt nachdenken, bewerten Sie die Information, die Sie vor sich haben, und das, was diese Ihnen über die Wahrscheinlichkeiten für den Ausgang unterschiedlicher Szenarien verrät. Wie wir jedoch gesehen haben, konzentrieren sich Menschen, sobald sie sich bedroht fühlen, bevorzugt auf das Negative und auf das, was alles schiefgehen kann. Die Folge davon ist, dass sie auf vorsichtiges Handeln setzen, wenngleich ein Risiko einzugehen in Wirklichkeit der bessere Ansatz wäre. Trainer Tedford war einfach nur ein Mensch. Er reagierte auf den Stress des Scheiterns.

In Situationen, in denen es um Leben und Tod geht, kann das Vermeiden von Risiken tatsächlich der beste Ansatz sein, aber wir fallen in dieses instinktive Muster auch zurück, wenn es bessere Entscheidungen zu treffen gäbe. Die gute Nachricht lautet, dass wir unseren Instinkt, in Stresssituationen auf Nummer sicher zu gehen, überwinden können. Wie? Das wird unser nächster Zeitsprung zeigen – in den Körper von Michael Chang.

Ein Unterlegener, der sich nicht einschüchtern ließ

Montag, 5. Juni 1989. Auf den Tennisplätzen des Stade Roland Garros in Paris holte ein siebzehnjähriger Amerikaner mit asiatischen Wurzeln zum Aufschlag aus. Sein Name war Michael Chang, bei den French Open gesetzt auf Platz fünfzehn. Auf der anderen Seite des Netzes stand der tschechische Tennisstar Ivan Lendl – zwölf Jahre älter als

Michael und entsprechend erfahrener. Mit knapp einem Meter neunzig überragte er den zierlichen, einen Meter fünfundsiebzig großen Chang außerdem um mehr als einen halben Kopf. Vor allem aber stand Lendl auf Platz eins der Weltrangliste. Er hatte in dem Jahr bereits die Australian Open und mehrere andere große Turniere gewonnen.

»Chang spielte nicht in seiner Liga«, erklärte Bud Collins, der das Spiel für den *Boston Globe* und die NBC kommentierte.[13] Er war der Außenseiter – so einfach war das.

Chang und Lendl standen sich nicht zum ersten Mal auf dem Platz gegenüber. Im Jahr zuvor waren sie in Des Moines, Iowa, aufeinandergetroffen, und Lendl hatte Chang ohne viel Federlesens geschlagen.

»Willst du wissen, warum ich dich heute geschlagen habe?«, hatte Lendl damals in Iowa gefragt. »Ganz ehrlich, du hast nichts, womit du mich drankriegen kannst. Du hast keinen guten Aufschlag, dein zweiter Aufschlag ist nicht sehr hart. Wenn ich gegen dich spiele, kann ich tun, was ich will und wann ich es will, und werde dich immer genauso gemütlich schlagen wie heute.«

Chang schien sich Lendls Worte zu Herzen genommen zu haben und verbrachte das ganze folgende Jahr damit, an seinem Aufschlag zu feilen, machte ihn härter und platzierte den Ball besser. Seine Arbeit begann sich auszuzahlen. Lendl gewann auf französischem Boden zwar die beiden ersten Sätze, aber die nächsten beiden erspielte sich Chang. Doch die Anstrengung forderte ihren Tribut von dem jungen Spieler. Nach drei Stunden Spiel mit vollem Einsatz ließen seine Kräfte nach, und er litt unter Flüssigkeitsmangel. Er versuchte, beides mit Bananen und Wasser zu kompensieren, und verlegte sich auf energiesparende Spielzüge.

»Gegen Ende des vierten Satzes fing ich an, bei jedem Sprint Krämpfe zu bekommen. Also verlegte ich mich darauf, eine Menge Lobs zu spielen und versuchte, die Ballwechsel so kurz wie möglich zu halten«, erzählte Chang.[14]

Aber sein Körper ließ ihn im Stich. Ein kleiner Schritt vorwärts fühlte sich so beschwerlich an, als klettere er im Himalaya, den Arm zu bewegen, um den Ball zu schlagen, so schwer, als hätte er einen Zementsack zu stemmen. Er beschloss aufzugeben: »Ich konnte nicht mehr aufschlagen und keine Bälle mehr aus den Ecken fischen. Also marschierte ich zur Aufschlaglinie, um dem Schiedsrichter mehr oder weniger zu sagen: ›Ich kann nicht mehr. Ich bin fertig.‹«[15] Changs erste Reaktion war, heimzugehen, sich in einen sicheren Hafen zurückzuziehen. Aber dann überlegte er es sich anders.

Sekunden bevor er die Linie erreichte, kam es zum Sinneswandel: »Mir dämmerte, dass es mir – wenn ich hier und jetzt aufgäbe – beim nächsten Mal, wenn ich Schwierigkeiten auf dem Platz hätte, umso leichter fallen würde hinzuwerfen. Und von diesem Punkt an, kam es nicht mehr so sehr auf Gewinnen oder Verlieren an, mein Ziel an diesem Tag war nur noch, das Rennen – in diesem Falle das Spiel beziehungsweise den fünften Satz – durchzustehen. Sieg oder Niederlage, ich musste das Spiel zu Ende bringen«.[16] Er machte kehrt, um den fünften und spielentscheidenden letzten Satz zu Ende zu spielen.

Sie erraten sicher, was dann geschah. Die inspirierende Seite an dieser Geschichte von dem kleinen Jungspund, der Goliath angreift, ist aber nicht der Grund, weshalb ich sie an dieser Stelle erzähle. Unabhängig davon, ob Chang gewann oder verlor – seine nächsten Entscheidungen machten ihn zu einem Ausnahmefall.

Mit fünfzehn zu dreißig im Rückstand und körperlich noch immer am Limit beschloss Chang, eine Reihe unkonventioneller Risiken einzugehen. Seine nächsten Handlungen bargen eine enorme Gefahr zu scheitern und konnten ihn teuer zu stehen kommen – versiebte er sie, würde er vor aller Welt als töricht und unerfahren dastehen. Hatte er jedoch Erfolg, wäre der Lohn unermesslich – der in Hoboken, New Jersey, in zweiter Generation auf amerikanischem Boden geborene Teenager führe einen triumphalen Sieg ein.

Chang entschied sich für eine ungewöhnliche Taktik: »Kurz entschlossen dachte ich – wie wär's jetzt mit einem kleinen gemeinen Aufschlag, ich nehme mir ja nichts. Mal sehen, ob ich einen Punkt abstauben kann.« Statt es mit einem harten, schnellen Aufschlag zu probieren, spielte er den Ball wie ein Kind.

Es funktionierte. Der kurze Ball überraschte Lendl und verkürzte den Punktestand auf dreißig beide. Ermutigt beschloss Chang, es mit einem weiteren Trick zu versuchen. »Ich hatte zwei Matchpunkte, also konnte ich es genauso auf einen Jux ankommen lassen.« Chang schlenderte gemächlich Richtung Aufschlaglinie, um Lendl mit dieser ungewöhnlichen Aktion durcheinanderzubringen. Die Zuschauer quittierten die seltsame Aktion mit Gelächter und Gejohle. Lendl, verwirrt, leistete sich einen Doppelfehler. Chang hatte Aufschlag und gewann die French Open. Er war seit fünf Jahren der erste Amerikaner, der ein Grand-Slam-Einzel gewonnen hatte.

Wie wir gesehen haben, tendieren Menschen angesichts einer drohenden Niederlage dazu, riskante Manöver zu vermeiden und einen vorsichtigen Ansatz zu wählen. Sie gehen anders als Chang kein Risiko ein. Was also half

Chang, aus dem typischen Verhaltensmuster des Unterlegenen auszuscheren?

Auf die Frage, was ihn dazu gebracht habe, dermaßen aufs Ganze zu gehen, schrieb Chang seine wiedererlangte psychische Stärke den Ereignissen zu, die am Abend vor seinem Spiel auf dem Tiananmen-Platz stattgefunden hatten. Am 4. Juni 1989 ließen Tausende unbewaffnet protestierende Zivilisten in Peking ihr Leben bei dem Versuch, das Vorrücken des chinesischen Militärs zum Tiananmen-Platz zu verhindern. Chang hatte das Geschehen am Abend vor seinem Spiel gegen Lendl im Fernsehen verfolgt. Die Tragödie hätte ihn deprimieren und seine Furcht vergrößern können. Aber das Gegenteil passierte. Statt ihm den Mut zu nehmen, brachten ihn die Ereignisse am Vorabend dazu, sein Spiel am nächsten Tag nicht als aussichtslos zu betrachten, sondern als Chance beziehungsweise, wie er es ausdrückte, »als eine Gelegenheit, zu einer Zeit, in der es nicht viel Grund zum Lächeln gab, den Menschen chinesischer Herkunft auf der ganzen Welt ein Lächeln aufs Gesicht zu zaubern.«[17] Chang hatte die Situation für sich neu bewertet und sich bei aller Not auf die darin liegende Chance konzentriert. Diesen Gedanken hatte er auf dem Platz die ganze Zeit im Kopf, und der Rest ist Geschichte.

Menschen verfügen im Unterschied zu vermutlich allen anderen Tieren über die Fähigkeit, ihre innere Aufmerksamkeit auf unterschiedliche Aspekte einer Situation lenken und so ihre vorprogrammierten Reaktionen umgehen zu können. Bei einer Studie wurde den Teilnehmern beispielsweise ein Horrorfilm gezeigt, der ihnen Angst machte. Und natürlich tendierten sie, wenn man sie kurz darauf bat, finanzielle Entscheidungen zu treffen, vermehrt dazu, finanzielle Risiken zu meiden, auch wenn die Kurse zu ihren Gunsten standen.[18] Aber jetzt kommt es: Bat man die Teilnehmer, den Film neu zu bewerten – ihn mit anderen Augen zu sehen, um der eigenen Angst zu begegnen und sich vielleicht bewusst zu machen, dass es sich nur um einen Film handelte, wurden sie risikobereiter.[19] Mit anderen Worten: Wir können unseren emotionalen Zustand bewusst verändern, um instinktive Muster zu überwinden. Was passiert dabei in unserem Gehirn? Um das zu verstehen, machen wir einen letzten Orts- und Zeitsprung – dieses Mal in den Kopf von Laurie – Studentin am California Institute of Technology (kurz: Caltech).

Die Zähmung der Amygdala

Das California Institute of Technology in Pasadena zieht von jeher viele der hellsten Köpfe der Welt an. Vierunddreißig seiner Absolventen haben einen Nobelpreis bekommen, und viele waren an der Gründung hochkarätiger Unternehmen beteiligt. Das kompetitive Umfeld kann allerdings für junge Studenten auch beträchtlichen Stress bedeuten. Wie beeinflusst dieser Druck die wissenschaftlichen Leistungen der Studenten? Und was lässt den einen unter dem Druck einbrechen, einen anderen aber über sich hinauswachsen?

Um diese Frage zu beantworten, bat ein Wissenschaftlerteam Studenten des Caltech in Fünfergruppen zu sich ins Labor.[20] Albert, Robert, Marie, Laurie und William unterzogen sich bei dieser Gelegenheit als Erstes einem IQ-Test. Ihre Ergebnisse wurden ausgewertet und dokumentiert. Alle fünf schnitten extrem gut ab, der Durchschnitt lag bei 126 (zum Vergleich: Der Durchschnitt innerhalb der Normalbevölkerung liegt bei 100).

Einige Wochen später absolvierten die Studenten den Test ein zweites Mal. Doch hatte die Sache diesmal einen Haken: Während sie über den Tests brüteten, wurde ihnen jeweils ihr aktueller Status innerhalb der Gruppe gezeigt. Am Anfang ging bei allen die Punktzahl in den Keller. Die Angst vor sozialer Abwertung und der Stress des Konkurrenzdrucks beeinträchtigte ihre Fähigkeit klar zu denken. Im weiteren Verlauf des Tests aber brachten es Albert und Laurie fertig, ihre Angst abzuschütteln und sich auf die vor ihnen liegende Aufgabe zu konzentrieren. Tatsächlich sahen sie sich motiviert, besser zu sein als die anderen, und ihre Punktzahl stieg am Ende wieder deutlich an. Die anderen Studenten erholten sich nicht, und bei ihnen erreichte die Punktzahl am Ende ihr vormaliges Niveau nicht.

Wir beobachteten das Gehirn aller Studenten, während sie den Test absolvierten, mit bildgebenden Verfahren – und untersuchten insbesondere die Aufnahmen von Albert und Laurie, um herauszufinden, was sie veranlasste, anders zu reagieren. Aus den Scans ging hervor, dass die Aktivität in zwei Gehirnregionen – in der Amygdala (Mandelkern) und in den Frontallappen – entscheidenden Anteil am Geschehen hatte. Die Amygdala ist jene kleine Struktur weit innen im Gehirn, die, wie bereits beschrieben, für die Verarbeitung von sozialen Signalen und Emotionen wie Angst zuständig ist. Die Frontallappen sind für übergeordnete kognitive Aktivitäten und außerdem etwa für das Planen von Handlungen und die Kontrolle unserer Emotionen verantwortlich.[21] Alle Studenten wiesen zunächst eine hohe Aktivität im Mandelkern auf. Bei Albert und Laurie aber ging diese Aktivität rasch zurück, während die Aktivität im

Frontallappen gleichzeitig zunahm. Vermutlich waren sie imstande, ihre Angst kognitiv zu bändigen und sich auf die vor ihnen liegende Aufgabe zu konzentrieren. Bei den anderen Studenten hingegen blieb die Aktivität im Mandelkern hoch. Es hat den Anschein, als seien Albert und Laurie genau wie seinerzeit Chang in der Lage, soziale Bedenken zu überwinden und sich zu sammeln. Die anderen blieben eingeschüchtert, und das wirkte sich auf ihre Leistungen aus.

Über Sonnenschein und Glücksspiel

Ich vermute, dass sich viele der Studenten in unserer Versuchsreihe nicht darüber im Klaren waren, dass ihre Testergebnisse durch ihre Angst beeinflusst wurden. Die meisten von uns nehmen nicht wahr, dass und wie unsere emotionalen Reaktionen unser Denken verändern, weil dies jenseits unserer Aufmerksamkeit geschieht. Aber der heimliche Einfluss unserer Seelenlage reicht weit – und es sind nicht nur negative Emotionen wie Stress, die Denken und Entscheidungen von Menschen beeinflussen, auch positive Empfindungen können unsere Entscheidungen beeinflussen.

Einen bemerkenswerten Beleg hierfür liefert eine Studie, die sich mit dem Verkauf von Lotterielosen beschäftigt hat. Die Chance, in einer Lotterie zu gewinnen, ist lächerlich gering. Was also bringt einen Menschen dazu, ein Lotterielos zu erstehen? Nun, einer der beteiligten Faktoren ist allem Anschein nach die seelische Verfassung. Ross Otto und seine Kollegen an der New York University untersuchten Losverkäufe in New York City und stießen auf ein seltsames Muster. Passierte unerwartet etwas Gutes, kauften mehr Leute Lotterielose. Eine Sportmannschaft aus der Gegend gewann wider Erwarten ein Spiel? Die Verkaufszahlen gingen sprunghaft in die Höhe. Ein ungewöhnlich sonniger Tag mitten im Winter? Schon wurden mehr Lose verkauft.[22] Es handelt sich hierbei allerdings um eine Korrelationsstudie – sie zeigt eine Beziehung zwischen Variablen auf, aber wir wissen nicht, ob und wie dabei ein Faktor einen anderen bedingt. Eine mögliche Erklärung wäre, dass ein unerwartet schönes Ereignis wie ein heller sonniger Tag dazu führt, dass Menschen sich gut fühlen. Wenn Sie froh und entspannt sind, befasst sich Ihr Geist eher mit der Möglichkeit, dass die Dinge gut für Sie laufen könnten. Sie überschätzen Ihr Glück und sind eher bereit, ein Risiko auf sich zu nehmen.

Massenhysterien in New York und Arrabah, ein NFL-Trainer, der unter Druck auf Nummer sicher geht, und Feuerwehrleute, die unter Stress auf negative Information besonders ansprechen – jedes Beispiel illustriert, dass es bei der Frage des Einflusses nicht allein mit der Botschaft oder ihrem Überbringer getan ist. Eine entscheidende Komponente bei dem Ganzen ist die Gemütsverfassung des Empfängers. Der Gefühlszustand eines Menschen verändert sein Denken, seine Entscheidungen und sein Verhalten gegenüber anderen. Ihre Freundin Snooky lässt sich von einem Ihrer Argumente womöglich überzeugen, wenn sie gerade einen ängstlichen Tag hat, bleibt aber völlig ungerührt, wenn sie zufällig gerade entspannt ist. Unter dem Eindruck verschiedener emotionaler Zustände werden Menschen von jeweils anderen Aspekten angesprochen. Das ist wichtig, im Kopf zu haben. Es erklärt beispielsweise, warum zu bestimmten Zeiten und an bestimmten Orten

Angstkampagnen Wirkung entfalten, an anderen Orten zu anderen Zeiten hingegen nicht. Wenn Sie jemandem raten wollen – einem Spieler mit Glückssträhne, einem Patienten mit ungünstiger Prognose, einem Klienten mitten im Scheidungsprozess –, müssen Sie den eingangs dieses Kapitels erwähnten »Sam Beckett« geben: Machen Sie einen Sprung aus Ihrer persönlichen Realität hinein in die des anderen, um dessen emotionalen Zustand zu erfassen. Die Gemütslage eines Menschen beeinflusst seine Reaktion auf das, was Sie ihm zu sagen haben. Die Ansichten, die wir vertreten, müssen dem Zustand unseres Gegenübers angemessen sein. Ein und dieselbe Person wird Ihren Rat an einem Tag ungehört verhallen lassen, an einem anderen hingegen aus vollem Herzen begrüßen, und das schlicht und einfach nur, weil ihre Lieblingsmannschaft am Abend zuvor verloren hat oder die Sonne an einem Wintertag lacht.

KAPITEL 7

Warum stehen Babys auf iPhones?

Die Macht sozialen Lernens und das Streben nach Einzigartigkeit

An einem schönen Tag im April lag ich im Kreißsaal eines Londoner Krankenhauses, gefangen in einem Wechselbad zwischen lauten Schreien und der zivilisierten Suche nach einem Babynamen. Scarlett? Dotty? Isabella? Zwischen zwei unerträglichen Wehen blieben meinem Mann und mir jeweils drei Minuten relativer Klarheit, in denen wir uns der wichtigen Aufgabe widmen konnten, einen Namen für unsere ungeborene Tochter zu finden. Zoe war zwar süß, aber würde es zu unserem Kind auch noch passen, wenn es sich als Erwachsene zur CEO mauserte? Theodora hatte Stil, war aber zu ernst. Wir waren fest entschlossen, unser winziges Bündel aus Fleisch und Blut nicht namenlos zur Welt kommen zu lassen. Nicht dass wir gnadenlose Aufschieber gewesen wären und diese wichtige Aufgabe bis zur letzten Minute aufgehoben hätten. Nein, die vergangenen Monate hatten wir Abend für Abend Stunden damit verbracht, die Optionen durchzugehen. Wir wollten einen Namen, der aussagekräftig, kultiviert, leicht auszusprechen und zu buchstabieren war; er sollte uns nicht an jemanden erinnern, dem es irgendwo an Perfektion mangelte, der einzigartig war, ohne schräg zu sein, und zu einem Rockstar genauso passte wie zu einer Präsidentin (nur für alle Fälle).

Beklommen und naiv, wie es Erstletern nun einmal oft sind, wollten wir unserer Tochter einen denkbar guten Start ermöglichen. In unseren Augen stand viel auf dem Spiel. Der Name wäre ihr erstes Stück Identität, er spiegelte unsere Erwartungen an das, was aus diesem kleinen Wesen einmal werden würde.[1] Als Verhaltensforscher wussten wir sehr gut, wie leicht Erwartungen sich selbst erfüllen können. In einen Namen verpackte Erwartungen, so dachten wir, würden Einfluss darauf haben, wie sich unsere Tochter selbst sehen würde und wie andere sie sähen. Wissenschaftliche Untersuchungen zeigen, dass Mädchen mit femininen Namen wie Elisabeth eher den Geisteswissenschaften und Mädchen mit eher maskulin anmutenden Namen wie Alexis eher der Mathematik zuneigten. Jungen mit »mädchenhaften« Namen wie Morgan tendierten mit erhöhter Wahrscheinlichkeit zu Verhaltensproblemen, und Kinder mit Namen, die häufig Eltern unterer Einkommensschichten vergeben, werden anders behandelt als ihre Geschwister mit nobler klingenden Namen wie Sebastian.[2] Wem das noch nicht genügt, dem sei gesagt, dass eine 2010 veröffentlichte Studie, an der dreitausend Eltern beteiligt waren, ergab, dass es jeder fünfte Elternteil am Ende bereute, seinem Kind diesen oder jenen Namen gegeben zu haben. Wie sehr beeinflussen Namen das Leben eines Menschen wirklich? Wir waren unsicher, beschlossen aber kein Risiko einzugehen.

Am Anfang waren solche Überlegungen gar kein Thema für uns. Wir hielten es für das Einfachste der Welt, unserer Tochter einen Namen zu geben. Kurz nachdem wir erfahren hatten, dass es ein Mädchen würde, hatten wir uns darauf geeinigt, dass uns »Sophia« beiden sehr gut gefiel. Es schwang etwas Altehrwürdiges darin mit und bedeutete

»Weisheit«. Perfekt. Wir waren glückselig mit unserem Fötus Sophia. Das heißt, so lange, bis mein Mann auf die Idee kam, die hundert beliebtesten Babynamen nachzuschlagen. Zu unserem Entsetzen stand Sophia ganz oben auf der Liste. Offenbar empfand alle Welt dasselbe wie wir, was unseren wunderbar kultivierten Namen anging.

Wir staunten. Bis zu diesem Punkt waren wir davon überzeugt gewesen, einen einzigartigen Geschmack zu haben, eine besondere Art zu denken und eine außergewöhnliche Wahrnehmung der Welt um uns herum. Ein kurzer Blick auf die Liste machte all das zunichte. Wir waren nicht nur dabei, unserem Kind den laut Statistik der amerikanischen Sozialversicherungsbehörde für 2013 häufigsten Namen zu verpassen, sondern auch alle anderen Namen, die für uns infrage kamen, fanden sich unter den englischen oder amerikanischen Top-Ten. Olivia? Treffer. Emma? Treffer. Mia? Treffer. Wer hätte gedacht, dass wir nichts weiter waren als Eltern wie alle anderen? Wir hatten in seliger Unwissenheit keine Ahnung davon, dass Milliarden anderer Leute auf dem Planeten unseren Geschmack teilten und dass unser tief empfundenes Gefühl, etwas Besonderes zu sein, womöglich nur Einbildung war.

Warum haben offenkundig so unterschiedliche Menschen so ähnliche Vorlieben? Sophia kann objektiv betrachtet nicht besser sein als Tausende anderer Namen auf der Welt. Auch treffen wir nicht alle die bewusste Entscheidung, uns einem Trend anzuschließen. Warum also kommen so viele Menschen zur selben Zeit zu derselben Entscheidung?

Nach zwanzig Stunden Schreien, Schwitzen und Fluchen im Kreißsaal war ich mehr an Schmerzmitteln als an einem Namen für unser ungeborenes Kind interessiert. Also legte ich sein Schicksal in die bewährten Hände meines Mannes. Er wählte aus unserer kurzen Bestenliste Livia (so hieß auch die temperamentvolle dritte Ehefrau des römischen Kaisers Augustus). Und so kam unsere ewig hungrige, mutige kleine Livia zur Welt und machte rasche Fortschritte – vom Weinen zum Lachen zum Sitzen zum Krabbeln. Ein paar Monate vor ihrem ersten Geburtstag kam mein Freund Nick zu Besuch. Begeistert erzählte er von einer Doljanchi-Feier, auf der er in der vorigen Woche gewesen war. Doljanchi ist eine koreanische Tradition: Der erste Geburtstag eines Kindes wird dort groß begangen. Der beste Teil des Festes, so Nick, ist das Wahrsageritual. Das ahnungslose Baby wird vor einen Haufen Gegenstände gesetzt und ermuntert, sich einen davon zu nehmen. Seine Wahl sagt, so glaubt man, etwas über die Zukunft des Kleinen aus. Nimmt das Kind eine Banane, wird es nie Hunger leiden. Greift es zum Buch – geht es in die Wissenschaft, eine Silbermünze – es wird reich, ein Tuschepinsel – es wird Künstler.

Ich war fasziniert. Noch am selben Abend setzte ich Livia vor eine Reihe von Gegenständen: ein Stethoskop (ob sie Ärztin würde?), einen Plüschhund (oder Tierärztin?), eine Pflanze (vielleicht Greenpeace-Aktivistin?), Gebäck (Köchin?) und ein buntes Gehirnmodell (Neurowissenschaftlerin?). Livia prüfte ihre Wahlmöglichkeiten sehr genau, nahm sich viel Zeit und entschied sich dann ohne Zögern für das iPhone, das ich an der Tischkante hatte liegen lassen.

Es hätte mich nicht überraschen sollen. Die Kleine war von dem Stück Technik besessen. Sie brachte es fertig, quer durchs Zimmer von einer Seite zur anderen zu robben, um es zu fassen zu kriegen. Ein solches Manöver hätte ja seinen Sinn, wenn sie dann ihre E-Mails abrufen oder ihren Facebook-Status aktualisieren würde. Das aber hatte sie nicht vor. Als sie das Teil endlich zu fassen bekam, steckte sie es in den Mund und fing an, darauf herumzukauen. Es aufessen zu wollen, erwies sich als wenig erfolgreich, dennoch ließ sie sich nicht entmutigen. Immer wieder griff sie nach dem Handy – auch dann, wenn essbare Dinge in Sichtweite waren. Nicht das Licht und auch nicht die Geräusche fesselten sie; sie hatte andere bunte Musikspielzeuge, auf die sie nicht halb so wild war. Das iPhone war das Objekt ihrer Sehnsucht, weil sie vom Tag ihrer Geburt an beobachtet hatte, dass ihre Eltern mit großem Interesse damit hantierten. Obwohl sie erst wenige Monate alt war und noch nicht einmal sprach, konnte sie sich zusammenreimen, dass diese metallenen Rechtecke extrem wertvoll sein mussten.

Die Vorliebe der kleinen Livia für iPhones sagt etwas Wichtiges darüber, wie unser Gehirn arbeitet. Sie zeigt anschaulich, dass wir mit der Veranlagung geboren werden, automatisch von denjenigen zu lernen, die uns umgeben. Das passiert instinktiv, es ist ein Reflex – der Impuls zum sozialen Lernen.

Das menschliche Gehirn ist angelegt, sich innerhalb eines sozialen Kontextes Wissen anzueignen. Wir lernen so gut wie alles – ob es nun darum geht, welcher Gegenstand besonders wertvoll ist oder wie man eine Apfelsine schält – dadurch, dass wir das Verhalten anderer Menschen beobachten. Wir ahmen nach, nehmen auf und übernehmen. Und das in vielen Fällen unbewusst. Der Vorteil daran ist, dass wir nicht allein auf unsere eigenen beschränkten Erfahrungen oder Fähigkeiten mit unserer Umwelt angewiesen sind, sondern auch von den Erfahrungen vieler anderer profitieren können. Das bedeutet, dass wir sehr schnell lernen können und nicht nur durch den mühsamen Prozess von Versuch und Irrtum.

Wir lernen von Menschen, die wir direkt beobachten – so wie meine Tochter von ihren Eltern und deren Umgang mit dem Handy –, und von anderen, die uns in den sozialen Medien, Film und Fernsehen begegnen. Die aktuelle Beliebtheit des Namens Mason in den Vereinigten Staaten beispielsweise geht zurück auf Mason Disick, den Sohn der beiden Reality-TV-Stars Kourtney Kardashian und Scott Disick. Der Name hatte bereits angefangen, an Beliebtheit zuzulegen, aber ein Jahr nach der Geburt von Mason Disick schnellte er von Platz 34 unter den Top 100 auf Platz zwei und ist seit fünf Jahren immer unter den ersten vier. Sie müssen noch nicht einmal mit der Serie vertraut sein, um angesteckt zu werden. Wie James H. Fowler und Nicholas A. Christakis in ihrem Buch *Connected! Die Macht sozialer Netzwerke und warum Glück ansteckend ist*[3] wunderbar erklären, breiten sich Trends und Einflüsse in Windeseile von einem Menschen auf den anderen aus. Natürlich können wir hier nicht Ursache und Wirkung belegen – Mason Disick hat womöglich gar nichts mit dem Beliebtheitszuwachs seines Namens zu tun, sondern spiegelt diesen lediglich wider (mit anderen Worten: Seine Eltern waren möglicherweise selbst von einem wachsenden Trend beeinflusst). Aber dass viele beliebte Namen unmittelbar nach dem Auftauchen einer Person – real oder fiktiv – gleichen Namens in den Medien einen kolossalen Aufschwung erleben, legt einen ursächlichen Zusammenhang nahe (nur für den Fall, dass Sie sich das fragen: Die Fachwelt diskutiert noch immer, woher die Beliebtheit des Namens Sophia kommt).

Und doch behauptet so ziemlich jeder von uns, dass er weit weniger leicht von anderen zu beeinflussen sei als jeder andere. Das ist natürlich statistisch unmöglich. Wir können nicht sämtlich weniger anfällig sein als Otto Normalverbraucher. Dass wir uns selbst als kleine Mahatma Gandhis sehen, liegt daran, dass Beeinflussung oftmals unterschwellig stattfindet. Tatsächlich streben die meisten von uns erklärtermaßen das Anderssein an. Die Erkenntnis, dass wir das Produkt der Vorlieben anderer sind, fühlt sich unbehaglich an. Zusammen mit unserer im Unterbewusstsein verankerten Neigung zum sozialen Lernen führt unser bewusstes Streben nach Individualität dazu, dass wir uns bei denselben »individuellen« Vorlieben treffen.

Think different?

Im Juli 1997 hatte Craig Tanimoto, künstlerischer Leiter beim amerikanischen Ableger der Werbeagentur TBWA den Auftrag, eine Werbekampagne für Personal Computer zu entwerfen. Sein Kunde, ein Hardware-Lieferant, hatte ein gutes Produkt anzubieten, doch haperte es bei den Verkaufszahlen. Obwohl Künstlertypen seinen Rechner kauften, blieben die Massen bei ThinkPads von IBM. Die Firma musste die Massen erreichen, wenn sie überleben wollte.[4] Wie konnte Craig die Leute dazu bringen, von IBM zu seinem Kunden zu wechseln?

Drei weitere Teams in Craigs Firma versuchten sich an innovativen Lösungen. Nach einer Woche voller Überlegungen traf man sich, um die einzelnen Vorschläge vorzustellen. Rob Siltanen, der damalige künstlerische Direktor von TBWA, erinnert sich an einen vom Fußboden bis zur Decke mit Skizzen, Fotos und Logos gepflasterten Konferenzraum. Die meisten Ideen waren trivial und wenig inspirierend. Craigs Vorschlag aber stach heraus. Er hatte Schwarz-Weiß-Bilder außergewöhnlicher Persönlichkeiten zusammengestellt: Thomas Edison, Albert Einstein und Mahatma Gandhi. Oben auf jedem Foto hatte er den Schriftzug eingefügt: »Think different« und das regenbogenfarbene Logo von Apple. Einfach, aber genial.

Die »Think-different«-Kampagne wurde ein Riesenerfolg. Sie gewann jede Auszeichnung und ließ Apples Verkaufszahlen explodieren. Jeder wollte so denken wie Edison oder Einstein, und wenn Macintosh das möglich machte, her damit. Heute besitzt die Hälfte aller US-Haushalte ein Apple-Produkt und ironischerweise war es die »Think-different«-Kampagne, die diesen Hype auslöste. Craig sprach ein grundlegend menschliches Bedürfnis an: einzigartig, aber trotzdem trendy zu sein. Paradox daran ist freilich, dass wir uns zwar gerne als etwas Besonderes sehen, doch zugleich gerne die Sichtweisen und Vorlieben derer übernehmen, von denen wir umgeben sind: Die Musik, die wir hören, die Art von Leuten, mit denen wir Freundschaft schließen, die Technik, die wir nutzen, und die Namen, die wir unseren Kindern geben – all das sind keine Entscheidungen, die wir unabhängig treffen.

Diese Neigung wird häufig als Schwäche dargestellt: Unser Mangel an Unabhängigkeit könnte schließlich bedeuten, dass wir unsere Ziele gegen die anderer Leute eintauschen, die gar nicht zu uns passen. Das ist eine berechtigte Sorge, auf die ich später noch zurückkomme. Aber drehen Sie den Spieß um, und Sie sehen, dass soziales Lernen auch eine ungeheure Chance sein kann: ein Instrument, die Leute um Sie herum zu beeinflussen, indem Sie einfach das gewünschte Verhalten vorleben. Treffen Sie die richtige Wahl, zeigen Sie es, und Sie erhöhen die Wahrscheinlichkeit dafür, dass andere es Ihnen nachtun. Treffen Sie eine schlechte und zeigen es, kann Ihnen das allerdings auch passieren.

Wenn jemand Merlot bestellt, gehe ich!

Eine der eindrucksvollsten Demonstrationen der Macht sozialen Lernens ist nach wie vor die Originalstudie des Stanford-Psychologen Albert Bandura von 1960. Bandura hatte für seine Studie 72 Vorschüler aus dem Kindergarten der Stanford University eingeladen.[5] Der kleine James war einer von ihnen. Im Labor setzte man ihn mit Stickern und Stempeln in eine Ecke des Spielzimmers, wo er sich selbst beschäftigen sollte. In einer anderen Ecke saß Harold, einer der Forscher aus Banduras Team. Harold befasste sich ein paar Minuten lang still mit ein paar Spielsachen. Mit einem Mal schlug er wie aus dem Nichts auf eine aufblasbare Puppe ein, die neben ihm lag. »Pow wow!«, schrie er dabei.

James beobachtete den Tumult ein Weilchen und wurde dann in einen anderen Raum voller Spielsachen gebracht. Dort spielte er fröhlich mit Autos und Bauklötzen, bis man ihm mitteilte, er müsse leider in das erste Zimmer zurück. Frustriert begann James bei seiner Rückkehr seinerseits auf die aufblasbare Puppe einzuschlagen. »Pow wow!«, schrie er.

Ein weiteres an dieser Studie beteiligtes Kind war Eddie. Eddie machte ähnliche Erfahrungen wie James, eines allerdings war anders: Als Eddie mit Harold im Zimmer saß, agierte dieser nicht aggressiv. In der Folge reagierte auch Eddie nicht aggressiv. Ja, auch er war frustriert, als er das Spielzimmer voller Autos verlassen musste, verlieh jedoch seinem Frust nicht mit Aggressionen Ausdruck. James und Eddie gehörten je einer der beiden Versuchsgruppen in Banduras Studie an. Die Kinder, die Zeugen von gewalttätigem Verhalten geworden waren, reagierten später sehr viel häufiger ebenso. Diejenigen, in deren Beisein Harold nicht auf die Puppe eingeschlagen hatte, taten später selbst nichts dergleichen.

Wir alle sind Harolds. Sie mögen sich dessen nicht bewusst sein, aber wie wir uns verhalten, wird von anderen wahrgenommen und nachgeahmt. Das gilt für so ziemlich jede Situation, ganz besonders aber für solche, in denen andere sehr genau auf einen achten: Schützlinge, Kinder, Kollegen, Freunde. Wir senden Signale an andere, die vermitteln, was normativ und erstrebenswert ist. Haben Kinder beispielsweise Erwachsene vor sich, die an ihren Handys hängen und tütenweise Chips futtern, wird es extrem schwierig, sie dazu zu bringen, ein Buch zu lesen und eine Birne zu knabbern. Entscheiden Sie sich jedoch für Obst statt Chips, steigt die Chance, dass andere um Sie herum dasselbe tun.

Ein Experiment, das meine Studentin Caroline Charpentier und ich durchgeführt haben, macht das deutlich.[6] Wir baten hundert Versuchsteilnehmer, einen Fastentag einzulegen – kein Full-English-Breakfast, kein heiß ersehnter Schluck Kaffee, kein Snack zu Mittag –, und luden sie dann zu uns ins Labor ein. Die Studenten erschienen komplett ausgehungert. An diesem Punkt baten wir sie, achtzig verschiedene Lebensmittel von Baked Beans bis zu Wasabi-Nüssen zu bewerten. Danach durften sie sich mehrere Sachen aussuchen, die sie – wie wir ihnen gesagt hatten – am Ende von uns bekommen würden. Kurz bevor sie ihre endgültige Wahl trafen, bekamen sie eine Liste auf der stand, was Studenten gewählt hatten, die zuvor an der Studie teilgenommen hatten. Am Ende fragten wir unseren Probanden, ob sie glaubten, dass sie durch die Entscheidungen der anderen Teilnehmer beeinflusst worden waren oder nicht.

Eine der Studentinnen sagte: »Ich fand es interessant, teilweise überraschend, was die anderen sich ausgesucht hatten, aber meine Präferenzen blieben unverändert!«, und ein anderer behauptete: »Es war deren Entscheidung, die hat mich in meiner eigenen nicht beeinflusst!«

Wie die meisten Teilnehmer lagen auch diese beiden komplett daneben. Als wir uns das Verhalten der ersten Teilnehmerin im Einzelnen anschauten, stellten wir fest, dass sie zu zwanzig Prozent Lebensmittel gewählt hatte, von denen sie vorher gesagt hatte, dass sie sie nicht mag (Cocktailtomaten beispielsweise) – nachdem sie erfahren hatte, dass andere sich dafür entschieden hatten; der zweite Student hatte in zehn Prozent der Fälle dasselbe getan. Im Fall der Probandin bedeutete dies, dass sie aufgrund eines sozialen Lernprozesses bei jeder fünften Entscheidung, die sie zu treffen hatte, etwas tat, was sie ursprünglich nicht gewollt hatte.[7] Wenn Menschen die Entscheidungen anderer wahrnehmen, schreibt das Gehirn den gewählten Optionen in speziellen Regionen, die für die Bewertung von Dingen wichtig sind, automatisch zusätzlichen Wert zu, denn es arbeitet nach der Regel, dass das, was von anderen gewollt wird, höchstwahrscheinlich von allgemeinem Nutzen ist. Muss dann später eine Entscheidung gefällt werden, beziehen wir diese Bewertungssignale unbewusst mit ein und lassen sie in unsere Entscheidung einfließen.

Ein wunderbares Beispiel hierfür liefert eine fiktive Gestalt, die einen ungeheuren Einfluss auf den Verkauf von Wein haben sollte.[8] Im Jahr 2004 lernte die Welt Miles kennen, einen Connaisseur, der die Weingüter rund um Santa Barbara in Kalifornien bereiste. Miles, unglücklich geschieden, in dem Film *Sideways* gespielt von Paul Giamatti, befand sich auf einer letzten Junggesellentour mit seinem Freund Jack, der in Kürze heiraten sollte. Der Film wirkte Wunder für den Absatz von Santa-Barbara-Weinen. Mit einer Ausnahme: Merlot.

»Wenn jemand Merlot bestellt, gehe ich, ich werde *keinen Tropfen* Merlot trinken!« Mit diesem einen Satz im Film fügte Miles dem Verkauf von Merlot über ein ganzes Jahrzehnt hinweg schweren Schaden zu. Die Sorte hat sich noch immer nicht davon erholt. Miles wählte stattdessen Pinot Noir, dessen Verkaufszahlen seither durch die Decke gehen. Schlicht und einfach jemanden dabei zu beobachten, wie er eine Entscheidung fällt – sein Kind Mason zu nennen oder Pinot Noir zu trinken –, lässt diese Option mit einem Mal wertvoller erscheinen und macht es wahrscheinlicher, dass andere sie ebenfalls vorziehen. Das klappt sogar, wenn die Person, die diese Entscheidung trifft, lediglich der Fantasie eines anderen entsprungen ist.

Die Befürchtung im Zusammenhang mit sozialem Lernen ist, dass unser Einfluss bisweilen andere dazu bringt, Entscheidungen zu treffen, die nicht das Beste für sie sind. Livia zum Beispiel wäre besser dran gewesen, hätte sie sich den Keks zum Drauf-Herumkauen oder den Plüschhund zum Spielen ausgesucht. Aber sie suchte sich keine Sachen, die ihre Bedürfnisse befriedigten, sondern solche, die meine befriedigten – mein Handy. Ich machte mir Sorgen, dass sie das womöglich noch in zwanzig Jahren durcheinanderbringen würde, wenn es darum ging, einen Job oder den Partner fürs Leben zu finden.

Vielleicht wäre das alles anders, wenn Livia und ich vor Jahrtausenden mit unseren Jäger-und-Sammler-Vorfahren zusammen in den Wäldern zu Hause gewesen wären. Seinerzeit war Nahrung rar und kostbar für alle, die Bedürfnisse einer Person waren denen einer anderen sehr viel ähnlicher: Nahrung, Wärme, Unterschlupf. Auf das aus zu sein, was von anderen für wertvoll erachtet wurde, wäre seinerzeit in vielen Fällen genau richtig gewesen. In der heutigen Zeit stellt sich die Situation ein bisschen anders dar. In unserer Welt des Überflusses, der Muffins und T-Bone-Steaks werden in der westlichen Welt die Grundbedürfnisse der meisten Menschen ständig befriedigt. Was heute als wertvoll erachtet wird, ist nicht notwendigerweise etwas Überlebensnotwendiges. In unserer spezialisierten, den Bedürfnissen des Einzelnen angepassten Welt sind die Dinge, die ich schätze, für Sie nicht notwendigerweise von Nutzen.

Die Entscheidungen eines anderen zu imitieren, kann harmlos sein, unter Umständen allerdings auch lebensbedrohlich. Hierzu ein frappierendes Beispiel: Jahr für Jahr werden zehn Prozent der in den Vereinigten Staaten gespendeten Nieren nicht in Anspruch genommen. Es hat sich gezeigt, dass wenn eine Organspende von einem Patienten abgelehnt wird – sei es aufgrund der besonderen gesundheitlichen Verfassung des Patienten oder aus religiösen Gründen –, der nächste Patient auf der Liste darüber informiert wird, dass das Organ zuvor abgelehnt wurde, nicht aber die Gründe dafür erfährt. Der Patient geht daraufhin davon aus, dass mit dem Organ etwas nicht in Ordnung ist, und schiebt eine potenziell lebensrettende Operation auf – ebenso der nächste Patient und der übernächste. Ersetzen Sie »Niere« durch »Immobilie«, »Lebenspartner«, »Aktien« oder »Projekte«, und es wird offensichtlich, wie oft Menschen allein auf der Grundlage der Entscheidungen anderer Gelegenheiten verstreichen lassen, von denen sie profitieren könnten.[9]

Das gilt offline ebenso wie online. Denken Sie an populäre Internetseiten – viele davon bewerten und beziffern die Meinung anderer und präsentieren dies gut sichtbar. Das ist ein Süßigkeitenladen für das sozial lernende Gehirn, voller Lutscher und Gummibärchen in Gestalt von Bewertungen und Kommentaren. Wenn Sie beispielsweise die Liste der hundert meist besuchten Internetseiten in den USA durchsehen, finden Sie Facebook auf Platz zwei, Amazon auf Platz fünf, Twitter auf Platz zehn, Pinterest auf Platz fünfzehn. Etwas weiter unten finden wir Yelp, TripAdivor und Reddit. Eine dieser Seiten haben Sie vermutlich heute schon besucht, ich jedenfalls. All diese Webseiten helfen uns zu entscheiden, wo wir unsere Ferien verbringen wollen, welche unserer Freunde wir liken, welches Buch wir als nächstes lesen und welchen Arzt wir besser nicht aufsuchen sollten. Es gibt sogar Partnerbörsen, auf denen Frauen den Mann, mit dem sie den Abend zuvor verbracht haben, bewerten, um anderen Frauen die Entscheidung zu erleichtern. Ratings sind die neue Bibel – ein Leitfaden für ein gutes Leben. Die Frage ist: Wie gut sind sie als Richtschnur geeignet?

Wir halten Online-Bewertungen für ein Abbild der Meinungen vieler unabhängiger Nutzer und messen ihnen großes Gewicht bei. Eines aber vergessen wir dabei gerne: Wenn Sie auf Yelp ein Restaurant, auf Amazon ein Buch oder auf TripAdvisor ein Hotel bewerten, haben Sie es ja nicht mit einem unbeschriebenen Blatt zu tun. Wenn Sie Ihre Bewertung abgeben, haben Sie die bereits abgegebenen Bewertungen für jenes Restaurant oder Hotel bereits gesehen, und diese werden Ihre eigene beeinflussen. Sean Taylor, promovierter Absolvent der New York University und inzwischen bei Facebook angestellt, hat untersucht, wie vorhandene Bewertungen und Kommentare nachfolgende Bewertungen beeinflussen.[10] Er stellte fest, dass wenn Sie die *erste* Bewertung zu einem glänzenden Plus manipulieren, die Wahrscheinlichkeit für weitere positive Bewertungen um 32 Prozent steigt und das Gesamtrating letztlich um 25 Prozent besser ausfällt! Das bedeutet, dass der Unterschied zwischen einem durchschnittlich bewerteten Buch, Arzt oder Hotel und einem phänomenal gut bewerteten in vielen Fällen auf die erste Person zurückzuführen ist, die sich eingeloggt und ihre Meinung kundgetan hat. Dass eine einzige Person, ein Rating, so viele andere zur Nachahmung animiert, ist recht bemerkenswert.

Solche Ratings haben unter Umständen Einfluss auf Lebensentscheidungen. Vor ein paar Wochen half ich zum Beispiel einem meiner Studenten, die Kurse für das Herbstsemester zusammenzustellen. Ich schlug ihm einen Kurs in Sozialpsychologie vor, der für seine wissenschaftliche Arbeit hätte nützlich sein können. Der Student machte sich auf www.ratemyprofessor.com über den Professor, der den Kurs leitete, kundig. Als er sah, dass das Rating des Professors zu wünschen übrig ließ, beschloss er, nicht zu ihm zu gehen, und belegte stattdessen einen Kurs in Anthropologie, den ein Dozent mit Spitzenbewertungen abhielt. Mein Student fällte eine für sein berufliches Fortkommen wichtige Entscheidung mit vielleicht langfristigen Konsequenzen auf der Grundlage von Zahlen, die eventuell nicht so viel aussagen, wie es auf den ersten Blick den Anschein hat. Außerdem ignorierte er komplett die Möglichkeit, dass ungeachtet dessen, dass der Durchschnittsstudent womöglich nicht viel für den Kurs übrig haben würde, der Stoff ihm bei seinen besonderen Interessen womöglich mehr als gelegen kommen könnte.

Im Inneren des Gehirns

Vor ein paar Jahren beschlossen meine Kollegen am Weizmann Institute of Science in Israel, Micah Edelson und Yadin Dudai, und ich zu untersuchen, was im Gehirn vor sich geht, wenn wir etwas über die Meinungen und Überzeugungen anderer Menschen erfahren. Was genau ändert sich auf physischer Ebene in unserem Gehirn?

Versetzen Sie sich in die Teilnehmer dieser Studie: An einem Montagmorgen kommen Sie in Yadins Labor – ein modernes Gebäude mitten auf einem sonnigen begrünten Campus, ungefähr zwanzig Autominuten von Tel Aviv entfernt. Sie nehmen im Wartezimmer Platz, wo Sie auf

Rosie, Danielle, Sue und Adam treffen. Die vier werden mit Ihnen zusammen an der Studie teilnehmen. Micah, der das Experiment leitet, betritt den Raum, bittet alle, ein paar Formblätter auszufüllen, und zeigt dann eine Dokumentation. Der Film dauert etwa 45 Minuten. Er zeigt die Härten des Lebens von illegalen Einwanderern in Tel Aviv. Es ist wenig bekannt, aber jedes Jahr gelangt eine große Anzahl an Einwanderern illegal nach Israel und verdingt sich in der Pflege, auf dem Bau oder im Gastgewerbe. Die Polizei hat eine Sondereinheit eingerichtet, um sie aufzuspüren, und der Film zeichnet detailliert die emotionalen Aspekte der Spannungen zwischen den Polizisten und den Einwanderern nach.

Nach dem Film nehmen Sie vor einem Computer Platz und absolvieren einen Test mit 200 Fragen über den Film. Welche Farbe hatte das Kleid, das die Frau bei ihrer Verhaftung trug (Sie glauben, es war rot)? Wie viele Polizisten waren dabei zugegen (vermutlich zwei)? Auch Adam, Rosie und die anderen machen den Test. Alle schneiden ziemlich gut ab. Ein paar Tage später werden Sie wieder ins Labor gebeten. Dieses Mal beobachten wir Ihr Gehirn mit einem Scanner, während Sie den Test erneut absolvieren. Bei diesem Durchlauf werden Ihnen allerdings vor Ihrer Entscheidung jedes Mal die Antworten von Adam, Rosie, Sue und Danielle eingeblendet. Ohne Ihr Wissen legen wir Ihnen in ein paar Fällen gefälschte Antworten vor, die wir ganz absichtlich geändert haben.

Los geht's. Welche Farbe hat das Kleid der Frau? Sie glauben, es sei rot, aber Adam, Rosie, Sue und Danielle behaupten einhellig, es sei weiß. Was tun Sie? Erstaunlicherweise schließen sich siebzig Prozent aller Leute den falschen Antworten der anderen an. Obwohl diese Teilnehmer glauben, die Wahrheit zu kennen, wird ihr Vertrauen in ihre eigenen Antworten durch die der Gruppe erschüttert.

Das ist noch nicht alles. Am Ende des Tests eröffneten wir unseren Teilnehmern, dass einige Antworten von Sue, Danielle, Adam und Rosie gefälscht waren und in Wirklichkeit anders lauteten. Wir bitten sie, den Test ein letztes Mal zu machen und die Antworten doch bitte nach ihren eigenen Erinnerungen zu geben.

Hier wird es richtig interessant. Die Manipulation war so machtvoll, dass sich bei der Hälfte unserer Probanden die Erinnerung dauerhaft verändert hatte – sie haben jetzt unzutreffende Erinnerungen an den Film und die falsche Antwort gespeichert.[11] Fragte man sie, ob sie glaubten, dass die gefälschten Antworten, die wir ihnen zuvor gezeigt hatten, sie noch immer beeinflussten, lautete die Antwort fast einhellig »Nein!«. Was geht hier vor sich?

Der Schlüssel zu diesem Phänomen hat mit einer Hirnregion zu tun, die Ihnen womöglich aus den vorangegangenen Kapiteln noch in Erinnerung ist. Sie hat die Größe einer Cocktailtomate und liegt tief in unserem Gehirn – die Amygdala. Die meisten Wirbeltiere verfügen über sie; sie ist Teil unseres evolutionär »alten« Gehirns. Die Amygdala ist bekannt für ihre Rolle bei der Verarbeitung von Emotionen wie Furcht.[12] Die meisten Menschen wissen hingegen nicht, dass bei der erstmaligen Beschreibung der Funktionen der Amygdala gar nicht die Verarbeitung von Emotionen im Vordergrund stand, sondern der Schwerpunkt auf dem Sozialverhalten lag. Ende der 1930er-Jahre berichteten die beiden Wissenschaftler Heinrich Klüver und Paul Bucy, dass Affen mit einer Läsion im mittleren Temporallappen (wo die Amygdala ihren Sitz hat) urplötzlich ein auffälliges Sozialverhalten an den Tag legten.[13] Heute wissen wir, dass nicht nur Affen eine intakte Amygdala brauchen, um ein normales Sozialleben zu führen. Auch Menschen geht es so, weil die Fähigkeit, Emotionen zu verarbeiten, eng mit unseren sozialen Fertigkeiten verknüpft ist. Es hat sich gezeigt, dass Menschen mit einer großen Amygdala in vielen Fällen über mehr Freunde und ein vielfältiges soziales Netzwerk verfügen und meist zutreffender über andere zu urteilen vermögen als andere.[14]

Wir konnten in unserer Studie zeigen, dass in dem Augenblick, in dem ein Versuchsteilnehmer von den Antworten der anderen erfuhr, die Amygdala aktiviert war. Diese kommunizierte dann mit einer benachbarten Region – dem Hippocampus, der für unser Erinnerungsvermögen essenziell ist –, und diese Interaktion verankerte letztlich die veränderte Erinnerung an den Film.[15]

Wir stellten auch fest, dass diese sozial bedingten Veränderungen des individuellen Erinnerungsvermögens durch die Aktivität des Frontallappens nachträglich korrigiert werden konnten.[16] Wenn die Teilnehmer in unserem Experiment später erfuhren, dass wir sie mit falschen Erinnerungen anderer Personen hereingelegt hatten, vermochten diejenigen mit einer hohen Frontallappenaktivität ihre ursprüngliche Erinnerung an den Film wiederherzustellen. Aber diese Korrektur gelang nicht immer. Wenn Ihre Amygdala sehr stark auf die Ansichten anderer Menschen anspricht, setzt sie eine biologische Reaktion in Gang, die Ihre Frontallappen daran hindern kann, falsche Überzeugungen nachträglich zu korrigieren.

Bei etwa der Hälfte unserer Versuchsteilnehmer blieben die falschen Erinnerungen der anderen haften, und so fingen sie ernstlich an zu glauben, dass diese Erinnerungen zutreffend waren. Sie stimmten nicht einfach nur zu, um ihr Gesicht zu wahren oder einem Konflikt aus dem Weg zu gehen, sondern ihr Gedächtnis war physisch verändert. Ein großes Plus der Möglichkeit, die Gehirnaktivität von Menschen während der Beeinflussung durch andere betrachten zu können, liegt darin, dass wir auf diese Weise sehen, wann Änderungen an Überzeugungen, Erinnerungen oder Präferenzen auf echte Modifikationen zurückzuführen sind, und wann jemand es einfach nur leichter findet, mit der Mehrheit zu schwimmen, auch wenn er tief in seinem Inneren die Wahrheit kennt.

Wer springt zuerst?

Werden unsere Ansichten und Entscheidungen von anderen Menschen verfolgt, bleiben sie nicht folgenlos: Ob wir ein Jobangebot annehmen, einen potenziellen Partner zurückweisen, einem Hotel ein Spitzenrating verpassen, eine Organspende ausschlagen, all das kann die Wahrnehmungen und Entscheidungen anderer Menschen verändern. Es gibt jedoch noch einen entscheidenden Faktor, der Einfluss darauf hat, ob Ihre Entscheidungen die anderer Menschen beeinflussen: die sichtbaren Folgen dieser Entscheidungen.

Da wäre beispielsweise der Fall der Adeliepinguine, einer Langschwanzpinguinart in der Antarktis, beschrieben von dem Wirtschaftswissenschaftler Christophe Chamley.[17] Mit ihren großen weißen Bäuchen und dem schwarzen Deckgefieder sehen die Tiere aus wie wandelnde Fräcke auf zwei Beinen. Oft sieht man sie in großen Gruppen am Ufer nach Nahrung suchen. Ihre Lieblingsspeise ist Krill. Aber in dem eiskalten Wasser lauern Gefahren. Eine davon ist der Seeleopard, der Pinguine gern als Vorspeise vertilgt. Die weißen Bäuche der Pinguine knurren, die der Seeleoparden aber auch. Was soll so ein Pinguin also tun?

Seine Strategie ist der Wartepoker. Die Tiere stehen am Wasser und warten und warten, bis einer von ihnen aufgibt und hineinspringt (oder geschubst wird). In dem Augenblick, in dem das geschieht, recken alle Pinguine ihre kurzen Hälse so weit sie können. Sie warten gespannt, was als nächstes geschieht. Überlebt der Pionier, springen sie alle hinterher. Kommt er um, wenden sie sich ab. Das Schicksal eines einzigen Pinguins verändert das aller anderen. Ihre Strategie könnte bezeichnet werden als »lernen und leben«.

Wir höher gewachsenen Zweibeiner tun dasselbe. Wir schauen zu, wie unser risikobereiter Artgenosse springt, und warten ab, ob er sicher landet, bevor wir selbst abheben. Das gilt im wörtlichen Sinne – wenn Leute warten, bis jemand von einem Sprungbrett oder über einen Zaun springt, bevor sie selbst es wagen – ebenso wie im übertragenen: Wir gründen leichter ein Unternehmen, schreiben eher ein Buch, lassen uns eher scheiden und entscheiden uns bereitwilliger für ein Kind, wenn wir andere dabei beobachtet und gesehen haben, wie sie dasselbe taten und sicher auf die Füße kamen. Zuschauen ist eine gute Strategie, selbst wenn wir nur ein Glas Wein aussuchen. Die Reaktion anderer zu verfolgen, wenn sie an ihrem Lieblingsrotwein nippen, ist nicht die schlechteste Taktik, um zu entscheiden, was für eine Flasche man bestellen will.

Kurz: Die Leute beobachten nicht nur, wie Sie sich entscheiden, sondern auch welche Folgen diese Entscheidung für Sie hat. Eben deshalb hat es so weitreichende Konsequenzen, wenn man Leute für gutes Verhalten belohnt und für schlechtes bestraft – es betrifft nicht nur diejenigen, die soeben gelobt oder kritisiert worden sind, sondern auch alle anderen, die dabei zuschauen. Um dies zu belegen, ließ Albert Bandura (der Psychologe, dem wir bereits begegnet sind) seinem Experiment mit der aufblasbaren Puppe eine zweite Studie folgen, in der Harold, nachdem er die Puppe geschlagen hatte, entweder etwas Süßes bekam oder aber gescholten wurde, solches nie wieder zu tun. Die an der Studie beteiligten Kinder schlugen mit erhöhter Wahrscheinlichkeit auf die Puppe ein, wenn sie gesehen hatten, dass Harold dafür belohnt wurde, und seltener, wenn er ausgeschimpft wurde.[18]

Doch wie lernt das menschliche Gehirn aus den Folgen des Handelns anderer? Bemühen wir einfach dasselbe System, das wir auch verwenden, um aus unseren eigenen Erfahrungen zu lernen? Oder haben wir einen parallel arbeitenden Mechanismus entwickelt, mit dem wir aus den Erfolgen und dem Scheitern anderer Menschen lernen? Aus Experimenten an Affen wissen wir, dass die Neuronen, die auf unsere eigenen Fehler und Triumphe ansprechen, nicht dieselben sind, die auf die Erfahrungen anderer reagieren.[19] Diese Unterscheidung ist sinnig, denn sie erlaubt uns, unser eigenes Ungemach von dem anderer zu unterscheiden, aber nichtsdestotrotz aus beiden zu lernen.

Es gibt noch einen weiteren Unterschied in Bezug darauf, wie Ihr Gehirn auf Ihre eigenen Erfahrungen in Relation zu denen anderer reagiert – und der einen potenziell unangenehmen Zug des menschlichen Wesens offenbart. Tief in unserem Gehirn liegt das Striatum. Es handelt sich um einen evolutionär sehr alten Teil des Gehirns, der unter anderem wichtig dafür ist zu lernen, was uns Freude und was uns Schaden bringen wird. Die dopaminergen Neuronen im Striatum tun das in der Regel dadurch, dass sie ihre

»Feuerrate« erhöhen, wenn das Ergebnis besser als erwartet ist (das erhöht die Wahrscheinlichkeit, dass Sie die Aktion wiederholen, die zu diesem guten Ausgang geführt hat), und reduzieren, wenn das Ergebnis schlechter ist als erwartet (mithin die Wahrscheinlichkeit herabsetzen, dass Sie die Aktion wiederholen, die zu diesem weniger guten Resultat geführt hat).[20]

Versetzen Sie sich in Ihre Studienzeiten zurück und stellen Sie sich vor, dass Ihr Professor Ihnen eine schwierige Frage stellt. Sie sind sich der Antwort nicht sicher, murmeln aber so etwas wie eine Antwort. »Gut gemacht!«, entgegnet der Professor. »Das ist die beste Antwort, die ich im ganzen Semester gehört habe. Sie bekommen einen Extrapunkt!« Die Neuronen in Ihrem Striatum spielen verrückt. Sie beginnen auf der Stelle, wie wild zu feuern, zum Zeichen dafür, dass die positive Rückmeldung des Professors unerwartet und wohltuend war. Wenn hingegen auf der anderen Seite Ihr Professor sagt: »Also wirklich, das ist blanker Unsinn, ich bin sehr enttäuscht. Ich werde Ihnen eine Sechs geben müssen!«, werden Ihre Neuronen im Striatum ihre Feuerrate massiv herabsetzen und damit kundtun, dass die Rückmeldung des Professors unangenehm und unerwartet war.

Jetzt kommt aber das Interessante: Es gibt Studien, die zeigen, dass die Neuronen in Ihrem Striatum das umgekehrte Reaktionsmuster zeigen, wenn nicht Sie vom Professor bloßgestellt wurden, sondern Ihr Freund Max.[21] Sie erhöhen die Feuerungsrate, wenn Max die Kritik einfährt, und reduzieren sie, wenn Max gelobt wird. Vielleicht nimmt Ihr Gehirn andere Menschen als Konkurrenten wahr und bewertet deren Fehler daher als Belohnung für das Selbst, ihren Erfolg als Schlag ins Kontor.

Das Wichtige an alledem aber ist, dass Sie aus Max' Erfahrung lernen können und er aus Ihrer, und das ist eine tolle Sache. Ja, Ihr Verstand leistet mehr, als lediglich Max' Erfahrung zu speichern: In vielen Fällen vergleicht er das Verhalten Ihres Freundes mit Ihrer Vorstellung davon, wie Sie selbst reagiert hätten. Wenn wir einen Mitarbeiter eine Präsentation halten oder einen Freund etwas kochen sehen, betreiben wir oftmals eine Art ständigen Vergleich: »Oh, die Grafik hätte ich aber nicht als pinkfarbenes Säulendiagramm dargestellt«, oder: »Das ist viel zu viel Salz für Fettucine Alfredo, was fällt ihm nur ein?« In vielen Fällen sind Ihre »Was wäre wenn«-Entscheidungen mit den Lebensentscheidungen anderer Menschen problemlos vereinbar. Doch passt deren Handeln nicht zu dem, was Sie sich für sich selbst vorstellen, veranlasst diese Abweichung die Neuronen in Ihrem Frontallappen (und vor allem in einer Region, die man als dorso-lateralen präfrontalen Cortex oder kurz DLPFC bezeichnet) zu feuern.[22] Die Neuronen sagen damit: »Achtung hier passiert etwas Unerwartetes, das müssen wir alle mitbekommen!« Dieses Signal lenkt zusätzliche Aufmerksamkeit auf das, was vor sich geht – jemand hat eine andere Entscheidung getroffen als Sie es getan hätten, und das ist eine gute Gelegenheit zu schauen, ob die Entscheidung gut war.

Theory of Mind (Naive Theorie)

Wie wir gesehen haben, ist unser Gehirn so eingerichtet, dass es automatisch von anderen lernt. Vom Tag unserer Geburt an sind wir damit beschäftigt nachzuahmen, wir bewerten automatisch permanent die Ergebnisse fremder

Entscheidungen, unsere Erinnerungen verändern sich so, dass sie sich denen anderer anpassen, und unsere Neuronen reagieren auf Fehlschläge und Erfolge aller Menschen um uns herum. Es gibt noch ein weiteres trickreiches System, dessen sich unser Gehirn dafür bedient – die Theory of Mind oder Naive Theorie.[23]

Ich schreibe diese Worte am 14. Februar, dem Valentinstag. Sie mögen der zynischen Ansicht anhängen, dass »dieser Tag einzig und allein von Chocolatiers erfunden wurde, um Extrakohle zu scheffeln«, oder der romantischeren Interpretation, er sei »eine gute Gelegenheit, denjenigen, die mich tagtäglich ertragen, zu zeigen, wie sehr ich sie liebe.« Tatsache ist, dass es völlig egal ist, was Sie vom Valentinstag halten. Wichtig ist einzig und allein, was Ihr Partner darüber denkt. Sie können ihn direkt fragen, aber vermutlich legt er Wert darauf, dass Sie die Antwort selbst herausfinden. Was also wirklich bestimmt, ob Ihr Valentinstag schön wird, ist, was Sie glauben, dass Ihr Partner von der Tradition hält. Ihre Aufgabe besteht also darin, sich in den anderen hineinzuversetzen, um dessen Erwartungen zu ergründen. Das ist im Prinzip die Theory of Mind, die man auch als Naive Theorie bezeichnet: unsere Fähigkeit, darüber nachzudenken, was andere Menschen denken. Wir scheinen die einzige Spezies der Erde zu sein, die das kann. Wir denken unablässig darüber nach, was unser Kunde, Patient, Angestellter, Chef oder Geliebter denkt, und stellen unser Verhalten darauf ein. Da ich diese Worte schreibe, denke ich beispielsweise darüber nach, was Sie wohl denken, wenn Sie sie lesen, damit ich die passenden Worte wähle, um Ihnen die Dinge nahezubringen.

Stellen Sie sich vor, Sie besuchten eine Cocktailparty, und eine Servicekraft kommt vorbei, um Ihnen ein Krabbenhäppchen anzubieten. Sie sind bereits satt und lehnen höflich ab. Ihre Gesprächspartnerin Lucy, die den kurzen Wortwechsel beobachtet, wird automatisch in den Modus der Theory of Mind schalten und versuchen zu ergründen, warum Sie das Canapé nicht wollten. Auch wenn sie versucht, hinter Ihre Beweggründe zu kommen, wird sie doch automatisch ihren eigenen Gemütszustand heranziehen, um Schlüsse über den Ihren zu ziehen. Diese instinktive Strategie kann prima funktionieren, kann aber auch zu falschen Schlussfolgerungen führen. Weil sie selbst einen leeren Magen hat, ist es weniger wahrscheinlich, dass Lucy den wahren Grund für Ihren Verzicht auf das rosafarbene Appetithäppchen erschließt, sondern es ist eher damit zu rechnen, dass sie glaubt, Sie fürchteten, dass die Krabben verdorben sind, oder finden es unhöflich, mit vollem Mund eine Unterhaltung zu führen. Wenn sich die Servicekraft nun ihr zuwendet, wird sie ebenfalls dankend ablehnen.

Auch wenn die Theory of Mind höchst nützlich ist – sie hilft uns, miteinander in Verbindung zu treten und vorherzusehen, was Menschen als Nächstes tun werden –, so ist der menschliche Geist als Apparat des Schlussfolgerns doch nicht unfehlbar, und daher gelangen wir unausweichlich hin und wieder zu falschen Schlüssen. Die Folgen können weitreichender sein als ein vorbeigewinktes Horsd'œuvre. Denken Sie an ökonomische Blasen wie jene, die 2008 platzte. Spekulationsblasen entstehen, wenn große Mengen an Papieren zu unrealistischen Preisen gehandelt werden. Es gibt viele Gründe dafür, dass solche Blasen entstehen können, aber es sieht ganz so aus, als hätten wir sie nicht, wenn es keine Theory of Mind gäbe. Stellen Sie sich vor, Sie wären Händler und spekulierten an der Börse. Sie sitzen vor Ihrem Bildschirm und schauen zu, wie die Trendkurven Tango tanzen, steigen und fallen. Sie müssen entscheiden, wann Sie einsteigen und wann Sie aus dem Reigen ausscheiden. Plötzlich gehen die Zahlen hoch wie ein Soufflé im Backofen. »Was passiert hier gerade?«, fragen Sie sich. »Warum kaufen alle? Was wissen die, was ich nicht weiß?«

Die Neurowissenschaftler Benedetto De Martino und Colin Camerer haben zusammen mit ihren Kollegen am California Institute of Technology gezeigt, dass die Händler, die am empfindlichsten auf Spekulationsblasen reagieren – diejenigen also, die am ehesten zu überhöhten Preisen kaufen –, auch besonders gut bei Testaufgaben abschneiden, mit denen die Theory of Mind bewertet wird: beispielsweise den Zustand eines Menschen zu beurteilen, indem man diesem einfach in die Augen schaut.[24] Mit anderen Worten: Ökonomische Entscheidungen, die zur Entstehung von Spekulationsblasen beitragen, werden am ehesten von Menschen getroffen, die ihren Partnern am Valentinstag genau das schenken, was diese sich wünschen. Warum? Die Entscheidung, auf eine Blase aufzuspringen, fällt, wenn ein Händler glaubt, andere Leute hätten positive Informationen über den Markt. Der Händler grübelt darüber nach, was die anderen reitet und kommt zu dem Schluss, dass es einen logischen Grund für den Anstieg geben muss. Also beschließt er, zu überhöhten Preisen doch zu kaufen.

Zwei Lehren lassen sich aus alledem ziehen. Erstens: Wir müssen sehr genau aufpassen, wenn wir anderer Leute Handeln und Entscheidungen zum Leitfaden unserer eigenen Handlungen machen. Sehr oft erfolgt Beeinflussung unterschwellig, und wir können nur hoffen, sensibler für alles zu werden, was damit zusammenhängt. Sensibel dafür, dass sie geschieht, uns dessen bewusst, dass unsere

Schlussfolgerungen falsch sein können, und achtsamer, dass wir unseren eigenen unverwechselbaren Stil nicht gedankenlos gegen den anderer Menschen eintauschen. In Fällen, in denen wir bewusst die Meinung anderer Menschen suchen, indem wir beispielsweise Bewertungen auf Yelp oder Travelocity anklicken, müssen wir uns darüber klar sein, dass diese Ratings nicht so präzise sein müssen, wie sie erscheinen. Im nächsten Kapitel untersuche ich, wie wir uns die Meinung der anderen auf klügere Weise zunutze machen können.

Zweitens: Wenn wir etwas von Mason, Livia, Harold und den Adeliepinguinen lernen können, dann dass ein Einzelner etwas bewirken kann. Genau genommen habe ich an dem Experiment, das Micah, Yadin und ich zusammen durchgeführt haben, ein wichtiges Detail bisher nicht erwähnt: Die Versuchsteilnehmer unserer Studie verwarfen ihre eigenen – korrekten – Überzeugungen und übernahmen die – falschen – der anderen nur so lange, wie alle anderen in der Gruppe einmütig der falschen Antwort anhingen. Sobald jedoch noch jemand die richtige Antwort gab, hielten die Probanden an ihrer ursprünglichen Überzeugung fest. Mit anderen Worten: Auch in einem Schwarm kann *eine* abweichende Stimme andere dazu bringen, unabhängig zu handeln. Sie werden von anderen beeinflusst, aber lassen Sie sich nicht narren – andere werden von Ihnen ebenfalls beeinflusst. Genau deshalb haben unser Handeln und unsere Entscheidungen nicht nur für unser eigenes Leben Bedeutung, sondern auch für das Verhalten aller anderen um uns herum.

KAPITEL 8

Ist »einstimmig« so beruhigend, wie es klingt?

Wie sich einer unklugen Menge kluge Antworten abgewinnen lassen

»Einstimmig« klingt beruhigend, finden Sie nicht? Wenn eine Jury »einstimmig« zu einer Entscheidung gekommen ist, nehmen wir an, dass der Fall klar war. Und wenn »einstimmig« keine Option ist, würden wir »Mehrheit« jederzeit der »Minderheit« vorziehen. Eine Lösung, die von der »Mehrheit« favorisiert wird, klingt sofort besser als eine, die von der »Minderheit« bevorzugt wird. Würden Sie einen Termin bei einem Arzt machen, den die Mehrheit gut findet, oder einem, den die Minderheit favorisiert? Genau.

Der gefeierte jamaikanische Autor Marlon James ist gewohnt zu hören, seine Arbeit sei einstimmig beurteilt worden. Im Jahr 2015 gewann er nach einem Votum ohne Gegenstimme den renommierten Man Booker Prize. Das Preiskomitee nannte seinen Roman *Eine kurze Geschichte von sieben Morden* ein außergewöhnliches Prosawerk. Mit einem Mal stand er in einer Reihe mit Salman Rushdie, Ian McEwan, Iris Murdoch und Kingsley Amis.

Zehn Jahre zuvor, als James seinen Erstlingsroman *Tod und Teufel in Gibbeah* zur Begutachtung einreichte, waren sich die Lektoren rings um den Erdball ebenfalls völlig einig. Ihr Urteil war einstimmig. Allerdings mit einem Unterschied – damals waren sich alle einig, dass James' Arbeit es nicht wert sei, publiziert zu werden. Sein Manuskript wurde sage und schreibe 78 Mal abgelehnt. In Anbetracht des späteren Erfolgs seiner Bücher lässt sich wohl mit Sicherheit sagen, dass die Lektoren damals irrten.

James erinnert sich, dass er alles daran setzte, *Tod und Teufel in Gibbeah* nach den vielen ablehnenden Rezensionen aus der Welt zu schaffen. Er nahm sich – wie es jeder getan hätte – die Meinung so vieler Profis zu Herzen. »Ich ging sogar an die Computer meiner Freunde und löschte das Manuskript«, erzählt er.[1] Glücklicherweise ereilte ihn wenig später ein Sinneswandel, der ihn sein E-Mail-Postfach durchwühlen und das gelöschte Manuskript aus dem Cyberspace-Grab retten ließ. Sein Roman fand mit der Glückszahl 79 einen Verleger.

James' Geschichte ist absolut kein Einzelfall. *Harry Potter und der Stein der Weisen* wurde von zwölf Lektoren abgelehnt, bis schließlich Barry Cunningham, Lektor bei Bloomsbury Publishing, J. K. Rowling eine Vorauszahlung von 2500 Pfund Sterling für ihr Manuskript gewährte – ein Jahr, nachdem der Text erstmals zur Begutachtung eingereicht worden war.[2]

Worin Cunningham sich von den übrigen Gutachtern unterschied, war, dass er den wertvollen Rat einer außergewöhnlich begeisterten Leserin einholte: Alice Newton, Tochter des Bloomsbury-Gründers und -Chefs Nigel Newton und seinerzeit acht Jahre alt. Nigel gab Alice das erste Kapitel zu lesen. Sie war von der Handlung sofort fasziniert, verschlang die ersten Seiten und konnte nicht aufhören. Er erinnert sich, dass sie eine Stunde später strahlend aus ihrem Zimmer herunterkam und mit leuchtenden Augen sagte: »Dad, das ist so viel besser als alles andere.«[3]

Damit besiegelte Alice J. K. Rowlings Schicksal und ließ aus einer alleinerziehenden Mutter mit aufreibendem

Alltag eine Milliardärin werden, die hinfort ihre Geschichten mit Millionen dankbarer Kinder rings um den Erdball teilen konnte.

Als er beschloss, Harry Potter unter Vertrag zu nehmen, war sich Cunningham wahrscheinlich dessen bewusst, dass viele Verlage vor ihm das Manuskript abgelehnt hatten. Aber für ihn hatte die Meinung eines kleinen Mädchens mehr Gewicht als die Dutzender erfahrener Lektoren. Wie sich gezeigt hat, lag er damit richtig. Die übrigen Verleger und Lektoren hatten das Nachsehen.

Der wahre Grund für die Weisheit der vielen

Cunninghams Erfolg verdankt sich dem Umstand, dass er einen allgemein akzeptierten Glaubensgrundsatz über Bord warf – die Vorstellung nämlich, dass Sie bessere Entscheidungen fällen, wenn Sie die Weisheit der vielen achten und sich deren Credo zu eigen machen. Diese Vorstellung hat ihre Wurzeln im Jahre 1907 im englischen Plymouth. Dort versammelten sich an einem landestypisch verregneten Tag Menschen aus ganz England zur jährlichen *West of England Fat Stock and Poultry Exhibition*, einem Viehmarkt, bei dem unter anderem ein Wettbewerb veranstaltet wurde, in dem man die Besucher das Gewicht eines wohlgenährten Ochsen schätzen ließ. Achthundert Menschen nahmen teil, notierten ihr Urteil auf einem kleinen Stück Papier und gaben es ab. Danach wurde der Ochse geschlachtet und gewogen. Als die Schätzungen ausgezählt waren, lag – man höre und staune – der errechnete Mittelwert bei 1207 Pfund und wich nur ein Prozent vom tatsächlichen Gewicht des Ochsen ab. Der Universalgelehrte Francis Galton veröffentlichte dieses erstaunliche Faktum in der renommierten Wissenschaftszeitschrift *Nature* und kam in seinem Beitrag zu dem Schluss, dass die Weisheit der vielen sehr viel mehr vermag, als man denken würde.[4] Dieser Artikel sollte die Art und Weise, wie wir Entscheidungen treffen, von Grund auf verändern.

Ein Jahrhundert später lautet die allgemein akzeptierte Meinung noch immer: Je mehr Köpfe an einer Entscheidung beteiligt sind, desto besser – und zwar egal, ob es sich um die Entscheidung für eine Geschäftsstrategie oder die Speisenfolge eines Abendessens handelt. Die Idee, dass wahre Weisheit in der Masse liegt, wurde in den vergangenen Jahren durch James Surowieckis berühmtes Buch *Die Weisheit der Vielen* populär gemacht.[5] Wenn Sie es jedoch sorgfältig lesen, werden Sie merken, dass der Autor, ungeachtet der oberflächlichen Aussage des Titels, seinen Lesern zu bedenken gibt, dass die vielen nur unter ganz bestimmten Bedingungen weiser sind als der Einzelne. Dennoch blieb bei seinem Leser, in den Medien und einem Großteil der Welt die Überzeugung hängen, dass ganz grundsätzlich zwei Gehirne besser sind als eines und tausend sogar noch besser.

Die Wahrheit aber ist nicht ganz so einfach. Eine Gruppe kann weise sein, sehr oft aber ist sie töricht. Weshalb waren dann die vielen von Plymouth zusammen imstande, das Gewicht des Ochsen genauer zu bestimmen als es ein Durchschnittsmensch alleine vermocht hätte? Die Antwort darauf hat, wie wir gleich sehen, sehr wenig mit »Weisheit« zu tun.

Menschliche Thermometer

Unlängst rief mich bei der Arbeit Lizbeth an, die Babysitterin meiner Kinder. Lizbeth teilte mir mit, dass meine Tochter Livia sich nicht wohl fühle und Fieber habe. Lizbeth hatte, verantwortungsbewusst wie sie ist, Livias Temperatur nicht nur ein-, sondern zweimal gemessen und dabei zwei verschiedene Thermometer verwendet. Das erste zeigte 38,2, das andere 38 Grad Celsius. Lizbeth kam zu dem Schluss, dass die wahre Temperatur vermutlich bei 38,1 Grad liegen werde.

Warum machte sie sich die Mühe, die Messung zweimal durchzuführen? Nun, Lizbeth war sich richtigerweise darüber im Klaren, dass jedes Thermometer die Messung in die eine oder andere Richtung verfälschen konnte. Kein Gerät ist perfekt – manche sind von ihrer Konzeption her mit Mängeln behaftet, andere alt und abgenutzt. Es ist jedoch unwahrscheinlich, dass zwei Geräte von zwei verschiedenen Herstellern genau dieselben Ungenauigkeiten aufweisen. Mittelt man die beiden Messungen, heben sich die Fehler unter Umständen gegenseitig auf, und der Wert wird genauer. Hätte ich fünfzig Thermometer im Haus herumliegen, wäre Lizbeths Messung vermutlich noch präziser ausgefallen.

Stellen Sie sich die Menge in Plymouth als wandelnde, sprechende Thermometer vor. Jedes davon gibt einen »Messwert« zum Gewicht des Ochsen ab, jedes ist mit einem individuellen Fehler behaftet – basierend auf dem jeweiligen Standpunkt des Schätzenden, seinen vergangenen Erfahrungen, seiner Sehkraft und so weiter. Manche überschätzen das Gewicht ein bisschen, während andere es ein wenig unterschätzen. Die Schätzungen der Menschen sind notorisch ungenau. Entscheidend aber ist, dass sie sich von Natur aus um das wahre Gewicht herum verteilen – sie *umklammern* die Wahrheit sozusagen. Ist das der Fall, heben sich die Fehler auf beiden Seiten des wahren Wertes gegenseitig auf, und so liegt der mittlere Messwert einer Gruppe menschlicher Thermometer sehr nahe an der Wahrheit.

Das ist weder Zauberei noch Weisheit. Das ist Mathematik. Problematisch ist allerdings, dass dieses Prinzip nur unter ganz bestimmten Umständen funktioniert. Die erste Bedingung, die eingehalten sein muss, ist die der Unabhängigkeit – die Urteile der Menschen in der Menge müssen unabhängig voneinander sein. Aber sind sie das?

Unabhängigkeit in einer Welt voller Wechselwirkungen

Jeden Morgen wird Robert, Cheflektor eines großen Verlags, von einem riesigen Manuskriptstapel aus der Feder hoffnungsvoller Autoren begrüßt, wenn er sein Büro betritt. Seine Aufgabe ist es, den Packen auf seinem Schreibtisch durchzusehen und dabei die Spreu von potenziellen Hemingways zu trennen. Es ist ein Job mit Tücken. Unweigerlich kommt es bisweilen vor, dass Robert begeistert glaubt, er habe ein goldenes Ei gefunden, nur um nach der Veröffentlichung festzustellen, dass niemand seine güldenen Omeletts haben will. Bei anderer Gelegenheit winkt er womöglich bei einem Manuskript ab, das am Ende zum internationalen Bestseller avanciert. Wie jeder andere im Verlagsgewerbe ist auch Robert mit dem Ablehnungsmarathon von J. K. Rowling nur allzu vertraut, und die Geschichte hängt wie ein Damoklesschwert über seinem Haupt.

Robert fällt seine Entscheidungen nicht allein. Er hat ein Team aus sieben Kollegen, die ihre Meinung ebenfalls beisteuern. An jenem Morgen stößt er auf einen potenziellen Siegertitel – ein spannendes Sachbuchexposé zum Thema menschliches Verhalten. Er möchte bei dem Titel mitbieten und braucht eine Entscheidung, wie viel Geld er in den Hut werfen kann. Diese Summe ist entscheidend. Er muss einen Betrag austüfteln, der ihm einerseits den Zuschlag einbringt, falls andere Verlage mitbieten, andererseits aber noch genügend Luft lässt, sodass das Buch einen Gewinn einbringt.

Er schickt das Exposé an sein Team und beraumt ein Treffen an, um es zu besprechen. Er möchte wissen, was die einzelnen Leute denken – die Juniorlektorin Jill, der Marketingverantwortliche Sammy, Tamron aus der Finanzabteilung und die anderen. Normalerweise geht er in solchen Fällen in den Konferenzraum, stellt das Exposé kurz vor, erklärt, warum er glaubt, dass das Buch Potenzial hat, und fragt jeden nach seiner Meinung. Doch etwas in dem Manuskript selbst hat ihn dazu gebracht, es dieses Mal anders zu machen. Im Unterschied zu sonst gesellt er sich heute zu den Kollegen und sagt: »Ich hätte gern, dass jeder von euch ein Stück Papier nimmt und darauf die Summe schreibt, die er bereit wäre, für dieses Manuskript zu bezahlen.« Die Runde kommt der Bitte nach, jeder kritzelt seine Antwort auf seinen Notizblock. Erst danach bittet Robert die Anwesenden, den anderen den notierten Betrag zu nennen und zu erklären, wie er zu seinem Urteil gelangt ist.

Robert ist nämlich bewusst geworden, dass sein Team aus »Thermometern« nur dann weise entscheidet, wenn die Einschätzungen der einzelnen Personen unabhängig voneinander erfolgen. Hätte Robert einen nach dem anderen gebeten, seine Meinung laut zu äußern – wie in vielen Firmen üblich –, hätte jedes Teammitglied zu hören bekommen, was der andere denkt, und diese Information hätte sein Urteil beeinflusst. Wenn der Erste, den Robert gefragt hätte, aufgestanden wäre, um das Buch in den höchsten Tönen zu loben, hätten sich die anderen dem möglicherweise angeschlossen – auch wenn sie vorher nicht voll und ganz davon überzeugt gewesen waren. Daran wäre nichts auszusetzen, wenn der Erste, der eine Antwort zu geben hatte, zufällig richtiggelegen hätte, falls aber nicht, kann die Strategie problematisch werden. Stellen Sie sich die kleine Alice Newton in einem großen Konferenzraum vor, wie sie den ganzen hochrangigen Lektoren beim Verreißen von Rowlings Manuskript zuhört. Es gibt einen klaren Konsens: *Potter* wird abgelehnt! Wie wahrscheinlich ist es, dass sie für Harry in die Bresche springen würde, wie groß die Chance, dass sie überhaupt ihren eigenen Instinkten traut? Sehr gering. Selbst wenn Alice erwachsen und auf gleicher Augenhöhe mit den anderen gewesen wäre, hätte sie es womöglich nicht getan; Studien von meinen Kollegen und mir haben gezeigt, dass es angesichts eines bestehenden Konsenses nur etwa dreißig Prozent aller Menschen wagen, eine abweichende Meinung zu äußern.[6]

Echte Unabhängigkeit aber ist nahezu unmöglich zu erreichen. Wenn Jill, Sammy und Tamron vor dem Treffen in der Küche bei Kaffee und Donuts über das Exposé geplaudert hätten, wäre Jills Fehler bei der Einschätzung der Profitabilität des Titels nicht mehr von Sammys und Tamrons Fehler unabhängig gewesen. Und das einzig und allein deshalb, weil Tamron, die ursprünglich die Verkaufszahlen des Buches zu gering eingeschätzt hätte, ihre Beurteilung der des charismatischen Sammy anpassen würde, der sagt, er glaube, das Buch werde ein Bestseller. Ihre Fehler heben sich nun nicht mehr auf, *umklammern* die Wahrheit nicht mehr.

Wenn Sie daher vorhaben, sich auf die Magie der Masse zu verlassen, müssen Sie sich vorab fragen, in welchem Maße die Ansichten der Leute in Ihrem Team oder Ihrem sozialen Netzwerk unabhängig voneinander sind. Hatten die Personen in Ihrer Gruppe eine Möglichkeit, miteinander zu kommunizieren, bevor sie ihre Meinung kundtun, ist die Unabhängigkeit dahin.

Beispiel Facebook. Angenommen, es ist Freitagabend, und Sie möchten ins Kino gehen, sind aber nicht sicher, was Sie sich ansehen möchten. Sie bitten Ihre Facebook-Freunde um Rat. Zehn Leute geben eine Rückmeldung, sieben davon plädieren für *Die Entdeckung der Unendlichkeit*. Haben sieben Leute diesen Film so toll gefunden, dass Ihnen spontan genau dieser Titel in den Sinn kam, als sie sich auf Ihren Post meldeten? Vielleicht. Oder: Ein Freund hat den Film auf Ihrer Pinnwand empfohlen und beeinflusste die anderen, die dann in dieselbe Richtung tendierten. Sobald einer Ihrer Freunde den Film empfohlen hat, werden andere, die den Film womöglich zunächst gar nicht so sehr mochten, das nicht äußern oder gar darauf verzichten, einen anderen Film zu empfehlen, um den anderen nicht vor den Kopf zu stoßen oder als schwarzes Schaf dazustehen.

Im Unterschied zu Thermometern sind wir soziale Geschöpfe, und unsere »Werkseinstellung« sieht vor, dass wir interagieren. Da die Gesellschaft und die Menschen darin so eng miteinander verwoben sind, ist es häufig unmöglich, anderen unabhängige Meinungen zu entlocken. Wir können allerdings einiges tun, um die gegenseitige Beeinflussung gering zu halten. Stellen Sie sich vor, Sie hätten über eine Stellenbesetzung zu entscheiden und bitten vier Kollegen, den Bewerber zu befragen. Sie sollten in einem solchen Fall alle bitten, Ihnen ihr Urteil zu schicken, *bevor* sie ihre Einschätzung untereinander diskutieren, damit ihre Bewertungen unbeeinflusst voneinander bleiben. Tun Sie das nicht, macht das Einholen vieler Meinungen Sie nicht notwendigerweise klüger. Es macht Sie allerdings Ihrer Sache gewisser. Das liegt daran, dass die Selbstsicherheit zunimmt, wenn Menschen übereinstimmende Entscheidungen treffen.[7] Sie denken: »Super, wir sind uns alle einig, dass das Buch ein Hit wird, also müssen wir richtigliegen.« Vielleicht tun sie das, vielleicht sind sie sich aber nur aus Gründen des sozialen Einflusses einig.

Die »vielen Weisen« in uns selbst

In einem Paralleluniversum zu dem unsrigen fegte an eben jenem Tag der *West of England Fat Stock and Poultry Exhibition* im Jahr 1907 ein furchtbares Unwetter über Plymouth hinweg. In typisch britischer Manier beschlossen die Veranstalter, getreu dem Motto *Keep calm and carry on!*, die Ausstellung trotzdem weiterzuführen. Man errichtete ein Zelt, um die Tiere vor Regen und Wind zu schützen, und ließ einen großen Topf warme Kartoffelsuppe zubereiten, die den Besuchern kostenlos angeboten werden sollte. Leider trotzte ungeachtet dieser großen Mühen nur ein einziger Bauer dem Sturm, um den Viehmarkt zu besuchen: Jacob Wiseman. Egal, sagten die Organisatoren, wir lassen den Farmer allein das Gewicht des Ochsen schätzen. Was sollte der Bauer Wiseman tun, ohne die Weisheit der vielen im Rücken?

Um diese Frage zu beantworten, bitte ich Sie, sich Mr. Wiseman als digitales Thermometer vorzustellen – jene Sorte, die man einem Kind nur an die Stirn halten muss, um eine Messung zu erhalten. Und ich bitte Sie, sich als meine hingebungsvolle Kinderfrau Lizbeth zu sehen. Ihre Aufgabe ist es, die Temperatur meines Kindes mithilfe von Mr. Wiseman korrekt zu messen. Wie sollten Sie vorgehen?

Nun, Sie sollten Mr. Wiseman nehmen, ihn meinem Kind an die Stirn halten und das Ergebnis ablesen. Dann sollten Sie dasselbe ein paarmal wiederholen und den Mittelwert aller Messungen bestimmen, um ein möglichst genaues Ergebnis zu bekommen. Das ist ratsam, weil Mr. Wisemans Messergebnisse schwanken. Messwerte werden in der Regel von störenden Faktoren mitgeprägt. Vielleicht hat meine Tochter unmittelbar vor Ihrer ersten Messung eine Tasse warme Milch getrunken – das treibt den Messwert nach oben. Vielleicht haben Sie ihr bei Ihrem zweiten Versuch das Thermometer zu kurz an die Stirn gehalten, das würde den Wert nach unten verfälschen. Bei jeder Messung gibt es Faktoren, die die Messung in die eine oder andere Richtung verschieben und ungenau machen. Einen Durchschnittswert aus vielen Messungen mit ein und demselben Gerät zu bilden, wird Ihnen unter dem Strich eine genauere Schätzung liefern als eine einzelne Messung.

Die einfachen Regeln und Statistiken, die die Gruppe unter den richtigen Umständen »weise« machen, gelten auch für den Einzelnen. Mr. Wiseman muss die »Weisheit der vielen« in seinem eigenen Kopf beschwören, um das Gewicht des dicken Ochsen zu erraten. Damit meine ich nicht, dass Mr. Wiseman über eine multiple Persönlichkeit verfügt. Aber er verfügt über multiple Erinnerungen, multiple

Perspektiven und multiple Ansichten. In ihm steckt eine lebhafte Menge von eifrigen Farmern, und indem er sich dieselbe Frage wieder und wieder stellt, kann er sich deren Weisheit zunutze machen.

Die Überlegung, dass wir den Begriff »Weisheit der vielen« auch auf einen einzelnen Kopf anwenden können, stammt von den Psychologen Ed Vul und Harold Pashler.[8] Ed und Harold entwarfen ein Online-Experiment, bei dem sie 428 Personen die folgenden Wissensfragen stellten (schreiben Sie Ihre eigenen Antworten auf ein Blatt Papier):

1. Wie viel Prozent der Fläche des Pazifischen Ozeans würde die Landfläche der Vereinigten Staaten einnehmen?
2. Welcher Prozentsatz der Weltbevölkerung lebt in China, Indien und der Europäischen Union zusammengenommen?
3. Wie viel Prozent der Flughäfen weltweit liegen in den Vereinigten Staaten?
4. Wieviel Prozent der Straßen weltweit führen durch Indien?
5. Wie viel Prozent der Länder auf der Welt haben eine höhere Fruchtbarkeitsrate als die Vereinigten Staaten?
6. Welcher Prozentsatz der Telefonleitungen weltweit befindet sich in China, den Vereinigten Staaten und der Europäischen Union?
7. Wie viel von dem Öl, das Saudi-Arabien fördert, wird im Land selbst verbraucht?
8. Wie viel Prozent der Länder auf der Welt haben eine höhere Lebenserwartung als die Vereinigten Staaten?

Entweder wenige Minuten oder drei Wochen später wurden denselben Teilnehmern genau dieselben Fragen noch einmal gestellt. Wenn Sie das selbst ausprobieren wollen, nehmen Sie sich ein weiteres Blatt Papier und beantworten Sie die Fragen erneut. Danach nehmen Sie bei jeder Antwort Ihre erste und zweite Schätzung und errechnen den Mittelwert.[9] Ed und Harold stellten fest, dass der Mittelwert in solchen Fällen im Durchschnitt weniger vom richtigen Ergebnis abwich als die erste und die zweite Schätzung für sich genommen. Mehr noch, wenn die Leute drei Wochen warteten, und dann die Fragen erneut beantworteten, war der Effekt sogar noch ausgeprägter (die richtigen Antworten finden Sie übrigens im Anhang).[10]

Das bedeutet, dass der Cheflektor Robert am besten beraten ist – will er im Laufe seines Arbeitslebens seine Fehler bei der Prognose eines Bucherfolgs möglichst gering halten –, jeweils sein erstes Gebot zu notieren, darüber zu schlafen, und dann einen Tag oder besser eine Woche später ein neues Gebot aufzuschreiben. Den Mittelwert beider sollte er dann für die Verhandlungen parat haben. Natürlich ist es oft unmöglich, eine Woche oder auch nur 24 Stunden zu warten, bevor man eine Entscheidung fällt. Vielleicht muss er sehr rasch handeln. In solchen Fällen kann es immer noch von Vorteil sein, zeitnah zwei Prognosen abzugeben und beide zu kombinieren.

Warum funktioniert das? Die Antwort basiert wiederum auf schlichter Statistik. Dass Sie sich dieselbe Frage mehrfach (am besten in zeitlichem Abstand) stellen und den Mittelwert aus den Antworten bilden sollten, liegt darin begründet, dass Sie bei einer Entscheidung nie alle Informationen verwenden, über die Sie verfügen. Sehen Sie es einmal so: Robert kennt das Verlagswesen wie seine

Westentasche.[11] Er ist mit den Geschichten um Bestseller und Flops bestens vertraut. Er kann auf gute und schlechte eigene Entscheidungen in der Vergangenheit zurückblicken. Ihm ist klar, warum verschiedene seiner zurückliegenden Erwartungen sich nicht erfüllt haben, andere hingegen schon. Er kennt seine Leser, weiß um Trends und die Konkurrenz. Auf dieses Wissen wird er sich bei seiner Entscheidung stützen.

Aber – und das ist ein sehr wichtiges *Aber* – er wird nie auf jedes einzelne in seinem Gehirn verstaute Stückchen Information zugleich zurückgreifen können oder sich daran erinnern. Auf manches Wissen greift er zu, auf anderes nicht. Der Prozess läuft teils rein zufällig ab, kann aber durchaus beeinflusst werden von dem, was Robert an jenem Tag an Erfahrungen macht. Das heißt, wenn Robert ein Problem durchdenkt, kommen ihm bestimmte Tatsachen in den Sinn und fließen in die Entscheidung ein. Beim zweiten Durchdenken werden einige dieser Tatsachen genutzt, andere nicht, dafür aber *neue* Fakten eine Rolle spielen. Deshalb wird seine zweite Schätzung von der ersten ein wenig abweichen – er hat neue Informationen integriert. Kombiniert er seine Prognosen, fällt er seine Entscheidung somit auf einer größeren Datenbasis aus seinem Erfahrungsschatz.

Ed und Harold stellten fest, dass Sie, wenn man Ihnen die oben aufgeführten Wissensfragen ein zweites Mal stellte, mit Ihrer kombinierten Antwort durchschnittlich um 6,5 Prozent bezogen auf Ihre erste Schätzung richtiger liegen würden. Warten Sie drei Wochen, bringen Sie es mit großer Wahrscheinlichkeit auf 16,5 Prozent. Das ist eine gewaltige Verbesserung. Wenn Sie drei Wochen abwarten, geht Ihr Geist frisch an die Sache heran: Sie erinnern sich höchstwahrscheinlich nicht mehr an alles, was Sie vor drei Wochen gedacht haben, und Ihnen fallen vermutlich neue Argumente für Ihre neuerliche Schätzung ein. Auch wenn Ihre Ergebnisse nie komplett unabhängig voneinander sein werden, so sind doch Entscheidungen, die Sie im Abstand von drei Wochen gefällt haben, in höherem Maße unabhängig voneinander als solche, die Sie nur im Abstand von ein paar Minuten gefällt haben. Sollte Robert also sein Team feuern und fortan Entscheidungen treffen, indem er es auf eigene Faust mit immer neuen Schätzungen versucht? Nein, sollte er nicht. Zumindest für die Art von Fragen, die Ed und Harold gestellt haben, schnitt der Mittelwert aus zwei Einschätzungen von ein und derselben Person nur ein Drittel so gut ab wie der Mittelwert aus zwei Schätzungen von zwei verschiedenen Personen.

Eine Voreingenommenheit mit Schneeballeffekt

Robert ist klug genug, sein Team weiterzubeschäftigen und zurate zu ziehen, wenn Entscheidungen anstehen. Wie soll er aber die Einzelmeinungen, die er zusammengetragen hat, miteinander kombinieren, um zu einer Entscheidung zu gelangen? Im Gegensatz zum klassischen Ochsenbeispiel ist das einfache Zusammenzählen aller Antworten mit anschließendem Errechnen des Mittelwerts nicht immer die optimale Lösung.[12] Wir haben das bereits an den beiden Beispielen Harry Potter und Marlon James erlebt. Das Problem ist nicht nur, dass die Schätzungen der Leute möglicherweise voneinander abhängig sind, sondern auch mit systematischen Voreingenommenheitsfehlern behaftet sein können.

Steht beispielsweise der fette Ochse neben einem dürren Artgenossen, schätzen die meisten Menschen sein Gewicht zu hoch ein. Das liegt daran, dass unser Gehirn Relationen mitverarbeitet. Neben einem dürren Ochsen sieht ein dicker Ochse noch dicker aus. In diesem Falle werden sich die Schätzungen der Leute nicht um das wahre Gewicht des Ochsen herum verteilen; vielmehr findet eine Verschiebung statt. Unter Umständen also, in denen die Annahme begründet erscheint, dass Menschen voreingenommen sein, systematisch danebenliegen oder in ihrem Urteil voneinander beeinflusst sein könnten, sollten wir die Weisheit der vielen höchst kritisch beäugen.[13]

Es gibt unzählige Gelegenheiten, bei denen die Mehrheit den Hang hat, sich in die eine oder andere Richtung zu irren. Dazu zählen etwa Fehler bei der Prognose zukünftiger Ereignisse. Menschen tendieren dazu, übertrieben optimistisch zu sein – sie unterschätzen beispielsweise Dauer und Kosten langfristiger Projekte.[14] Das erstreckt sich außerdem auf Wissensfragen – fragt man beispielsweise Leute nach der Hauptstadt von Brasilien, nennen die meisten Menschen Rio de Janeiro, tatsächlich aber ist es Brasilia. Zu diesen Fehlern gehören auch optische Täuschungen. Ein Beispiel für eine verbreitete Art solcher Sinnestäuschungen ist die unten abgebildete Zeichnung, bei der Sie schätzen sollen, welches Objekt die größere Fläche hat: A oder B?[15] Wenn

Abb. 4 Die meisten Menschen halten A für größer als B, aber es handelt sich um eine optische Täuschung: in Wirklichkeit hat B die größere Fläche.

Sie glauben, es sei A, liegen Sie wie die meisten Menschen falsch.[16] Das menschliche Gehirn bringt reihenweise systematische Voreingenommenheiten hervor. Und da das Gehirn bei allen Menschen ähnlich verkabelt ist, scheitern wir im Großen und Ganzen an denselben Dingen. In solchen Fällen bringen uns gemittelte Meinungen oder Schätzwerte naturgemäß nicht weiter.

Tatsächlich besteht sogar die Gefahr, dass solche Voreingenommenheiten in Gruppensituationen zunehmen und sich zu Riesendimensionen aufschaukeln können. Lassen Sie uns ein faszinierendes Beispiel dafür anschauen, wie so etwas aussehen kann.

Die folgenden Daten setzen das Persönlichkeitsmerkmal »Achtsamkeit« von fünfzehn Geschäftsführern und den Jahresgewinn ihrer Unternehmen in Millionen Dollar zueinander in Beziehung. Bemessen wurde die »Achtsamkeit« nach der Draper International Watchfulness Scale (DIWS), die Werteskala reicht von –20 bis 20.

DIWS-Wert des Geschäftsführers	Jahresgewinn in Millionen Dollar
4	6
5	15
-6	26
7	39
3	-1
12	134
15	215
22	474
8	54
6	26
-8	54
12	134
18	314
-3	-1
-10	90

Ich bitte Sie nun, anhand dieser Daten den Jahresgewinn von fünf anderen Unternehmen vorherzusagen, deren Geschäftsführer die folgenden DIWS-Werte erzielt haben: 10, 0, 19, −17 und −1.

Wenn Sie so vorgehen wie die meisten Menschen, werden Ihre Zahlen offenbaren, dass Sie die Beziehung zwischen dem DIWS-Wert des Geschäftsführers und dem Jahresgewinn der Firma für ausgeprägter positiv linear halten, als sie in Wirklichkeit ist. Lässt man Menschen die Beziehung zwischen zwei beliebigen Variablen herleiten – sei es zwischen der Größe einer Tomate und ihrer Süße oder zwischen der Raumtemperatur im Büro und der Anzahl der Kollegenkontakte – zeigt sich, dass sie voreingenommen sind. Sie sehen auch dort lineare Beziehungen, wo es keine gibt.[17] Das bedeutet, dass wir, wenn eine Variable (sagen wir die Größe der Tomate) an Wert zunimmt, mit großer Wahrscheinlichkeit schlussfolgern, dass die andere (in diesem Fall vielleicht die Süße der Tomate) in einem ähnlichen Verhältnis wächst.

So weit, so gut: Wir tendieren also dazu, positive Beziehungen zu sehen, selbst wenn es gar keine gibt. Aber jetzt kommt der interessante Teil – stellen Sie sich vor, Sie wären ein Personalberater und beraten Firmen, welcher Geschäftsführer für sie geeignet ist. Sie verwenden die »Achtsamkeits-Skala«, um den Jahresgewinn unter der Ägide der einzelnen Kandidaten vorherzusagen, und legen Ihre voreingenommenen Prognosen Ihrem Chef vor. Ihr Chef sieht Ihre Einschätzung und kommt zu dem Schluss, dass die Firma unter einem Geschäftsführer, der auf der Achtsamkeitsskala gut abschneidet, mit großer Wahrscheinlichkeit einen höheren Gewinn einfahren wird. Er verwendet diese neue Regel, um Prognosen über andere Firmen anzustellen, und gibt diese einer Gruppe von Analysten weiter. Selbst wenn zwischen dem Jahresgewinn und dem DIWS-Wert des Geschäftsführer keinerlei Beziehung bestünde, wäre die wahre Beweislage zu dem Zeitpunkt, an dem die Zahlen und das Wissen über vier oder mehr Instanzen weitergegeben worden sind, durch die vorhandene Voreingenommenheit längst überlagert worden.[18] (Übrigens: Falls Sie sich fragen sollten, was jemanden besonders »achtsam« macht: keine Ahnung; ich habe dieses Merkmal erfunden, und die DIWS gibt es auch nicht.)

Diese Art von Experiment hat man im Labor durchgeführt.[19] Die Beobachtungen zeigen eindeutig, dass selbst wenn zwei Variable umgekehrt miteinander korreliert sind (das heißt, dass die eine abnimmt, wenn die andere steigt) oder eine nichtlineare Korrelation aufweisen (das heißt, wenn die eine Variable an Wert zunimmt, nimmt die andere nicht in einem bestimmten Verhältnis zu und ab), wird eine positive Korrelation angenommen, sobald nur genügend Leute die Beziehung anderen gegenüber behauptet haben. Sie sehen daran, dass selbst winzige Voreingenommenheiten durch den Austausch unter Menschen einen Schneeballeffekt erfahren und immer größer und mächtiger werden können.[20]

Das Zusammenwirken zweier dem menschlichen Gehirn von Natur aus eigener Eigenschaften kann zu einer gar nicht so weisen Masse der vielen führen. Das erste Phänomen ist die sehr gut belegte Tendenz unseres Gehirns, unbewusste Voreingenommenheiten hervorzubringen. Von kognitiven Wahrnehmungsfehlern bis hin zu Fehlern beim Fällen von Entscheidungen und Vorhersagen: Das menschliche Gehirn hat durch seine Evolution das Zeug zu Großem, aber es haben sich eben auch zahllose Schwächen erhalten.

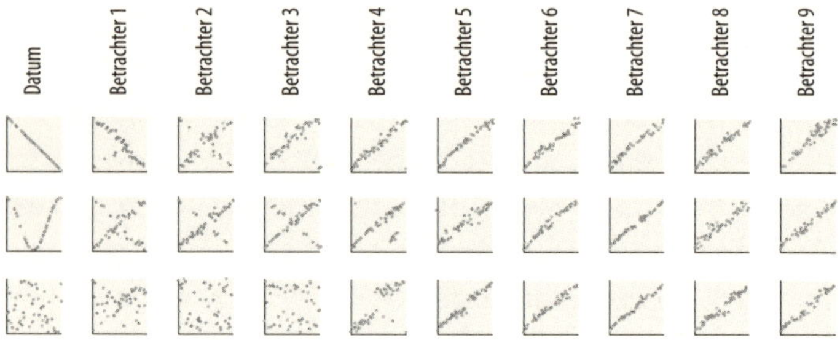

Abb. 5 Schneeballeffekt bei Voreingenommenheiten
Das erste Feld jeder Reihe zeigt die Daten, die jeweils vom ersten Betrachter gesehen wurden, die nachfolgenden Felder die Daten der jeweils nächsten Betrachtergeneration, wobei jeder neue Betrachter nur die Daten seines Vorgängers zu sehen bekam. Jede Reihe zeigt somit eine Folge von zehn aufeinanderfolgenden Betrachtern. Das Muster lässt eindeutig erkennen, dass Betrachter dazu tendieren, unabhängig von den Ausgangsdaten positive lineare Beziehungen zu sehen.

Das zweite ist die menschliche Gabe des sozialen Lernens. Wenn wir von Natur aus auf andere schauen, um Informationen und Fingerzeige auf die Wahrheit zu bekommen, und diese anderen, bei denen wir Rat suchen, wie jedes menschliche Wesen mit Voreingenommenheiten jeglicher Art behaftet sind, dann ist es nicht zu vermeiden, dass sich – wenn Menschen zusammenkommen – Falsches manchmal potenziert und immer größer werdende Blasen entstehen, die irgendwann platzen. Derart galoppierende Voreingenommenheiten sind keinesfalls auf große Gruppen wie Finanzmärkte oder Online-Communitys beschränkt. Falsche Überzeugungen können sich auch innerhalb eines Freundeskreises oder einer Familie entwickeln (gemeinsame, aber falsche Erinnerungen unter Geschwistern), unter Geschäftspartnern (optimistische Erwartungen, die ins Kraut schießen, wo zwei Enthusiasten aufeinander treffen) und kulturellen Gruppen (die Vorstellung, dass die eigene Gruppe von Natur aus überlegen ist).

Unser übergroßes Vertrauen in die Mehrheitsmeinung kann sich daher zu suboptimalen Entscheidungen, schrägen Ansichten und verpassten Gelegenheiten auswachsen. Es gibt zahllose Beispiele von Ideen, die einst zu einer bestimmten Zeit an einem bestimmten Ort von der Mehrheit akzeptiert waren, heute aber als falsch gelten – beispielsweise die Überzeugung, dass Frauen nicht für höhere Bildung gemacht seien und dass die Erde eine Scheibe sei.

Dennoch drängt uns unser Bauchgefühl oft, mit der Mehrheit zu gehen. Es operiert »heuristisch«, das heißt, es liefert uns eine geistige Abkürzung in Gestalt einer vereinfachten, mühelosen Form der Entscheidungsfindung. Mag uns diese Heuristik auch hin und wieder helfen, so kann sie uns doch auch schwer in die Irre führen. Mein Kollege Bahador Bahrami, der sich am University College London mit Entscheidungsprozessen in Gruppen befasst, bezeichnet dies als »Gleichheitsbias«. Damit meint er, dass wir es uns bei Entscheidungen häufig zu leicht machen und die Meinungen aller anderen gleich bewerten, ungeachtet aller Unterschiede in Bezug auf die Verlässlichkeit und Fachkenntnis der einzelnen Personen. Das trifft nicht nur auf Länder wie die Vereinigten Staaten und Dänemark zu, in denen Demokratie seit Generationen die Norm ist. Bahador und seine Kollegen haben Chinesen und Iraker befragt und auch bei ihnen festgestellt, dass sie einer Faustregel gehorchen, wenn sie Entscheidungen zu treffen haben: Sie gehen mit der Mehrheit.

Das Problem ist, dass Menschen hinsichtlich ihrer Fertigkeiten und Kenntnisse oftmals einfach nicht gleich sind. Wenn Sie eine medizinische Entscheidung zu treffen haben, ist es vernünftig, der Meinung eines Arztes mit einem Studienabschluss der Johns Hopkins University mehr Gewicht beizumessen als Ihrem wohlmeinenden Onkel. Es sei denn freilich, Ihr sympathischer Onkel hätte ebenfalls einen Medizinabschluss einer renommierten Hochschule vorzuweisen, dann wäre es wohl logisch, die Meinung beider gleich zu gewichten.

Trotzdem stellte Bahador gemeinsam mit seinen Kollegen fest, dass Menschen Informationen, die ihnen helfen können herauszufinden, wer unter den Anwesenden der Fachmann ist, oftmals ignorieren und es stattdessen vorziehen, jede einzelne Meinung gleich zu gewichten. Es fühlt sich einfach richtig an und erfordert keine größeren kognitiven Anstrengungen. Diese Bequemlichkeit hat ihren Preis: Indem sie alle Meinungen gleich bewerteten, statt nach der Fachkunde der Betreffenden zu gehen, trafen die Teilnehmer an Bahadors Experimenten die falschen Entscheidungen.[21]

All das hört sich einigermaßen trostlos an, wenn man bedenkt, wie häufig wir online den Meinungen anderer Menschen ausgesetzt sind, über die wir in den meisten Fällen nichts wissen, so dass wir nicht in der Lage sind aufzuschlüsseln, wer im Einzelnen dahintersteht, um so die Experten vom Rest zu unterscheiden. Gleichwohl wäre es höchst verwunderlich, wenn der Zugriff, den wir heutzutage auf die Meinungen so vieler Leute haben, komplett nutzlos wäre. Das Entscheidende ist meiner Ansicht nach, diese Ressource nicht blindlings, sondern mit Bedacht zu nutzen. Gibt es eine Möglichkeit, in dem Heuhaufen der vielen die Stecknadel der Weisheit zu finden?

Die unerwartet häufige Antwort

Nehmen Sie sich einen Augenblick Zeit, um die folgenden Fragen zu beantworten:[22]

1. Wie heißt die Hauptstadt von Pennsylvania?
2. Wenn fünf Maschinen fünf Minuten benötigen, um fünf Werkstücke herzustellen, wie lange brauchen dann hundert Maschinen für hundert Werkstücke?
3. Auf einem Teich schwimmen einige Seerosen. Jeden Tag verdoppelt sich die Fläche, die sie einnehmen. Wenn es achtundvierzig Tage dauert, bis der Seerosenteppich den ganzen Teich bedeckt, wie lange dauert es, bis er die Hälfte einnimmt?

Schauen Sie sich, bevor Sie im Folgenden die Auflösung lesen, Ihre Antworten noch einmal an, und überlegen dann, wie die meisten Leute antworten würden.

Die meisten Menschen würden sagen, dass Philadelphia die Hauptstadt von Pennsylvania ist, dass einhundert Maschinen einhundert Minuten brauchen und dass der Seerosenteppich den Teich nach vierundzwanzig Tagen halb bedeckt. Das sind intuitive Antworten, die von ungefähr 83 Prozent der Bevölkerung gegeben würden. Sie sind falsch.

In Wirklichkeit ist Harrisburg die Hauptstadt von Pennsylvania, brauchen einhundert Maschinen für einhundert Werkstücke fünf Minuten (wenn fünf Maschinen für fünf Werkstücke fünf Minuten brauchen, heißt das, dass eine Maschine pro Werkstück fünf Minuten braucht, also brauchen hundert Maschinen für hundert Werkstücke genauso lange), und der Seerosenteppich braucht 47 Tage, bis er den Teich zur Hälfte bedeckt (am 48. Tag verdoppelt er sich wieder, und dann ist der ganze Teich überwuchert).

Stellen Sie sich vor, ich hätte Ihnen die Antworten nicht verraten, und Sie seien noch immer dabei, diese herauszubekommen. Wie würden Sie vorgehen? Wie kämen Sie zu den richtigen Antworten? Sich auf die Mehrheitsmeinung zu verlassen, bringt Ihnen in diesem Fall offensichtlich nicht die richtige Lösung. Bei den beiden letzten Fragen würden Sie vielleicht einen Freund fragen wollen, der ein »Zahlenmensch« ist – vielleicht jemanden, der im Finanzwesen arbeitet, oder einen Ingenieur. Das Problem ist jedoch, dass selbst Leute, die mit Mathematik und Statistik ihr Geld verdienen, in vielen Fällen auf diese Fragen falsch antworten. Shane Frederick, Professor an der Yale University, der sich diese Fragen ausgedacht hat, bat sechshundert Finanzprofis, diese Quizfragen zu beantworten. Nur vierzig Prozent hatten alle drei Antworten richtig.[23] Selbst unter Studenten des Massachusetts Institute of Technology – zu denen einige der am besten ausgebildeten Köpfe gehören – gab die Hälfte falsche Antworten. Ich bin sicher, dass die meisten dieser Studenten die richtige Antwort hätten geben können, wenn sie sich kurz Zeit genommen hätten, die Antworten sorgfältig zu lesen. Aber die Hälfte ließ sich von ihrer Intuition narren.

John McCoy ist einer der MIT-Studenten, die richtig antworteten. Aber er hat sich dabei nicht einmal die Mühe gemacht, die Fragen durchzulesen. Vielmehr bediente er sich eines Tricks, den jeder anwenden kann, um mit Hilfe vieler, die großenteils auch nicht Bescheid wissen, hinter die Wahrheit zu kommen. Er entwickelte die Methode zusammen mit seinem Mentor, dem Verhaltensökonomen Drazen Prelec.[24]

Sie funktioniert folgendermaßen: Zuerst zählte John alle Antworten aus. Nehmen wir beispielsweise die Werkstückfrage. Bei dieser Aufgabe sagten etwa achtzig Prozent der Befragten, dass einhundert Maschinen für einhundert Werkstücke einhundert Minuten brauchen würden (falsche Antwort), und zwanzig Prozent sagten, es würde fünf Minuten dauern (richtige Antwort). Statt sich nun der allgemeinen (und falschen) Meinung anzuschließen, fragte er als Nächstes, welche Antwort die Leute von anderen erwarteten. Die meisten Befragten rechneten damit, dass die Mehrzahl ihrer Mitmenschen glauben würde, die Antwort müsse einhundert Minuten für einhundert Werkstücke von einhundert Maschinen lauten – übrigens unabhängig davon, ob die Befragten selbst die richtige Antwort kannten oder nicht. Sagen wir 96 Prozent aller Befragten prophezeiten, dass die meisten Leute die Antwort einhundert für richtig halten würden, und vielleicht vier Prozent waren der Ansicht, die meisten Leute würden fünf Minuten für richtig halten. Dann schaute John, welche Antwort *häufiger gegeben wurde als erwartet* – in diesem Falle war es die Antwort fünf Minuten: zwanzig Prozent der Befragten gaben diese Antwort, aber nur vier Prozent glaubten, dass andere fünf Minuten für richtig halten würden – diese Antwort war somit *unerwartet häufig*.

John und Drazen zeigten, dass diese Technik nicht nur bei »Fangfragen« wie den oben gestellten funktioniert, sondern auch für Fragen, bei denen die Mehrheit richtigliegt, etwa bei: »Was ist die Hauptstadt von South Carolina?« Sie stellten fest, dass die Methode auch auf eine zahlreiche andere Probleme anwendbar ist – beispielsweise den besten Zug im Schach, medizinische Diagnosen und künstlerische Einschätzungen, ja sogar für Prognosen politischer und ökonomischer Ereignisse. All diese Probleme lassen sich hervorragend von der Masse lösen, wenn man nach der unerwartet häufig gegebenen Antwort fragt, so John und Drazen.

Die Methode zielt darauf ab, »Insiderwissen« aufzudecken, setzt allerdings voraus, dass mindestens einer die Wahrheit kennt (sonst gibt es keine zutreffende Antwort – weder unerwartet häufig noch sonst wie). Nun werden Sie sich vielleicht an MIT-Studenten wenden, wenn Sie ein mathematisches Problem zu lösen haben, aber nach ihrer Meinung über Kunst würden Sie sie nicht fragen, oder? Als John seine Methode auf Kunstschätzungen anwandte, stellte er fest, dass MIT-Studenten nicht schlechter abschnitten als Galeriebesitzer, wenn es darum ging, den Marktpreis für ein Kunstwerk zu ermitteln. Durchschnittlich zielten die Studenten daneben, aber die *unerwartet häufig gegebene Antwort* traf ins Schwarze.

Doch bei allem blinden Einholen und schematischen Auswerten von Meinungen dürfen wir einige Dinge nicht vergessen: Wir müssen die Wahrscheinlichkeit dafür bewerten, dass die Meinungen der einzelnen Leute womöglich nicht voneinander unabhängig sind, zudem eventuell voreingenommen, und wir müssen darüber nachdenken, ob sie nicht *unterschiedlich* gewichtet werden müssten. In gewisser Hinsicht verfügt die Masse der vielen über Weisheit. Aber es kommt nicht selten vor, dass diese Weisheit einer Minderheit eigen ist – dem neunundsiebzigsten Lektor, der Marlon James' Manuskript begutachtete, einem achtjährigen Mädchen, das *Harry Potter* las, den siebzehn Prozent der Bevölkerung, die ein kniffliges Matheproblem sorgfältig angingen. Wann immer Sie on- oder offline Meinungen zusammentragen – ob der Grund dafür eine Entscheidung im Privatleben, eine Kaufentscheidung oder ein professionelles Urteil ist –, seien Sie vorsichtig. Ihr »Bauch« mag Sie in Richtung der Mehrheit drängen, aber behalten Sie im Kopf, dass auch in unserer Welt der Ratings und Reviews das Zusammentragen und Mitteln vieler Meinungen zu suboptimalen Lösungen führen kann.

AUSBLICK

Die Zukunft

Ihr Geist in meinem Körper?

Bereits die ersten Menschen waren, wie wir, soziale Wesen. Sie lebten zusammen, gingen gemeinsam auf Wanderschaft, prägten einander. Zur Sprache mussten sie erst noch finden, aber Angst, Begeisterung und Liebe ließen sich auch mithilfe von Gesichtsausdrücken, Berührungen und Geräuschen kommunizieren. Die Gefahr eines herannahenden Räubers konnte mit einem plötzlichen Schrei kundgetan werden, Signal für alle, das Weite zu suchen. Die Freude am Miteinander ließ sich durch Lachen zum Ausdruck bringen, Aufforderung für die anderen näherzukommen.

Dann fingen unsere Vorfahren an zu sprechen. Wann genau das passierte, liegt im Dunkeln. Anders als geschriebene Sprache hinterlässt Gesprochenes keine Spuren. Experten schätzen, dass die Sprache sich irgendwann in dem Zeitraum zwischen 1,75 Millionen Jahren – als unsere Vorfahren anfingen, die ersten Werkzeuge zu erfinden – und 50 000 Jahren vor unserer Zeit entwickelte.[1] Letzteres ist etwa der Zeitpunkt, ab dem der »moderne Mensch« die Erde bevölkerte. Durch Sprache erweiterten sich die Möglichkeiten, Meinungen, Überzeugungen und Wünsche zu teilen, ungemein. Treffen die frühesten Schätzungen zu, dann haben unsere Vorfahren womöglich miteinander darüber diskutiert, ob sie Afrika verlassen und die restliche Welt erforschen sollten. Vielleicht wurden auch Sie von einem frühen Kennedy dazu gebracht, sich aus ihrem unmittelbaren Umfeld hinauszuwagen.

Und dann kam das Schreiben. Geschriebene Sprache (die über bloße Zahlen hinausging) entstand vor etwa 5200 Jahren.[2] Wieder erreichte die Fähigkeit, Wissen zu verbreiten, ein neues Niveau. Nun mussten Sie nicht mehr zu einer bestimmten Zeit an einem bestimmten Ort sein und direkt mit anderen Menschen interagieren, um Ihre Ideen zu teilen. Nun konnten Sie auch jene erreichen, die Sie nie treffen würden – Menschen, die nach Ihnen oder weit entfernt lebten. Tatsächlich ist die womöglich einflussreichste Quelle für die menschlichen Überzeugungssysteme unserer Tage eine Sammlung von Texten, die vor gut zweitausend Jahren verfasst wurden.

Der geschriebenen Sprache folgte das gedruckte Wort. Dieser technische Fortschritt datiert um das Jahr 1440, und in seinem Gefolge konnten Ideen vielen Menschen rund um den Erdball zugänglich gemacht werden.[3] Dem Druck folgte Anfang des 20. Jahrhunderts das Radio.[4] Mit ihm konnte Gesprochenes zeitgleich an Menschen übermittelt werden, die sehr weit weg lebten. Um 1927 folgte dem Radio das Fernsehen, das allerdings erst in den 1950er-Jahren für die Allgemeinheit erschwinglich wurde.[5] Dank dieser Neuentwicklung konnten nun neben der gesprochenen Sprache auch Bilder und Eindrücke mit der gesamten Welt geteilt werden. Doch während auf der Empfängerseite dieser Technologien viele Menschen standen, hatte nur eine Minderheit die Gelegenheit, anderen *ihre* Vorstellungen zu übermitteln.

Dann kam etwa um 1990 das Internet auf.[6] Das World Wide Web ermöglichte allen das uneingeschränkte Teilen von Ideen, das Wirken und Einflussnehmen auf andere. Hinfort konnten Menschen ihre Ansichten mit Worten, Bildern und Klängen der ganzen Welt kundtun.

Während in den letzten paar Tausend Jahren, in denen Technologien immer rascher aufeinanderfolgten und sich Umgebungen rasch veränderten, blieb eine Struktur im Großen und Ganzen gleich, und zwar das Ziel all dieser Technologien: das menschliche Gehirn. Die Evolution arbeitet langsamer als die Technik, und das Organisationsprinzip unseres Gehirns hat seit den Tagen der ersten geschriebenen Worte keine nennenswerten Veränderungen erfahren.[7] Natürlich sind, wenn wir zurückblicken und uns selbst mit den allerersten Menschen vergleichen, vor allem im Bereich unseres Stirnhirns ein paar wichtige Veränderungen festzustellen.[8] Aber dennoch ähneln unsere Gehirne sehr denen dieser ersten Menschen. Viele der Wünsche, Motivationen und Ängste, die ihr Denken und Handeln geprägt haben, prägen auch uns heute, und die grundlegenden biologischen Prinzipien, nach denen ein Gehirn ein anderes beeinflusst, sind gleich geblieben.

Zwei Gehirne und ein Draht

Wenn Sie ein Geräusch von sich geben, sich bewegen oder ein Wort tippen, erzeugen Sie ein Signal, das von anderen Gehirnen aufgenommen werden kann. Prinzipiell verknüpfen Sie Ihr Gehirn über Klang, Sehen und Berühren mit dem eines anderen. Jedes Wort, das Sie äußern, war zuvor ein elektrisches Signal in Ihrem Gehirn, das dann zu einem Klang umgeformt wurde, der vom Ohr einer anderen Person aufgenommen, im Gehirn des Betreffenden wieder in ein elektrisches Signal umgewandelt und dann letzten Endes als Wort, Satz, Idee interpretiert wurde.[9] Und nun kommt eine Idee – die ich Ihnen in geschriebener Sprache vermitteln werde: Ob es wohl möglich ist, unsere Gehirne direkt miteinander zu verknüpfen, ohne zuvor den Umweg über unsere Umwelt zu nehmen? Kann ein elektrisches Signal in meinem Gehirn in ein elektrisches Signal in Ihrem Gehirn konvertiert werden und Ihr Verhalten und Ihre Gedanken verändern, ohne dass ich Ihnen hierfür einen Brief schreiben oder ein Geräusch machen muss? Wenn die Antwort hierauf ja lautet, lässt das vermuten, dass sich Einfluss herunterbrechen lässt auf neuronale Aktivität eines Gehirns, welche die neuronale Aktivität eines anderen verändert.

In den vergangenen Jahren haben Neurowissenschaftler gezeigt, dass sie zwei Gehirne physisch so miteinander verknüpfen können, dass ein Gehirn direkt von den elektrischen Signalen lernt, die das andere erzeugt. Bis vor Kurzem klang das nach Science-Fiction: ein geschäftig summender Draht, der Wissen von einem Gehirn auf das nächste überträgt. Jetzt aber ist es weltweit in renommierten Universitätslabors Wirklichkeit geworden.

Bevor ich Ihnen diese spannenden Studien vorstelle, muss ich klarstellen: Wir sind mindestens so weit entfernt davon, abstrakte Ideen direkt von einem Gehirn zum nächsten übertragen zu können, wie wir zu den Zeiten von Kennedys berühmter Rede davon entfernt waren, einen Menschen auf den Mond zu schicken. Aber manche Wissenschaftler glauben, dass wir uns im »Sputnik«-Stadium befinden, also erste Schritte in diese Richtung tun. Lassen Sie uns diese ersten Schritte zur Direktübertragung von Signalen von einem Gehirn zum anderen (ohne die Zwischenschaltung von Sprache oder Gestik) genauer unter die Lupe nehmen.

Beginnen möchte ich mit der Übertragung einfacher Signale zwischen zwei Mäusegehirnen. Labormäuse arbeiten hart, um Belohnungen wie Zuckerwasser oder ein Stück Käse zu ergattern. Wenn eine Maus herausfindet, wie man an die Belohnung kommt, kann eine andere Maus durch Beobachtung von ihr lernen. Lässt sich solches Wissen auch direkt von einem Mäusegehirn auf ein anderes übertragen?

Anscheinend ja. In einem Labor der Duke University wurde eine Maus – ich nenne sie Einstein – nach einer relativ einfachen Regel darauf trainiert, an Wasser zu kommen: Wenn ein grünes Licht aufleuchtete, musste Einstein den Hebel zu seiner Rechten drücken, leuchtete ein rotes Licht, musste er den linken drücken. Einstein kam von einer

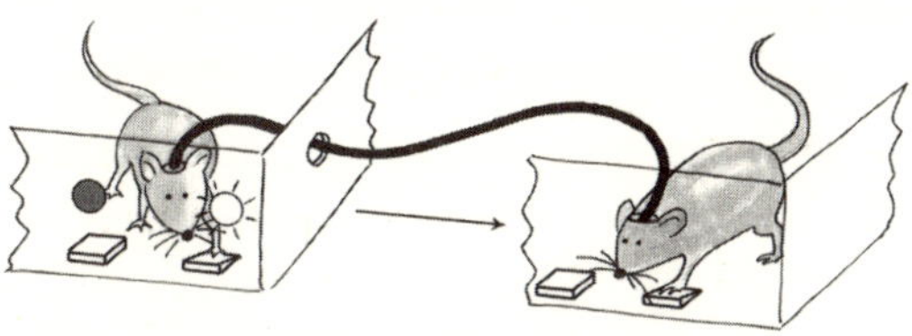

Abb. 6 Die Maus Einstein beeinflusst die Maus Homer direkt von Gehirn zu Gehirn
Auf diese Weise lernt Homer von Einstein, eine Aufgabe zu lösen, die ihm mehr Belohnung einbringt.

Eliteuniversität, also kapierte er rasch. Als Nächstes wurde in Einsteins Gehirn eine Elektrode eingeführt, mit der sich elektrische Signale aufzeichnen ließen. Diese Elektrode wurde an einen Computer angeschlossen, der wiederum mit dem Gehirn einer anderen Maus verknüpft wurde, an das die Signale übertragen wurden. Die zweite Maus will ich Homer nennen. Auch Homer musste im richtigen Moment den rechten oder linken Hebel drücken, um an Wasser zu kommen, konnte aber, anders als Einstein, das rote beziehungsweise grüne Licht nicht sehen. Homers einzige Information waren die elektrischen Signale, die von Einstein direkt an sein Gehirn übermittelt wurden. Homer musste herausfinden, welchen Hebel er zu drücken hatte, indem er diese Signale interpretierte.

Homer brauchte ein bisschen, aber nach 45 Stunden des Ausprobierens (mit vielen Pausen) hatte er eine Erleuchtung: »Hey, die Antwort ist in meinem Kopf!« Bei sieben von zehn Malen machte er seine Sache richtig und wurde mit einem ordentlichen Schluck kühlen Wassers belohnt.[10] Wie ein Lehrer, der ausgezeichnet wird, weil seine Schüler so gut abschneiden, bekam auch Einstein jedes Mal, wenn Homer den richtigen Hebel drückte, einen Extraschluck, und das motivierte ihn, Homer ein noch klareres Signal zu übermitteln. Um das Ganze noch auf die Spitze zu treiben, zeigten die Forscher der Duke University, dass die Daten zwischen Einstein und Homer per Internet über ganze Kontinente hinweg übertragen werden können: Einstein drückte seine Hebel in North Carolina, und Homer empfing die elektrischen Signale in Brasilien.[11]

Einstein brachte Homer dazu, etwas Bestimmtes zu tun, und das, ohne dass Homer Einstein je zu Gesicht bekommen oder dessen Fiepen vernommen hätte. Es waren einzig und allein die grundlegenden Elemente des Kommunizierens, die diese Reaktion auslösten: Eine feuernde Nervenzelle in einem Gehirn beeinflusste die neuronale Aktivität eines anderen, und das wiederum führte zu einer Verhaltensänderung.

Menschen physisch verbinden?

Signale direkt von einem Mäusegehirn zum nächsten zu übermitteln, war der erste Schritt, aber eigentlich bestand das Ziel darin, die direkte Übermittlung von einem Menschen zum anderen zu ermöglichen. Menschen einzubeziehen, ist mit Problemen behaftet – nicht zuletzt damit, die Erlaubnis zu bekommen, jemandem den Schädel zu öffnen, um eine Elektrode einzuführen. Selbst wenn Sie einen Freiwilligen finden, lässt die Ethikkommission das Experiment wahrscheinlich nicht zu.

Im Sommer 2014 beschloss ein Neurologe, nicht auf eine solche Einwilligung zu warten. Er bestieg eine Maschine nach Belize und zahlte einem dort ansässigen Neurochirurgen namens Joel Cervantes 30 000 Dollar, damit dieser ihm den Schädel aufschneide und ein kleines Gerät einsetze, mit dem er Selbstversuche durchführen konnte. Sein Name war Phil Kennedy.[12]

Fünfzehn Jahre zuvor hatte Kennedy einen ähnlichen Eingriff am Gehirn eines gelähmten Mannes vorgenommen. Damit hatte er dem anderweitig komplett handlungsunfähigen Patienten ermöglicht, allein mit seinen Gedanken einen Computercursor zu steuern, sodass er mit der Außenwelt kommunizieren konnte. Aus juristischen, praktischen und finanziellen Gründen war Kennedy nicht in der Lage, diesen Eingriff in den Vereinigten Staaten zu wiederholen. Auch fand er keinen weiteren Patienten, der sich freiwillig zu Verfügung gestellt hätte. Als notorischer Dickschädel wollte Kennedy nicht von seinem Ziel lassen, und so lag er 2014 in Belize auf dem Operationstisch. Nach dem Eingriff konnte Kennedy eine Zeit lang die neuronale Aktivität seines eigenen, denkenden Gehirns aufzeichnen.

Allerdings verliefen Operation und Genesung nicht komplikationsfrei, und so musste er die Elektrode wieder entfernen lassen, bevor er einen nennenswerten wissenschaftlichen Durchbruch erzielen konnte.[13]

Aufgrund solcher praktischen und ethischen Probleme werden statt invasiver Verfahren eher nicht-invasive bevorzugt, um Signale des menschlichen Gehirns aufzuzeichnen und zwischen zwei Gehirnen zu übermitteln. Ein solches Verfahren ist die Elektroenzephalografie (kurz EEG) – eine vergleichsweise einfache Technik, bei der mithilfe zahlreicher Elektroden elektrische Signale am Schädeläußeren aufgezeichnet werden. Diese Signale können dann über einen Computer an einen anderen Menschen oder ein Tier weitergeleitet werden. An der Harvard University wurden beispielsweise Signale von einem menschlichen Gehirn an ein Rattengehirn weitergeleitet.[14] Dieser Einsatz ist tatsächlich anwendungsorientierter, als er klingen mag. Eines der Ziele einer Mensch-Ratte-Schnittstelle besteht darin, kleine »Kampfratten« zu entwickeln, deren Bewegungen durch menschliche Gedanken kontrolliert werden, sodass sie sich beispielsweise in feindlichem Territorium einsetzen ließen.[15] Mit diesem Vorhaben im Sinn machte sich eine Gruppe Wissenschaftler der Harvard University daran zu zeigen, dass sich der Schwanz einer Ratte durch die Gedanken eines Menschen bewegen lässt.

Sie setzten einen Freiwilligen vor einen Computer und ließen auf dem Bildschirm Quadrate und Kreise aufleuchten, wobei sie mithilfe der EEG Signale von dessen Schädeldecke aufzeichneten. Die Signale, die Ihr Gehirn sendet, wenn Sie einen Kreis anschauen, unterscheiden sich geringfügig von denen, die ausgesendet werden, wenn Sie ein Quadrat ansehen. Diese Signale wurden an einen Computer geleitet und dann per Ultraschall an ein Rattengehirn übertragen. Der Ultraschall aktivierte eine bestimmte Region des Rattengehirns. Blickte der Mensch auf einen Kreis, aktivierte dieses Signal Neuronen, die den Rattenschwanz nach oben gehen ließen, und sobald der Mensch ein Quadrat sah, aktivierte das Signal Neuronen, die den Schwanz sinken ließen.[16] Das Ganze hat übrigens nichts mit Kreisen und Quadraten zu tun – Sie könnten auch Bilder von Einhörnern und Burgern nehmen, wenn Ihnen das lieber ist. Tatsächlich glaube ich, dass allein der Gedanke an Einhörner und Burger ausreichen könnte.

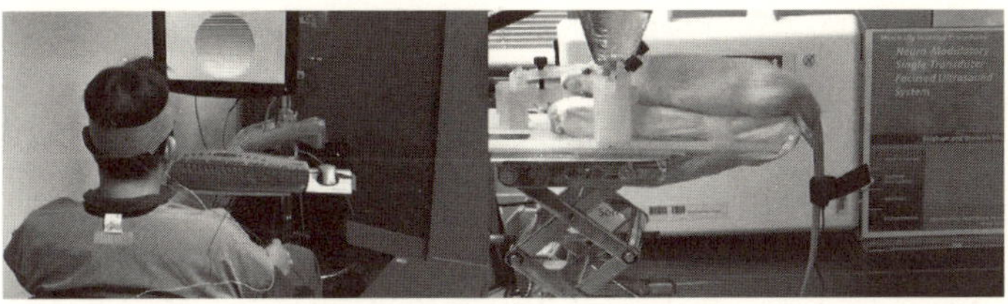

Abb. 7 Menschengehirn bewegt Rattenschwanz

Die Technik ähnelt prinzipiell dem, was man als Gehirn-Computer-Schnittstelle (kurz BCI nach dem Englischen Begriff *Brain-Computer-Interface*) bezeichnet. BCI ist ein Verfahren – unter anderem, um Patienten zu helfen, die eines ihrer Gliedmaßen nicht mehr kontrollieren können. Zum Beispiel Jan Scheuermann. Bei Jan wurde 1996 eine neurodegenerative Erkrankung namens spinozerebelläre Ataxie diagnostiziert, und bald darauf konnte sie ihre Gliedmaßen nicht mehr bewegen. Unfähig zu gehen, zu essen oder sich anzukleiden war sie für alles und jedes auf ihre Betreuer angewiesen.[17] Im Jahr 2012 schlug ihr Arzt eine radikale Lösung vor, die zu bizarr klang, um wahr zu sein: einen Roboterarm, den sie allein mit ihren Gedanken kontrollieren sollte.

Es klang etwas futuristisch, aber Jan ließ es auf einen Versuch ankommen. Ein chirurgischer Eingriff war nötig, bei dem ihr zwei erbsengroße Elektroden ins Gehirn implantiert wurden. Diese zeichneten dann die neuronalen Signale auf, die erzeugt wurden, wenn Jan daran dachte, ihren Arm zu bewegen. Die dabei fließenden elektrischen Ströme wurden an einen Roboterarm weitergeleitet und signalisierten ihm, welche Bewegungen gefordert waren. Nur zwei Wochen nach der Operation konnte Jan ihren neuen Arm bewegen und kurz darauf alleine essen.

Jan war eine ehrgeizige Frau, und so beschloss sie nach einigen Jahren, dass sie mehr wollte, viel mehr. Ihr neues Ziel: einen Kampfjet fliegen – allein mit ihren Gedanken. Nur drei Jahre nach der Implantation der Elektroden steuerte Jan im Rahmen eines Projekts der Forschungsabteilung des amerikanischen Verteidigungsministeriums (der Defense Advanced Research Projects Agency, kurz DARPA) in einem Flugsimulator fehlerfrei eine F-35 und eine einmotorige Cessna. Mit den Worten der DARPA-Direktorin Arati Prabhakar: »Wir können jetzt in eine Zukunft blicken, in der wir das Gehirn von den Einschränkungen des menschlichen Körpers befreien können.«[18]

Wenn wir mit unseren Gedanken einen Roboterarm bewegen können – ob wir dasselbe dann mit dem Arm einer anderen Person tun können? Tatsächlich gab es nach der Maus-zu-Maus-, der Mensch-zu-Ratte- und der Mensch-zu-Maschine-Übertragung auch ein Experiment zur Mensch-zu-Mensch-Übertragung von Signalen. Auch hier wurde EEG eingesetzt, um Signale eines Freiwilligen aufzuzeichnen – dieses Mal während er daran dachte, seine Hand zu bewegen. Dieses Signal wurde an einen Computer übermittelt und per Internet übertragen. Am Ziel angekommen wurde es in ein magnetisches Signal konvertiert. Die winzigen magnetischen Impulse wurden dann über einen Apparat zur sogenannten »transkranialen magnetischen Stimulation« (kurz TMS) durch die Schädeldecke an einen zweiten Probanden übermittelt. Die magnetischen Impulse lösten eine neuronale Reaktion aus, und siehe da, prompt bewegte sich die Hand des anderen, ohne dass es derjenige bewusst gewollt hätte.[19]

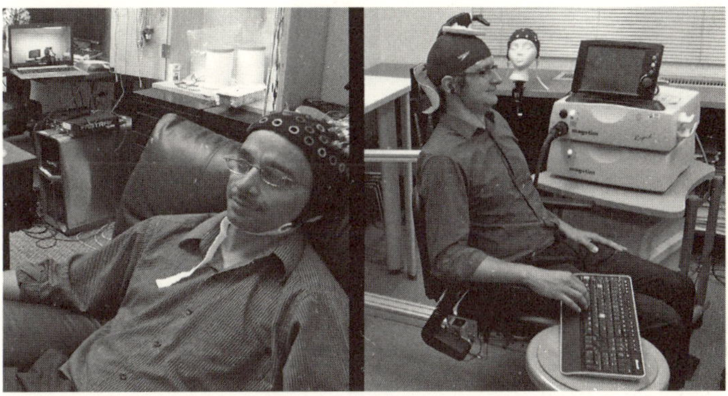

Abb. 8 Der Mann auf dem linken Bild bewegt mit seinen Gedanken den Finger des Versuchsteilnehmers auf dem rechten Bild.

Was wir von Einstein, der Homer über ein paar Verbindungsdrähte von einem Gehirn zum anderen beibringt, welchen Hebel er zu betätigen hat, und von dem Mann, der mit seinen Gedanken den Finger von jemand anderem bewegt, lernen können, ist, dass Verhaltensänderungen durch Änderungen im Aktivitätsmuster des Gehirns bewirkt werden. Aber wenn wir eine Möglichkeit finden, die Gehirnaktivität direkt zu beeinflussen, verändern wir dann damit automatisch auch das Denken? Und werden wir eines Tages imstande sein, Meinungen und Überzeugungen zu verändern, indem wir Gehirne miteinander vernetzen?

Ihr Geist in meinem Körper?

Die Emotionen schlugen hoch an jenem Montagabend in der London School of Economics. Den Rednern auf dem Podium war das Blut ins Gesicht geschossen, die Stimmen der Zuhörer wurden lauter und lauter, und viele Äußerungen grenzten ans Unhöfliche. Wenn ich Sie fragte, würden Sie vermuten, dass das Thema der Diskussion in dem bis auf den letzten Platz gefüllten Auditorium um die neuesten Arbeitslosenzahlen, soziale Ungleichheit oder die anstehenden Wahlen kreiste. Sie lägen falsch. Die Frage, die Hunderte Leute so aufbrachte, lautete: »Was kann uns das Gehirn über den Geist sagen?«

Neben mir auf dem Podium saß ein emeritierter Philosophieprofessor aus Oxford. Er hatte die vergangenen zwanzig Minuten damit zugebracht, die Arbeiten der größten Neurowissenschaftler unserer Zeit, darunter zwei Nobelpreisträger, wiederholt mit dem Wort »Unsinn« zu bedenken. Als ich mit meinen Ausführungen an der Reihe war, sagte ich: »Mich interessiert, wie das Gehirn den Wert von Optionen, die sich vor uns auftun, berechnet«, oder irgendetwas in der Art. Mir schien das eine unverfängliche Aussage. Das war ein kolossaler Irrtum. Der Philosophieprofessor sprang von seinem Stuhl auf und wies mit dem Finger auf mich. »Aber es ist nicht Ihr Gehirn, das die Optionen berechnet! Sie sind es, die die Optionen berechnen!« »Aber ich bin mein Gehirn«, erwiderte ich. »Nein, sind Sie nicht«, beharrte er. »Sie sind auch Ihre Arme und Ihre Beine – das alles sind Sie.«

Das stimmt: Ich bin meine Arme, meine Beine, meine Lungen, mein Herz *und* mein Gehirn. Es ist auch wahr, dass Sie sich, wenn Sie sich an irgendeinem meiner anderen Organe zu schaffen machen, damit gleichzeitig auch an meinem Gehirn zu schaffen machen. Boxen Sie mich am Arm, und mein Gehirn wird den Schmerz registrieren. Legen Sie mir Eis aufs Bein, und mein Gehirn registriert die Kälte. Stechen Sie mir ein Messer ins Herz, und mein Gehirn wird letztlich komplett aufhören zu arbeiten. Aber auch das Gegenteil gilt: Greifen Sie in die Arbeit meines Gehirns ein, und Sie können die Funktion meiner Körperteile beeinflussen. Das Gehirn kontrolliert sie alle.

Aber wenn Sie mir ein Bein abhacken, bin ich in meinem Innersten noch immer ich. Transplantieren Sie mir das Herz des emeritierten Professors, bin ich noch in hohem Maße ich selbst. Auch mit seinem Herz in meinem Körper werde ich noch immer meine Vorliebe für warme Pfannkuchen mit Frischkäse und Räucherlachs, meinen Spaß am Joggen und meine Leidenschaft für das Ergründen der Ursachen menschlichen Verhaltens haben. Transplantierten Sie jedoch das Gehirn des Professors in meinen Körper, trüge ich plötzlich ein kariertes Jackett und spräche mit englischem Upper-Class-Akzent. Ich würde meine Kinder nicht als solche erkennen und hätte merklich andere Vorstellungen davon, was mein Selbst zu meinem Selbst macht.

Hirntumoren, Kopfverletzungen und chemische Substanzen, die in Ihr Gehirn vordringen, können Ihr Wesen dramatisch verändern – Ihre Gedanken, Gefühle, Erinnerungen und Ihre Persönlichkeit. Lassen Sie sich beispielsweise Ihren Hippocampus chirurgisch entfernen, und Sie werden unfähig sein, Ihrem Gedächtnis neue Erinnerungen einzuverleiben.[20] Oder rammen Sie sich einen Metallstab durch den Frontallappen, und Sie werden cholerisch und sozial unverträglich.[21] Ihr Gehirn bringt Ihren Geist hervor, also werden Veränderungen an Ihrem Gehirn Ihren Geist verändern.

Vielleicht können wir eines Tages Denken und Handeln direkt beeinflussen, indem wir einander gegenseitig die neuronale Aktivität unserer Gehirne verändern. So wie die einen Neuronen die anderen meines Gehirns beeinflussen – meine Erinnerungen, Werte und Handlungen verändern –, könnten sie auch das Feuern der Nervenzellen in Ihrem Gehirn verändern – Ihre Erinnerungen, Werte und Handlungen. Gedanken wie die Vorstellung, den Mond zu erobern, oder In-Sich-Gefangenen eine Stimme zu geben, sind letztlich nichts anderes als elektrochemische Signale in unseren Gehirnen. Diese lassen sich aufzeichnen, übermitteln und aufschlüsseln, sodass es prinzipiell möglich sein mag, die Gedanken der Mitmenschen auf dieser Ebene zu beeinflussen. Natürlich brauchen wir, damit es so weit kommt, ein besseres Verständnis der komplexen Verschaltungsmuster der Neuronen im menschlichen Gehirn und dessen, wie diese auf Denken und Verhalten wirken. Dieses Verstehen – wenn es denn überhaupt möglich ist – liegt noch in ferner Zukunft.

Aber wenngleich Sie das Gehirn eines anderen nicht direkt manipulieren können, verändern können Sie es dennoch – schlicht indem Sie sich der Sprache, Ihrer Mimik und Ihres Handelns bedienen. Ein besseres Verständnis davon, wie Geist und Gehirn funktionieren, kann uns somit helfen, etwas zu bewirken und systematische Fehler dort zu vermeiden, wo wir versuchen, andere zu etwas zu bringen. Viele unserer Automatismen im Zusammenhang mit dem Versuch, Einfluss auszuüben – angefangen von sturem Beharren darauf, dass der andere im Unrecht ist, bis zum Versuch, die Kontrolle an sich zu reißen –, sind ineffizient, weil sie sich nicht mit der Art und Weise vertragen, wie unser Geist funktioniert.

Der Versuch, etwas zu verändern, wird dann erfolgreich sein, wenn er sich mit den Kernelementen verträgt, die das Wirken unseres Gehirns steuern. Ziel dieses Buchs war es, diese Faktoren zu umreißen – bestehende Überzeugungen, Emotionen, Anreize, Handlungsmacht, Neugier, der aktuelle Gemütszustand und der soziale Input durch die anderen – und zu zeigen, was sie mit uns machen. Biologische Grundprinzipien, Verhaltensmuster und psychologische Theorien sind mitunter nicht leicht im Kopf zu behalten. Aber Geschichten, Szenarien und Personen bleiben hängen. Sie liefern ein lebendiges Narrativ, auf das wir leicht Zugriff haben. Das nächste Mal, wenn Sie ein Schild sehen, auf dem es heißt: »Angestellte müssen sich die Hände waschen«, erinnern Sie sich daran, dass Belohnungen besser wirken als Drohungen, wenn Sie Menschen zum Handeln motivieren wollen. Wenn Sie das nächste Mal Blumen gießen, denken Sie daran, dass das Überlassen von Kontrolle ein wirksameres Instrument ist, um Einfluss zu nehmen, als Befehle zu erteilen. Das nächste Mal, wenn Sie vor einem Flug die Sicherheitsinstruktionen verfolgen, erinnern Sie sich daran, welche Möglichkeiten das Umformulieren einer Botschaft ins Positive birgt, im Sinne des Erreichens von Fortschritten, wenn es darum geht, Leute zum Zuhören zu bewegen. Ich hoffe, dass die Personen in diesem Buch und die Geschichten, die sie erzählen, in

Ihrem Hinterkopf ein glückliches Dasein führen und sich immer dann zu Wort melden, wenn es die Gelegenheit erfordert.

ANHANG

Dank

In vielerlei Hinsicht kommt die Idee zu *Die Meinung der anderen* von den Lesern meines letzten Buches *Das optimistische Gehirn. Warum wir nicht anders können, als positiv zu denken*. Ich erhalte häufig E-Mails von Lesern, die wissen wollen, was sich aus meiner Forschung für ihre persönliche Art zu kommunizieren – mit Kindern, Partnern, Arbeitnehmern und Klienten – lernen lässt. Welche Konsequenzen sie für Bildung, Politik, Arbeitsleben und soziale Medien hätte, fragen sie. Diese Fragen trafen bei mir einen Nerv. Zu jener Zeit baute ich gerade meine eigene Arbeitsgruppe auf und gründete eine Familie, daher spukte mir die Frage ständig im Kopf herum, wie mein eigenes Verhalten andere Menschen – die anderen in meiner Arbeitsgruppe und meine Familie – beeinflusst. Seit vielen Jahren hatte ich das menschliche Gehirn im Labor untersucht, also fing ich an, meine gesammelten Daten und die von Kollegen auf entsprechende Hinweise durchzusehen. Für die in diesem Buch vorgestellten Befunde gebührt meinen Studenten im Affective Brain Lab, die unermüdlich Experimente durchführen, um das menschliche Verhalten noch besser zu verstehen, großer Dank.

Die in diesem Buch vorgestellten Studien sind das Werk von Neil Garrett, Caroline Charpentier, Christina Moutsiana, Filip Gesiarz, Sebastian Bobadilla-Suarez, Ana Maria

Gonzalez, Stephanie Lazzaro, Raphael Koster und Andreas Kappes. Meine Neugier auf die hier vorgestellten Ideen wurde durch eine Reihe genialer Kollegen geweckt: Micah Edelson, Jan-Emmanuel De Neve, Marc Guitart-Masip, Michael Norton, Benedetto De Martino, Yadin Dudai, Ray Dolan, Ethan Bromberg-Martin, Bahador Bahrami, Drazen Prelec und Cass Sunstein. Micah, Benedetto, Jan, Marc, Andreas und Cass lasen freundlicherweise frühere Versionen des Manuskripts und versorgten mich mit klugen Kommentaren. In den vielen Gesprächen mit Cass gewann dieses Buch die Struktur, die es jetzt hat, und ich bin sehr dankbar dafür. Meine Freunde Tamara Shiner und Amir Doron lasen ebenfalls frühere Fassungen des Manuskripts und versahen sie mit Kommentaren. Amir steuerte etliche der Geschichten bei, die ich Ihnen in den einzelnen Kapiteln vorgestellt habe. Meine herausragenden Agenten – Heather Schroder (Compass Talent) und Sophie Lambert (Conville and Walsh) – setzten alles in Bewegung, um dafür zu sorgen, dass meine Einsichten andere Menschen erreichen. Möglich gemacht wurde das durch meine Lektoren: Serena Jones (Henry Holt) und Tim Whiting (Little, Brown), die die früheren Fassungen des Buches mit Erfahrung, Können und Geduld überarbeiteten, bis *Die Meinung der anderen* daraus wurde. Die Illustrationen auf den Seiten 89 und 255 sind das Werk von Lisa Brennan (lisa@saber.net). Das, was am Ende herausgekommen ist, wurde von ihnen allen mitgestaltet.

Die erste Idee zu diesem Buch skizzierte ich Tim Whiting zwei Wochen nach der Geburt meiner Tochter Livia. Im Laufe der folgenden drei Jahre des Schreibens genoss ich das Privileg, ihr und ihrem Bruder Leo, der bald nach ihr zu uns stieß, zuschauen zu dürfen, wie beide zu sprechenden und denkenden Menschen heranwuchsen. Mein Umgang mit ihnen beeinflusste mein Denken und ist auch in dieses Buch eingeflossen. Ich bin unendlich dankbar für ihr Dasein und ihre Liebe. All den anderen, die sie lieben und für sie sorgen und ihren Charakter in positiver Weise beeinflussen, schulde ich eine Menge: an erster Stelle meinen Eltern und Schwiegereltern, die mit ihnen spielen, singen und lesen und fantastische Rollenvorbilder abgeben. Mein wunderbarer Ehemann Josh McDermott war bei jedem Schritt mit Rat, Tat und Liebe an meiner Seite. Wann immer sich Hindernisse oder Zweifel auftaten war mir sein motivierender Zuspruch gewiss. Ihm ist dieses Buch gewidmet.

Stichwortverzeichnis

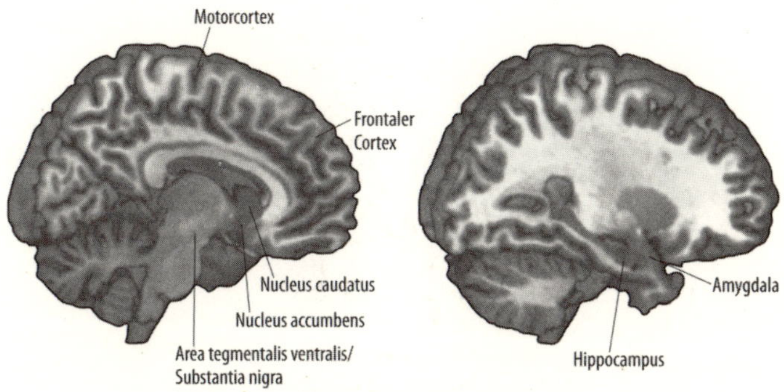

Abb. 9 Sagittalschnitt durch das menschliche Gehirn

Unser Denkapparat

Hier dargestellt sind Sagittalschnitte des Gehirns. Sie zeigen, wie unser Gehirn aussieht, wenn wir uns einen vertikalen Schnitt von der Schädeldecke bis hinunter zum Hals denken. Der linke Schnitt liegt dicht am Scheitel, der rechte ungefähr in der Mitte zwischen Scheitel und Schläfe. Die Pfeile bezeichnen Regionen, mit denen wir es im Verlauf des Textes zu tun bekommen haben.

Das menschliche Gehirn besteht aus zahlreichen miteinander verknüpften Regionen, deren Zusammenwirken unser Handeln, unser Denken und unsere Überzeugungen hervorbringt. Wirkt man auf eine Schnittstelle in diesem System ein, verändert man damit andere und folglich auch das, was wir tun und woran wir glauben. Im Folgenden einige der wichtigsten Schnittstellen in diesem System:

Area tegmentalis ventralis/Substantia nigra (VTA/SN)
Diese Strukturen des Mittelhirns beherbergen dopaminerge Neuronen, die in Erwartung einer Belohnung feuern. Diese Neuronen werden stärker aktiviert, wenn wir eine unerwartete Belohnung erhalten, und weniger stark, wenn eine Belohnung unerwarteterweise verweigert wird (ganz ähnlich reagieren sie auf Information). Neuronen aus dieser Region senden ihre Signale ans Striatum in der Gehirnmitte.

Nucleus accumbens
Der Nucleus accumbens ist Teil des Striatum und erhält Signale von den dopaminergen Neuronen des VTA/SN. Diese Region wird gelegentlich auch als Belohnungszentrum des Gehirns bezeichnet, da sie für das Antizipieren von Belohnungen entscheidend wichtig ist.

Amygdala
Die Amygdala (der Mandelkern), tief innen im Gehirn gelegen, ist für die Verarbeitung und Signalisierung von Emotionen wichtig. Sie verfügt über Verknüpfungen mit zahlreichen weiteren Regionen, und deshalb können Emotionen so viele Funktionen – wie Gedächtnis, Wahrnehmung und Aufmerksamkeit – modulieren.

Hippocampus

Der Hippocampus im mittleren Schläfenlappen ist für das Gedächtnis wichtig. Er befindet sich in unmittelbarer Nachbarschaft zur Amygdala, und das ermöglicht es ihm, unsere Erinnerungen in hohem Maße mitzugestalten.

Frontaler Cortex (Stirnhirn)

Der frontale Cortex, manchmal auch als Stirnlappen bezeichnet, ist wichtig für unsere übergeordneten kognitiven Funktionen wie Denken und Planen. Er spielt überdies eine wichtige Rolle bei der Steuerung unserer Emotionen, weil er die Aktivität innerhalb der Amygdala zu verändern vermag.

Temporoparietaler Übergang (TPJ)

Dieser Teil des Gehirns ist, so nimmt man an, wichtig für die Herausbildung der Theory of Mind (der Naiven Theorie) – unserer Fähigkeit darüber nachzudenken, was andere Menschen denken.

Motorcortex

Der Motor- oder Bewegungscortex ist wichtig für die Vorbereitung und Ausführung von Bewegungen.

Anmerkungen

Vorwort

1 Abrufbar unter http://cnnpressroom.blogs.cnn.com/2015/09/16/cnn-reagan-library-debate-later-debate-full-transcript.

2 Eine Studie, die ich im ersten Kapitel bespreche, zeigt, warum davon auszugehen war, dass Dr. Carsons Ansatz fehlschlug, und was er anders hätte machen können.

3 Diana I. Tamir und Jason P. Mitchell, »Disclosing Information About the Self Is Intrinsically Rewarding«, in: *Proceedings of the National Academy of Sciences* 109, Nr. 21 (2012), 8038–8043.

4 Vgl. https://en.wikipedia.org/wiki/Climate_change_opinion_by_country.

5 Bias bedeutet Befangenheit beziehungsweise Voreingenommenheit.

Kapitel 1

1 Vgl. Ellen Berscheid, Karen Dion, Elaine Hatfield und G. William Walster, »Physical Attractiveness and Dating Choice: A Test of the Matching Hypothesis«, in: *Journal of Experimental Social Psychology* 7 (1971), 173–189, Thomas J. Bouchard Jr. und Matt McGue, »Familial Studies of Intelligence: A Review«, *Science* 212 (29. Mai 1981), 1055–1059, David M. Buss, »Human Mate Selection«, in: *American Scientist* 73 (1985), 47–51, und Steven G. Vandenberg, »Assortative Mating, or Who Marries Whom?«, in: *Behavior Genetics* 11 (1972), 1–21.

2 Martha McKenzie-Minifie, »Where Would You Live in Europe?«, in: *EUobserver*, Dezember 2014, abrufbar unter https://euobserver.com/opinion/126818.

3 Vgl. internetstatslive.com.

4 Charles G. Lord, Lee Ross und Mark R. Lepper, »Biased Assimilation and Attitude Polarization: The Effects of Prior Theories on Subsequently Considered Evidence«, in: *Journal of Personality and Social Psychology* 37, Nr. 11 (November 1979), 2098–2109.

5 Vgl. John W. McHoskey, »Case Closed? On the John F. Kennedy Assassination: Biases Assimilation of Evidence and Attitude Polarization«, in: *Basic and Applied Social Psychology* 1 (1985), 395–409, Geoffrey D. Munro, Scott P. Leary und Terell P. Lasane, »Between a Rock and a Hard Place: Biased Assimilation of Scientific Information in the Face of Commitment«, in: *North American Journal of Psychology* 6 (2004), 431–444, und Guy A. Boysen und David L. Vogel, »Biased Assimilation and Attitude Polarization in Response to Learning about Biological Explanations of Homosexuality«, in: *Sex Roles* 57, Nr. 9–10 (2007), 755–762.

6 Vgl. Cass R. Sunstein, Sebastian Bobadilla-Suarez, Stephanie Lazzaro und Tali Sharot, »How People Update Beliefs About Climate Change: Good News and Bad News«, abrufbar unter https://papers.ssrn.com/sol3/papers.cfm?abstract_id=2821919, und Tali Sharot und Cass R. Sunstein, »Why Facts Don't Unify Us«, in: *New York Times*, 2. September 2016, abrufbar unter https://www.nytimes.com/2016/09/04/opinion/sunday/why-facts-dont-unify-us.html.

7 Sharot/Sunstein, »Why Facts Don't Unify Us« (Anm. 6).

8 Albert Henry Smyth, *The Writings of Benjamin Franklin*, Bd. X (1789–1790). New York 1907, 69; Daniel Defoe, *Political History of the Devil*, London 1739, 269.

9 Amy Hollyfield, »For True Disbelievers, the Facts Are Just Not Enough«, in: *St. Petersburg Times,* 29. Juni 2008, abrufbar unter http://www.pulitzer.org/winners/staff-69.

10 Meinungsumfrage für den Politik-Blog Daily Kos, durchgeführt von Research 2000 im Juli 2009.

11 NBC News, 2010.

12 »Dave Asprey Recipe: How to Make Bulletproof Coffee ... and Make Your Morning Bulletproof Too«, 2010, abrufbar unter https://www.bulletproofexec.com.

13 Kris Gunnars, »Three Reasons Why Bulletproof Coffee Is a Bad Idea«, abrufbar unter https://authoritynutrition.com/3-reasons-why-ulletproof-coffee-is-a-bad-idea.

14 Danny Sullivan, »Google Now Notifies of ›Search Customization‹ and Gives Searchers Control«, abrufbar unter http://searchengineland.com/google-now-notifies-of-search-customization-gives-searchers-control-14485.

15 Ebd.

16 Peter C. Wason, »On the Failure to Eliminate Hypotheses in a Conceptual Task«, in: *Quarterly Journal of Experimental Psychoogy* 12, Nr. 3 (1960), 129–140.

17 Dan M. Kahan, Ellen Peters, Erica C. Dawson und Pail Slovic, »Motivated Numeracy and Enlightened Self-Government«, Yale Law School, Public Law Working Paper, Nr. 307 (2013).

18 Hugo Mercier und Dan Sperber, »Why Do Humans Reason? Arguments for an Argumentative Theory«, in: *Behavioral and Brain Sciences* 34, Nr. 2 (2011), 57–74.

19 Andreas Kappes, Read Montague, Ann Harvey, Terry Lohrenz und Tali Sharot, »Motivational Blindness in Financial Decision-Making«, Vortrag, gehalten auf der Jahrestagung 2014 der Society for Neuroeconomics in Miami, Florida.

20 Camelia M. Kuhnen, Sarah Rudorf und Bernd Weber, »Stock Ownership and Learning from Financial Information«, Vortrag, gehalten auf der Jahrestagung 2014 der Society for Neuroeconomics in Miami, Florida.

21 Das ist natürlich nur eine Metapher, ein Gehirn schaltet nicht einfach ab.

22 Andrew J. Wakefield, S. H. Murch, A. Anthony u. a., »Retracted: Ileal-Lymphoid-Nodular Hyperplasia, Non-Specific Colitis and Pervasive Developmental Disorder in Children«, in: *Lancet* 351, Nr. 9103 (1998), 637–641.

23 Dominus Susan, »The Crash and Burn of an Autism Guru«, in: *New York Times*, 20. April 2011.

24 Fiona Godlee, Jane Smith und Harvey Marcovitch, »Wakefield's Article Linking MMR Vaccine and Autism Was Fraudulent«, in: *BMJ* 342 (2011), C7452.

25 Zachary Horne, Derek Powell, John E. Hummel und Keith J. Holyoak, »Countering Antivaccination Attitudes«, in: *Proceedings of the National Academy of Sciences* 112, Nr. 33 (2015), 10321–10324.

Kapitel 2

1 John F. Kennedy, »Moon Speech – Rice Stadium«, NASA, abrufbar unter http://er.jsc.nasa.gov/seh/ricetalk.htm.

2 Vgl. die Rede Kennedys »Address at Rice University on the Nation's Space Effort«, abrufbar unter https://en.wikipedia.org/wiki/We_choose_to_go_to_the_Moon, Jesus Diaz, »Why Kennedy's Moon Speech Was Crazy – and How the US Could Have Landed on the Moon With the Soviets«, abrufbar unter http://gizmodo.com/5805457/kennedys-crazy-moon-speech-and-how-we-could-have-landed-on-the-moon-with-the-soviets, Mike Wall, »The Moon and Man at 50. Why JFK's Space Exploration Speech Still Resonates«, abrufbar unter http://www.space.com/11774-jfk-speech-moon-exploration-kennedy-congress-50years.html, Ders.: »JFK's ›Moon Speech‹ Still Resonates 50 Years Later«, abrufbar unter http://www.space.com/17547-jfk-moon-speech-50years-anniversary.html und John F. Kennedy: »Special Message to the Congress on Urgent National Needs«, abrufbar unter https://www.nasa.gov/vision/space/features/jfk_speech_text.html#.Vxo6MXoXLnY.

3 Kennedy, »Moon Speech« (Anm. 1).

4 Vgl. Susan Cain, *Still. Die Bedeutung von Introvertierten in einer lauten Welt*, München 2011, sowie https://www.ted.com/talks/susan_cain_the_power_of_introverts?language=de.

5 Ralf Schmälzle, Frank E. Häcker, Christopher J. Honey und Uri Hasson, »Engaged Listeners: Shared Neural Processing of Powerful Political Speeches«, in: *Social Cognition and Affective Neuroscience* 10, Nr. 8 (August 2015), 1137–1143.

6 Uri Hasson, Yuval Nir, Ifat Levy, Galit Fuhrmann und Rafael Malach, (2004) »Intersubject Synchronization of Cortical Activity During Natural Vision«, in: *Science* 303 (2014), 1634–1640.

7 Lauri Nummenmaa u. a., »Emotions Promote Social Interaction by Synchronizing Brain Activity Across Individuals«, in: *Proceedings of the National Academy of Sciences* 109, Nr. 24 (2012), 9599–9604.

8 Uri Hasson, Asif A. Ghazanfar, Bruno Galantucci, Simon Garrod und Christian Keysers, »Brain-to-Brain Coupling: Mechanism for Creating and Sharing a Social World«, in: *Trends in Cognitive Sciences* 16, Nr. 2 (2012),114–121.

9 Uri Hasson, »I Can Make Your Brain Look Like Mine«, in: *Harvard Business Review* 88 (2010), 32f.

10 Greg J. Stephens, Lauren J. Silbert und Uri Hasson, »Speaker-Listener Neural Coupling Underlies Successful Communication«, in: *Proceedings of the National Academy of Sciences USA* 107, Nr. 32 (2010), 14425–14430.

11 Lauri Nummenmaa, »Emotional Speech Synchronizes Brains Across Listeners and Engages Large-Scale Dynamic Brain Networks«, in: *Neuroimage* 102 (2014), 498–509.

12 Vgl. Lauri Nummenmaa, Jussi Hirvonen, Ritta Parkkola und Jari K. Hietanen, »Is Emotional Contagion Special? An fMRI Study on Neural Systems for Affective and Cognitive Empathy«, in: *Neuroimage* 43, Nr. 3 (2008), 571–580, und Simone G. Shamay-Tsoory, »The Neural Bases for Empathy«, in: *Neuroscientist* 17, Nr. 1 (2011), 18–24.

13 Sara F. Waters, Tessa V. West und Wendy B. Mendes, »Stress Contagion: Physiological Covariation Between Mothers and Infants«, in: *Psychological Science* 25, Nr. 4 (2014), 934–942.

14 Roni und Sara stehen exemplarisch für die anderen Babys des Experiments. Das heißt, die Daten hier sind über die teilnehmenden Babys gemittelt.

15 Adam D. Kramer, Jamie E. Guillory und Jeffrey T. Hancock, »Experimental Evidence of Massive-Scale Emotional Contagion Through Social Networks«, in: *Proceedings of the National Academy of Sciences* 111, Nr. 24 (2014), 8788–8790.

16 Emilio Ferrara und Zeyao Yang, »Measuring Emotional Contagion in Social Media«, in: *PLoS One* 10, Nr. 11 (2015), e0142390.

17 Vgl. Steven Levy, »This is Your Brain on Twitter«, abrufbar unter https://backchannel.com/this-is-your-brain-on-twitter-caco725cea2b#.c6mw7aqfc.

18 Man beachte, dass diese Studien von Twitter für eigene Zwecke finanziert und nicht von unabhängigen Wissenschaftlern begutachtet wurden.

19 Daniel Kahneman, *Schnelles Denken, langsames Denken*, München 2011.

20 Sigal G. Barsade, »The Ripple Effect: Emotional Contagion and Its Influence on Group Behavior«, in: *Administrative Science Quarterly* 47, Nr. 4 (2002), 644–675.

21 Stephen V. Shepherd, Shawn A. Steckenfinger, Uri Hasson und Asif A. Ghazanfar, »Human-Monkey Gaze Correlations Reveal Convergent and Divergent Patterns of Movie Viewing«, in: *Current Biology* 20 (2010), 649–656.

22 Die Wissenschaftler schlossen dabei aus, dass diese Ähnlichkeiten einfach auf die dargebotenen visuellen Reize – beispielsweise grelle Farben – zurückzuführen waren.

23 Paul J. Whalen, Jerome Kagan, Robert G. Cook u. a., »Human Amygdala Responsivity to Masked Fearful Eye Whites«, in: *Science* 306, Nr. 5704 (2004), 2061.

Kapitel 3

1 Vgl. L. Hannah Gould, Kelly A. Walsh, Antonio R. Vieira, Karen Herman, Ian T. Williams, Aron J. Hall und Dana Cole, »Surveillance for Foodborne Disease Outbreaks – United States, 1998–2008«, in: *Morbidity and Mortality Weekly Report* 62, Nr. SS2 (Juni 2013), sowie Dana Liebelson, »62 Percent of Restaurant Workers Don't Wash Their Hands After Handling Raw Beef«, in: *Mother Jones*, 13. Dezember 2013.

2 Vgl. Donna Armellino u. a., »Replicating Changes in Hand Hygiene in a Surgical Intensive Care Unit with Remote Video Auditing and Feedback«, in: *American Journal of Infection Control* 41, Nr. 10 (2013), 925–927 und Laura R. Green u. a., »Food Worker Hand Washing Practices: An Observation Study«, in: *Journal of Food Protection* 69, Nr. 10 (2006), 2417–2423.

3 Carl P. Borchgrevink, Jaemin Cha und Seung Hyun Kim, »Hand Washing Practices in a College Town Environment«, in: *Journal of Environmental Health* 75, Nr. 8 (2013), 18–24.

4 Donna Armellino u. a., »Using High-Technology to Enforce Low-Technology Safety Measures: The Use of Third-Party Remote Video Auditing and Real-Time Feedback in Healthcare«, in: *Clinical Infectious Diseases* (2011), cir773.

5 Armellino, »Replicating Changes« (Anm. 2).

6 Jeremy Bentham, *Eine Einführung in die Prinzipien der Moral und Gesetzgebung*, Übersetzung von Irmgard Nach, Saldenburg 2013, 10 (Kursivierungen von T. S.; Erstausgabe: *An Introduction to the Principles of Morals and Legislation*, Oxford 1879).

7 Das war nicht der einzige geniale Aspekt an diesem Ansatz. Die elektronische Anzeige gab auch soziale Normen vor – verwies auf das, was andere Leute taten – und lieferte einen Vergleich zwischen den Schichten. Von wie großer Bedeutung soziales Lernen ist, wird in Kapitel 7 genauer diskutiert.

8 Wayne A. Hershberger, »An Approach Through the Looking-Glass«, in: *Animal Learning & Behavior* 14, Nr. 4 (1986), 443–451.

9 Marc Guitart-Masip u. a., »Action Controls Dopaminergic Enhancement of Reward Representations«, in: *Proceedings of the National Academy of Sciences* 109, Nr. 19 (2012), 7511–7516.

10 Im richtigen Experiment bestanden die Stimuli aus abstrakten Bildern.

11 Guitart-Masip u. a., »Action Controls« (Anm. 9).

12 Alexander Genevsky und Brian Knutson, »Neural Affective Mechanisms Predict Market-Level Microlending«, in: *Psychological Science* 26, Nr. 9 (2015), 1411–1422, doi: 10.1177/0956797615588467, abrufbar unter https://www.ncbi.nlm.nih.gov/pmc/articles/PMC4570982.

13 Vgl. H. Stefan Bracha, »Freeze, Flight, Fight, Fright, Faint: Adaptationist Perspectives on the Acute Stress Response Spectrum«, in: *CNS Spectrums* 9, Nr. 9 (2004), 679–685, S. Mechiel Korte, Jaap M. Kohlhaas, John C. Wingfield und Bruce S. McEwen, »The Darwinian Concept of Stress. Benefits of Allostasis and Costs of Allostatic Load and the Trade-Offs in

Health and Disease«, in: *Neuroscience and Biobehavioral Reviews* 29, Nr. 1 (2005), 3–38. – Eine Untersuchung zu jüngsten Terroranschlägen wie den Schießereien in Paris und Orlando hat gezeigt, dass einige Menschen tatsächlich überlebt haben, weil sie sich tot stellten, allerdings feuerten manche Angreifer in ihrer überschäumenden Wut auch auf tot geglaubte Personen.

14 Ann E. Power und James L. McGaugh, »Cholinergic Activation of the Basolateral Amygdala Regulates Unlearned Freezing Behavior in Rats«, in: *Behavioural Brain Research* 134, Nr. 1–2 (August 2002), 307–315.

15 Einige von Ihnen fragen sich möglicherweise, ob es hier einen Bezug zur »Verlustaversion« gibt. Mit diesem Begriff wird beschrieben, dass Menschen, vor die Wahl gestellt, sich eher dafür entscheiden, einen Verlust zu vermeiden, als dafür, eine Belohnung zu ergattern. Mit anderen Worten: Wenn Leute eine Entscheidung zu treffen haben – beispielsweise ob sie in eine bestimmte Geldanlage investieren sollen –, werden sie dem, was sie verlieren können, mehr Gewicht beimessen als einem potenziellen Gewinn. Diese Verlustaversion führt jedoch nicht zu vermehrter Aktion angesichts eines möglichen Verlusts verglichen mit einem potenziellen Gewinn. Die wenigen Studien, die auf diese Weise interpretiert wurden, lassen sich bei Licht besehen auch anders erklären. Beispielsweise erhielt bei einer Studie eine Gruppe von Lehrern 4000 Dollar mit der Ankündigung, dass ihnen das Geld wieder genommen werde, wenn sich die Noten ihrer Schüler nicht verbesserten. Einer anderen Gruppe wurden 4000 Dollar versprochen, wenn die Noten ihrer Schüler sich besserten. Die erste Gruppe schnitt deutlich besser ab. Diese Studie wurde zwar interpretiert als zeigte sie den Einfluss von Angst auf die Motivation, aber man kann sie auch so sehen, als spiegelten die Ergebnisse den Einfluss einer unmittelbar greifbaren Belohnung – 4000 Dollar in der Tasche – im Vergleich zu einer, die in der Zukunft zu erwarten ist.

16 Walter Mischel, Yuichi Shoda und Philip K. Peake, »The Nature of Adolescent Competencies Predicted by Preschool Delay of Gratification«, in: *Journal of Personality and Social Psychology* 54, Nr. 4 (1988), 687.

17 Joseph W. Kable und Paul W. Glimcher, »An ›As Soon as Possible‹ Effect in Human Intertemporal Decision Making: Behavioral Evidence and Neural Mechanisms«, in: *Journal of Neurophysiology* 103, Nr. 5 (2010), 2513–2531.

18 Walter Mischel, Yuichi Shoda und Monica I. Rodriguez, »Delay of Gratification in Children«, in: *Science* 244, Nr. 4907 (1989), 933–938.

19 Vgl. Tali Sharot, *Das optimistische Gehirn. Warum wir nicht anders können, als positiv zu denken*, Berlin und Heidelberg 2014, sowie Matthew D. Lieberman, *Social. Why Our Brains Are Wired to Connect*, New York 2013.

20 Celeste Kidd, Holly Palmeri und Richard N. Aslin, »Rational Snacking: Young Children's Decision-Making on the Marshmallow Task Is Moderated by Beliefs About Environmental Reliability«, in: *Cognition* 126, Nr. 1 (2013), 109–114.

Kapitel 4

1 Abrufbar unter http://www.cdc.gov/nchs/fastats/leading-causes-of-death.htm.

2 Abrufbar unter http://www.fearof.net.

3 So hat es zumindest einer der Teilnehmer an einer Online-Diskussion zu diesem Thema scherzhaft formuliert; vgl. ScrapLord, http://forum.deviantart.com/devart/general/2226526).

4 Rick L. Langley, »Animal-Related Fatalities in the United States. An Update«, in: *Wilderness and Environmental Medicine* 16 (2005), 67–74.

5 Mark Borden, »Hollywood's Rogue Mogul. How Terminator Director McG Is Blowing Up the Movie Business«, in: *Fast Company Magazine*, Mai 2009.

6 Harold Maass, »The Odds Are 11 Million to 1 That You'll Die in a Plane Crash«, abrufbar unter http://theweek.com/articles/462449/odds-are-11-million-1-that-youll-die-plane-crash.

7 Borden, »Hollywood's Rogue Mogul« (Anm. 5).

8 Internal Revenue Service 2013, abrufbar unter https://www.irs.gov/pub/irs-soi/13databk.pdf, sowie Chris Matthews, »Here's How Much Tax Cheats Cost the U.S. Government a Year«, abrufbar unter http://fortune.com/2016/04/29/tax-evasioncost.

9 Cait P. Lamberton, Jan-Emmanuel De Neve und Michael I. Norton, »Eliciting Taxpayer Preferences Increases Tax Compliance«, Diskussionspapier, 2014; einzusehen unter SSRN 2365751.

10 Lauren A. Leotti, Sheena S. Iyengar und Kevin N. Ochsner, »Born to Choose: The Origins and Value of the Need for Control«,in: *Trends in Cognitive Sciences* 14, Nr. 10 (2010), 457–463.

11 Lauren A. Leotti und Mauricio R. Delgado, »The Inherent Reward of Choice«, in:*Psychological Science* 22, Nr. 10 (2011), 1310–1318, abrufbar unter doi.org/10.1177/0956797611417005, und Dies., »The Value of Exercising Control over Monetary Gains and Losses«, in: *Psychological Science* 25, Nr. 2 (2014), 596–604, abrufbar unter doi.org/10.1177/0956797613514589.

12 Vgl. Nicola J. Bown, Daniel Read und Barbara Summers, »The Lure of Choice«, in: *Journal of Behavioral Decision Making* 16, Nr. 4 (2003), 297, Stephen C. Voss und M. J. Homzie, »Choice as a Value«, in: *Psychological Reports* 26, Nr. 3 (1970), 912–914, A. Charles Catania und Terje Sagvolden, »Preference for Free Choice Over Forced Choice in Pigeons«, in: *Journal of the Experimental Analysis of Behavior* 34, Nr. 1 (1980), 77–86, und A. Charles Catania, »Freedom of Choice: A Behavioral Analysis«, in: *Psychology of Learning and Motivation* 14 (1981), 97–145.

13 Bown, Dead und Summers, »The Lure of Choice« (Anm. 12).

14 Sheena S. Iyengar und Mark R. Lepper, »When Choice Is Demotivating: Can One Desire Too Much of a Good Thing?«, in: *Journal of Personality and Social Psychology* 79, Nr. 6 (2000), 995.

15 Theos persönliche Daten wurden geändert.

16 Abrufbar unter http://www.onemint.com.

17 Abrufbar unter http://www.thedigeratilife.com/blog/index.php/2009/04/28/pick-stocks-choosing-individual-stocks-mutual-funds.

18 Laurent Barras, Olivier Scaillet und Russ Wermers, »False Discoveries in Mutual Fund Performance: Measuring Luck in Estimated Alphas«, in: *Journal of Finance* 65, Nr. 1 (2010), 179–216.

19 David Owens, Zachary Grossman und Ryan Fackler, »The Control Premium: A Preference for Payoff Autonomy«, in: *Ameri-*

can Economic Journal: Microeconomics 6, Nr. 4 (2014), 138–161, abrufbar unter doi.org/10.1257/mic.6.4.138.

20 Sebastian Bobadilla-Suarez, Cass R. Sunstein und Tali Sharot, »The Intrinsic Value of Control. The Propensity to Under-Delegate in the Face of Potential Gains and Losses«, in: Journal *of Risk and Uncertainty*, abrufbar unter https://papers.ssrn.com/sol3/papers.cfm?abstract_id=2733142.

21 Deane H. Shapiro Jr., Carolyn E. Schwartz und John A. Astin, »Controlling Ourselves, Controlling Our World: Psychology's Role in Understanding Positive and Negative Consequences of Seeking and Gaining Control«, in: *American Psychologist* 51, Nr. 12 (1996), 1213.

22 Ebd.

23 Judith Rodin und Ellen J. Langer, »Long-Term Effects of a Control-Relevant Intervention with the Institutionalized Aged«, in: *Journal of Personality and Social Psychology* 35, Nr. 12 (1977), 897.

24 Rodins und Langers Schlussfolgerungen zur Beziehung zwischen Kontrollvermögen und verringerter Sterblichkeit sind nicht unumstritten.

25 Michael I. Norton, Daniel Mochon und Dan Ariely, »The ›IKEA Effect‹. When Labor Leads to Love«, Harvard Business School Marketing Unit Diskussionspapier 11-091 (2011).

26 Raphael Koster u. a., »How Beliefs About Self-Creation Inflate Value in the Human Brain«, in: *Frontiers in Human Neuroscience* 9 (2015).

27 Daniel Wolpert, »The Real Reason for Brains«, TED-Talk, abrufbar unter https://www.ted.com/talks/daniel_wolpert_the_real_reason_for_brains?language=de.

28 Erika A. Patall, Harris Cooper und Jorgianne C. Robinson, »The Effects of Choice on Intrinsic Motivation and Related Outcomes: A Meta-Analysis of Research Findings,« in: *Psychological Bulletin* 134, Nr. 2 (2008), 270.

29 Weiterführende Literatur:
Jeffrey Cockburn, Anne G. E. Collins und Michael J. Frank, »A Reinforcement Learning Mechanism Responsible for the Valuation of Free Choice«, in: *Neuron* 83, Nr. 3 (2014), 551–557.

Ellen J. Langer und Judith Rodin, »The Effects of Choice and Enhanced Personal Responsibility for the Aged. A Field Experiment in an Institutional Setting«, in: *Journal of Personality and Social Psychology* 34 (1976), 191–198.

Richard Schulz, »Effects of Control and Predictability on the Physical and Psychological Well-Being of the Institutionalized Aged«, in: *Journal of Personality and Social Psychology* 33, Nr. 5 (1976), 563.

Tali Sharot, Benedetto De Martino und Raymond J. Dolan, »How Choice Reveals and Shapes Expected Hedonic Outcome«, in: *Journal of Neuroscience* 29, Nr. 12 (2009), 3760–3765. abrufbar unter doi.org/10.1523/JNEUROSCI.4972-08.2009.

Tali Sharot, Cristina M. Velasquez und Raymond J. Dolan, »Do Decisions Shape Preference? Evidence From Blind Choice«. in: *Psychological Science* 21, Nr. 9 (2010): 1231–1235, abrufbar unter doi.org/10.1177/0956797610379235.

Tali Sharot, Tamara Shiner und Raymond J. Dolan. »Experience and Choice Shape Expected Aversive Outcomes«, in: *Journal of Neuroscience* 30, Nr. 27 (2010), 9209–9215, abrufbar unter doi.org/10.1523/JNEUROSCI.4770-09.2010.

Suzanne C. Thompson, »Illusions of Control: How We Overestimate Our Personal Influence«, in: *Current Directions in Psychological Science* 8, Nr. 6 (1999), 187–190.

Kapitel 5

1 Vgl. https://digitalsynopsis.com/advertising/virgin-america-safety-dance-video.

2 Dank an Ethan Bromberg-Martin, der mich im Laufe eines Gesprächs auf diese Geschichte brachte. Kate ist ein fiktiver Prototyp für die 119 Studenten, die an dem realen Geschehnis im Jahr 2005 beteiligt waren.

3 Vgl. Ed Felten, »Harvard Business School Boots 119 Applicants for ›Hacking‹ into Admissions Site«, Freedom to Tinker, 9. März 2005, abrufbar unter https://freedom-to-tinker.com/2005/03/09/harvard-business-school-boots-119-applicants-hacking-admissions-site, und Jay Lindsay, »College Admissions Sites

Breached: Business Schools Reject Applicants Who Sought Sneak Peek«, *Associated Press*, 9. März 2005.

4 Yael Niv und Stephanie Chan, »On the Value of Information and Other Rewards«, in: *Nature Neuroscience* 14, Nr. 9 (2011), 1095.

5 Ebd.

6 Vgl. Ethan S. Bromberg-Martin und Okihide Hikosaka, »Midbrain Dopamine Neurons Signal Preference for Advance Information About Upcoming Rewards«, in: *Neuron* 63, Bd. 1 (2009), 119–126, und Ethan S. Bromberg-Martin und Okihide Hikosaka, »Lateral Habenula Neurons Signal Errors in the Prediction of Reward Information«, in: *Nature Neuroscience* 14, Nr. 9 (2011), 1209–1216.

7 Robin L. Bennett, »Testing for Huntington Disease: Making an Informed Choice«, abrufbar unter https://depts.washington.edu/neurolog/images/neurogenetics/hungtinton.pdf.

8 Bettina Meiser und Stewart Dunn, »Psychological Impact of Genetic Testing for Huntington's Disease. An Update of the Literature«, in: *Journal of Neurology, Neurosurgery and Psychiatry* 69, Nr. 5 (2000), 574–578.

9 Andrew Caplin und Kfir Eliaz, »AIDS Policy and Psychology: A Mechanism-Design Approach«, in: *RAND Journal of Economics* 34, Nr. 4 (2003), 631–646.

10 Caryn Lerman, Chanita Hughes, Stephen J. Lemon u. a., »What You Don't Know Can Hurt You. Adverse Psychological Effects in Members of BRCA1-Linked and BRCA2-Linked Families Who Decline Genetic Testing«, in: *Journal of Clinical Oncology* 16 (1998), 1650–1654.

11 Niklas Karlsson, George Loewenstein und Duane Seppi, »The Ostrich Effect. Selective Attention to Information«, in: *Journal of Risk and Uncertainty* 38, Nr. 2 (2009), 95–115.

12 Wenn Sie sich mit dem S&P 500 auskennen, wissen Sie, dass Sie es hier nicht mit Rohdaten zu tun haben, sondern mit bereinigten Werten, in denen gewisse Störfaktoren berücksichtigt sind.

13 Karlsson, Loewenstein und Seppi, »The Ostrich Effect« (Anm. 11).

14 Emily Oster, Ira Shoulson und E. Ray Dorsey, »Optimal Expectations and Limited Medical Testing: Evidence from Huntington Disease«, in: *American Economic Review* 103, Nr. 2 (2013), 804–830.

15 James R. Averill und Miriam Rosenn, »Vigilant and Nonvigilant Coping Strategies and Psychophysiological Stress Reactions During the Anticipation of Electric Shock«, in: *Journal of Personality and Social Psychology* 23, Nr. 1 (1972), 128.

16 Paige Weaver, »Don't Torture Yourself«, in: *Paige Weaver* (Blog) 20. April 2013, abrufbar unter http://www.authorpaigeweaver.com/2013/04/dont-torture-yourself.html.

17 Kristin Cashore, »FAQs«, in: *This Is My Secret* (Blog), abrufbar unter http://kristincashore.blogspot.de/2009/06/faqs-about-online-book-buzz-reviews-and.html.

18 Dokument abrufbar unter http://www.thesmokinggun.com/documents/crime/dick-cheneys-suite-demands.

19 Weiterführende Literatur:

Deepti Babu, »Is Access to Predictive Genetic Testing for Huntington's Disease a Problem?« *HD Buzz*, 23. April 2013.

Tommy C. Blanchard, Benjamin Y. Hayden und Ethan S. Bromberg-Martin, »Orbitofrontal Cortex Uses Distinct Codes for Different Choice Attributes in Decisions Motivated by Curiosity«, in: *Neuron* (22. January 2015).

Ethan S. Bromberg-Martin und Okihide Hikosaka, »Midbrain dopamine neurons signal preference for advance information about upcoming rewards«, in: *Neuron* 63, Nr. 1 (2009), 119–126.

Ethan S. Bromberg-Martin, Masayuki Matsumoto und Okihide Hikosaka, »Dopamine in Motivational Control: Rewarding, Aversive und Alerting«, in: *Neuron* 68, Nr. 5 (2010), 815–834.

Thomas R. Zentall und Jessica Stagner, »Maladaptive Choice Behaviour by Pigeons: An Animal Analogue and Possible Mechanism for Gambling (Sub-Optimal Human Decision-Making Behaviour)«, in: *Proceedings of the Royal Society B: Biological Sciences* 278, Nr. 1709 (2011), 1203–1208.

Kapitel 6

1 David K. Shipler, »More Schoolgirls in West Bank Fall Sick«, in: *New York Times*, 4. April 1983.
2 Robert Sapolsky, *Stress and Your Body*, Chantilly 2010.
3 Neil Garrett, Ana María González-Garzón, Lucy Foulkes, Liat Levita und Tali Sharot, »Updating Beliefs Under Threat« (in Vorbereitung).
4 Vgl. http://learningenglish.voanews.com/a/paris-terrorist-attack-causes-fear-worldwide/3063741.html.
5 »2007 California Golden Bears Football Team«, Wikipedia, abrufbar unter https://en.wikipedia.org/wiki/2007_California_Golden_Bears_football_team.
6 Avinash Kunnath, »Jeff Tedford: Where Things Went Wrong«, abrufbar unter http://www.pacifictakes.com/cal-bears/2012/11/16/3648578/jeff-tedford-california-golden-bears-head-coach-history.
7 Ebd.
8 Ebd.
9 Avinash Kunnath, »Coach Tedford the Playcaller: Part I«, abrufbar unter http://www.californiagoldenblogs.com/2009/4/7/824135/coach-tedford-the-playcaller-part-i.
10 Brian Burke, »Are NFL Coaches Too Timid?«, abrufbar unter http://archive.advancedfootballanalytics.com/2009/05/are-nfl-coaches-too-timid.html.
11 Chris Brown, »Smart Football«, abrufbar unter http://smartfootball.blogspot.com/2009/02/conservative-and-risky-football.html.
12 Ebd.
13 Greg Garber, »Chang Refused to Lose Twenty Years Ago«, abrufbar unter ESPN.com, 20. Mai 2009.
14 Steven Pye, »How Michael Chang Defeated Ivan Lendl at the French Open in 1989«, *Guardian*, abrufbar unter http://www.theguardian.com/sport/that-1980s-sports-blog/2013/may/21/michael-chang-ivan-lendl-french-open-1989.
15 Paul Gittings, »Chang's ›Underhand‹ Tactics Stunned Lendl and Made Tennis History«, CNN, abrufbar unter http://edi-

tion.cnn.com/2012/06/08/sport/tennis/tennis-chang-underhand-service-french-open-lin/index.html.

16 Ebd.

17 Pye, »How Michael Chang Defeated Ivan Lendl« (Anm. 14).

18 Luigi Guiso, Paolo Sapienza und Luigi Zingales, »Time Varying Risk Aversion«, NBER Working Paper Nr. w19284 (2013); abrufbar unter http://www.nber.org/papers/w19284.

19 Renata M. Heilman, Liviu G. Crişan, Daniel Houser, Mircea Miclea und Andrei C. Miu, »Emotion Regulation and Decision Making Under Risk and Uncertainty«, in: *Emotion* 10 (2010), 257–265.

20 Kenneth T. Kishida u. a., »Implicit Signals in Small Group Settings and Their Impact on the Expression of Cognitive Capacity and Associated Brain Responses«, in: *Philosophical Transactions of the Royal Society B: Biological Sciences* 367, Nr. 1589 (2012), 704–716.

21 Gregory J. Quirk und Jennifer S. Beer, »Prefrontal Involvement in the Regulation of Emotion: Convergence of Rat and Human Studies«, in: *Current Opinion in Neurobiology* 16, Nr. 6 (2006), 723–727.

22 A. Ross Otto, Stephen M. Fleming und Paul W. Glimcher, »Unexpected but Incidental Positive Outcomes Predict Real-World Gambling«, in: *Psychological Science* 27, Nr. 3 (2016), 299–311. – Den Autoren zufolge ist das nicht nur dadurch zu erklären, dass mehr Menschen unterwegs sind, denn ein sonniger Tag im Juni zeitigt nicht diese Wirkung. Sie gehen davon aus, dass ein atypischer Sonnentag uns glücklicher macht als ein gewöhnlicher.

Kapitel 7

1 In ihrem wunderbaren Buch *Freakonomics* (*Freakonomics. Überraschende Antworten auf alltägliche Lebensfrage*, München 2006) legen Steven D. Levitt und Stephen J. Dubner allerdings nahe, dass ein Name lediglich die Erwartungen der Eltern reflektiert und auf das Leben eines Kindes keinerlei ursächlichen Einfluss hat. Trotzdem beschlossen wir, auf Nummer sicher zu gehen, und entschieden uns für das, was Levitt und Dubner als »Siegernamen« bezeichnen.

2 Jeanna Bryner, »Good or Bad, Baby Names Have Long-lasting Effects«, *Live Science*, 13. Juni 2010.

3 Frankfurt/M. 2001.

4 Rob Siltanen, »The Real Story Behind Apple's ›Think Different‹ Campaign«, in: *Forbes*, 14. Dezember 2011.

5 Albert Bandura, Dorothea Ross und Sheila A. Ross, »Imitation of Film-Mediated Aggressive Models«, in: *Journal of Abnormal and Social Psychology* 66, Nr. 1 (1963), 3.

6 Caroline J. Charpentier u. a., »The Brain's Temporal Dynamics from a Collective Decision to Individual Action«, in: *Journal of Neuroscience* 34, Nr. 17 (2014), 5816–5823.

7 Wir hatten bei alledem eine Kontrolle eingeführt, die sicherstellte, dass diese seltsamen Entscheidungen in der Tat auf soziales Lernen und nicht auf reinen Zufall oder mangelnde Aufmerksamkeit seitens der Versuchsperson zurückzuführen war.

8 »›Sideways‹ at 10. Still not Drinking any Merlot?«, in: *USA Today* vom 6. Oktober 2014, abrufbar unter http://www.usatoday.com/story/life/movies/2014/10/06/sideways-killed-merlot/15901489.

9 Juanjuan Zhang, »The Sound of Silence: Observational Learning in the U.S. Kidney Market«, in: *Marketing Science* 29, Nr. 2 (2010), 315–335.

10 Lev Muchnik, Sinan Aral und Sean J. Taylor, »Social Influence Bias: A Randomized Experiment«, in: *Science* 341, Nr. 6146 (2013), 647–651.

11 Micah Edelson, Tali Sharot, Raymond J. Dolan und Yadin Dudai, »Following the Crowd: Brain Substrates of Long-Term Memory Conformity«, in: *Science* 333, Nr. 6038 (2011), 108–111.

12 Joseph LeDoux, *The Emotional Brain: The Mysterious Underpinnings of Emotional Life*, New York 1998.

13 Heinrich Klüver und Paul C. Bucy, »Preliminary Analysis of Functions of the Temporal Lobes in Monkeys«, in: *Archives of Neurology and Psychiatry* 42, Nr. 6 (Dezember 1939), 979–1000.

14 Kevin C. Bickart u. a., »Amygdala Volume and Social Network Size in Humans«, in: *Nature Neuroscience* 14, Nr. 2 (2011), 163f.

15 Edelson u. a., »Following the Crowd« (Anm. 11).

16 Micah G. Edelson u. a., »Brain Substrates of Recovery from Misleading Influence«, in: *Journal of Neuroscience* 34, Nr. 23 (2014), 7744–7753.

17 Christophe P. Chamley, *Rational Herds. Economic Models of Social Learning,* Cambridge 2004.

18 Albert Bandura, »Influence of Models' Reinforcement Contingencies on the Acquisition of Imitative Responses«, in: *Journal of Personality and Social Psychology* 1, Nr. 6 (1965), 589.

19 Kyoko Yoshida u. a., »Social Error Monitoring in Macaque Frontal Cortex«, in: *Nature Neuroscience* 15, Nr. 9 (2012), 1307–1312.

20 Wolfram Schultz, Peter Dayan und P. Read Montague, »A Neural Substrate of Prediction and Reward«, in: *Science* 275, Nr. 5306 (1997), 1593–1599.

21 Christopher J. Burke u. a., »Neural Mechanisms of Observational Learning«, in: *Proceedings of the National Academy of Sciences* 107, Nr. 32 (2010), 14431–14436.

22 Paul A. Howard-Jones u. a., »The Neural Mechanisms of Learning from Competitors«, in: *Neuroimage* 53, Nr. 2 (2010), 790–799.

23 Rebecca Saxe und Nancy Kanwisher, »People Thinking About Thinking People: The Role of the Temporo-Parietal Junction in ›Theory of Mind‹«, in: *Neuroimage* 19, Nr. 4 (2003), 1835–1842.

24 Benedetto De Martino, »In the Mind of the Market: Theory of Mind Biases Value Computation During Financial Bubbles«, in: *Neuron* 79, Nr. 6 (2013), 1222–1231.

Kapitel 8

1 »Man Booker Winner's Debut Novel Rejected Nearly Eighty Times«, in: *The Guardian* vom 14. Oktober 2015, abrufbar unter https://www.theguardian.com/books/2015/oct/14/man-booker-prize-marlon-james-debut-novel-rejected-nearly-80-times.

2 »Revealed: The Eight-Year-Old Girl Who Saved Harry Potter«, in: *Independent* vom 2. Juli 2005, abrufbar unter http://www.independent.co.uk/arts-entertainment/books/news/revealed-the-eight-year-old-girl-who-saved-harry-potter-296456.html.

3 Ebd.

4 Francis Galton, »Vox Populi (the Wisdom of Crowds)«, in: *Nature* 75 (1907), 450f.
5 James Surowiecki, *Die Weisheit der Vielen*, München 2005.
6 Micah Edelson, Tali Sharot, Raymond J. Dolan und Yadin Dudai, »Following the Crowd. Brain Substrates of Long-Term Memory Conformity«, in: *Science* 333, Nr. 6038 (2011), 108–111.
7 Julia A. Minson und Jennifer S. Mueller, »The Cost of Collaboration. Why Joint Decision Making Exacerbates Rejection of Outside Information«, in: *Psychological Science* 23, Nr. 3 (2012), 219–224.
8 Edward Vul und Harold Pashler, »Measuring the Crowd Within Probabilistic Representations Within Individuals«, in: *Psychological Science* 19, Nr. 7 (2008), 645–647.
9 Im Folgenden zeige ich Ihnen, wie Sie den Mittelwert des »zusammengesetzten« Fehlers errechnen, sodass Sie das selbst ausprobieren können. Ihr Mittelwert wird nicht immer der bessere Wert sein, manchmal wird Ihre erste Schätzung der Wahrheit näherkommen, manchmal trifft Ihre zweite näher ans Schwarze. Im Durchschnitt werden Ihre Fehler jedoch trotzdem kleiner werden, wenn Sie Ihre Schätzungen kombinieren. Ziehen Sie bei jeder der acht Fragen Ihre Antwort von der unten genannten (Anm. 10) richtigen ab. Die Differenz ist Ihre Abweichung für die jeweilige Antwort. Quadrieren Sie den Wert (damit verschwinden die negativen Vorzeichen), sodass Sie für die Abweichung nur noch einen absoluten Wert ohne die Richtung haben. Dann bilden Sie den Mittelwert aus allen Abweichungen der acht Fragen (damit haben Sie die mittlere quadratische Abweichung für Ihre ersten Antworten). Für Ihre zweite Reihe von Antworten tun Sie genau dasselbe (damit haben Sie die mittlere quadratische Abweichung für Ihre zweiten Antworten). Schließlich nehmen Sie für jede Frage die erste und die zweite Antwort und bilden daraus den Mittelwert. Alle acht Mittelwerte addieren Sie nun und errechnen daraus wie oben beschrieben die mittlere quadratische Abweichung. Ist diese Zahl kleiner als die mittlere quadratische Abweichung für Ihre ersten Antworten? Ist sie auch kleiner als die mittlere quadratische Abweichung für Ihre zweiten Antworten?

10 Die Antworten auf die Fragen von Vul und Pashler lauten: 1. 6,3; 2. 44,4; 3. 30,3; 4. 10,5; 5. 58; 6. 72,4; 7. 18,9; 8. 20,3.

11 Die Robert-Episode ist von einer wahren Begebenheit inspiriert, die ich in ihren Details verändert habe.

12 Ali Mahmoodi u. a., »Equality Bias Impairs Collective Decision-Making Across Cultures«, in: *Proceedings of the National Academy of Sciences* 112, Nr. 12 (2015), 3835–3840.

13 In solchen Fällen funktioniert allerdings auch die Methode der »Weisheit der vielen« in uns selbst nicht.

14 Tali Sharot, *Das optimistische Gehirn. Warum wir nicht anders können, als positiv zu denken*, Berlin und Heidelberg 2014.

15 Asher Koriat, »When Are Two Heads Better Than One and Why?«, in: *Science* 336, Nr. 6079 (2012), 360–362.

16 Ebd.

17 Michael L. Kalish, Thomas L. Griffiths und Stephan Lewandowsky, »Iterated Learning: Intergenerational Knowledge Transmission Reveals Inductive Biases«, in: *Psychonomic Bulletin & Review* 14, Nr. 2 (2007), 288–294.

18 Ebd.

19 Ebd.

20 Ebd.

21 Ali Mahmoodi u. a., »Equality Bias Impairs Collective Decision-Making Across Cultures« (Anm. 12).

22 Die Beispiele stellte John McCoy zur Verfügung

23 Shane Frederick, »Cognitive Reflection and Decision Making«, in: *Journal of Economic Perspectives* 19, Nr. 4 (2005), 25–42, abrufbar unter https://www.aeaweb.org/articles?id=10.1257/089533005775196732.

24 Drazen Prelec, H. Sebastian Seung und John McCoy, »Finding Truth even if the Crowd is Wrong«, Arbeitspapier, MIT, 2013.

Kapitel 9

1 Vgl. Anna Belfer-Cohen und Naama Goren-Inbar, »Cognition and Communication in the Levantine Lower Palaeolithic«, in: *World Archaeology* 26 (1994): 144–157, doi: 10.1080/00438243.1994.9980269, und Frederick L. Coolidge und Thomas Wynn, »Working Memory, Its Executive Functions and the

Emergence of Modern Thinking«, in: *Cambridge Archaeological Journal* 15 (2005), 5–26, doi: 10.1017/S0959774305000016.

2 Peter T. Daniels, »The Study of Writing Systems«, in: *The World's Writing Systems,* hg. von William Bright und Peter T. Daniels, New York 1996.

3 Lucien Febvre und Henri-Jean Martin, *The Coming of the Book. The Impact of Printing, 1450–1800*, London 1976), auch zitiert in: Benedict Anderson, *Die Erfindung der Nation. Zur Karriere eines folgenreichen Konzepts*, Frankfurt/M. [2]2005.

4 Prebir K. Bondyopadhyay, »Guglielmo Marconi: The Father of Long Distance Radio Communication – An Engineer's Tribut«, 25th European Microwave Conference, 1995, 879.

5 Vgl. »Current Topics and Events«, in: *Nature* 115 (April 4, 1925). 505f., doi:10.1038/115504a0, und Mitchell Stephens, »History of Television«, in: *Grolier Encyclopedia*, https://www.nyu.edu/classes/stephens/History%20of%20Television%20page.htm.

6 »The first ISP«, Indra.com, 13. August 1992; archiviert am 5. März 2016, heruntergeladen am 17. Oktober 2015.

7 John Hawks, »How Has the Human Brain Evolved?«, in: *Scientific American* (2013), 6.

8 James K. Rilling und Thomas R. Insel, »The Primate Neocortex in Comparative Perspective Using Magnetic Resonance Imaging«, in: *Journal of Human Evolution* 37, Nr. 2 (1999), 191–223.

9 Uri Hasson, Asif A. Ghazanfar, Bruno Galantucci, Simon Garrod und Christian Keysers, »Brain-to-Brain Coupling: A Mechanism for Creating and Sharing a Social World«, in: *Trends in Cognitive Sciences* 16, Nr. 2 (2012), 114–121.

10 Miguel Pais-Vieira u. a., »A Brain-to-Brain Interface for Real-Time Sharing of Sensorimotor Information«, in: *Scientific Reports* 3 (2013), Art. Nr. 1319.

11 Ian Sample, »Brain-to-Brain Interface Lets Rats Share Information via Internet«, in: *The Guardian* vom 1. März 2013, abrufbar unter https://www.theguardian.com/science/2013/feb/28/brains-rats-connected-share-information.

12 Daniel Engber, »The Neurologist Who Hacked His Brain – and Almost Lost His Mind«, in: *Wired* vom 26. Januar 2016, ab-

rufbar unter http://www.wired.com/2016/01/phil-kennedy-mind-control-computer.

13 Ebd.

14 Seung-Schik Yoo u. a., »Non-Invasive Brain-to-Brain Interface (BBI): Establishing Functional Links Between Two Brains«, in: *PLoS One* 8, Nr. 4 (2013), e60410.

15 Sebastian Anthony, »Harvard creates brain-to-brain interface, allows humans to control other animals with thoughts alone«, veröffentlicht auf ExtremeTech am 31. Juli 2013, abrufbar unter http://www.extremetech.com/extreme/162678-harvard-creates-brain-to-brain-interface-allows-humans-to-control-other-animals-with-thoughts-alone.

16 Vgl. Yoo u. a., »Non-Invasive Brain-to-Brain Interface« (Anm. 14), sowie *Wired UK*, »Mind Control Machine: Human Wags Rat's Tail Using Mind Control Interface«, veröffentlicht am 8. April 2013 auf YouTube, https://www.youtube.com/watch?v=pLoFzHHrQv8.

17 Charles Q. Choi, »Quadriplegic Woman Moves Robot Arm with Her Mind«, Live Science, 17. Dezember 2012, abrufbar unter http://www.livescience.com/25600-quadriplegic-mind-controlled-prosthetic.html.

18 Abby Phillip, »A Paralyzed Woman Flew an F-35 Fighter Jet in a Simulator – Using Only Her Mind«, abrufbar unter https://www.washingtonpost.com/news/speaking-of-science/wp/2015/03/03/a-paralyzed-woman-flew-a-f-35-fighter-jet-in-a-simulator-using-only-her-mind.

19 Rajesh P. N. Rao u. a., »A Direct Brain-to-Brain Interface in Humans«, in: *PLoS One* 9, Nr. 11 (2014): e111332, und Doree Armstrong und Michelle Ma, »Researcher Controls Colleague's Motions in First Human Brain-to-Brain Interface«, UW Today, 27. August 2013, abrufbar unter http://www.washington.edu/news/2013/08/27/researcher-controls-colleagues-motions-in-1st-human-brain-to-brain-interface.

20 William B. Scoville und Brenda Milner, »Loss of Recent Memory After Bilateral Hippocampal Lesions«, in: *Journal of Neurology, Neurosurgery and Psychiatry*, 20. February, Nr. 1 (1957), 11–21.

21 John M. Harlow, »Passage of an Iron Rod Through the Head«, in: *Journal of Neuropsychiatry and Clinical Neurosciences* 11, Nr. 2 (1999), 281–283 [zuerst 1848].

Register